21世纪高职高专规划教材·经贸类通用系列

现代企业管理

主　编　马　莹　吴红翠
副主编　林　龙　刘　琤　王新钢
　　　　程　昂　杨　帆　刘兰芳
参　编　俞伯阳　张彦玲　崔　进

中国人民大学出版社
·北京·

前　言

“企业管理”是经济管理类专业核心课程之一，同时也是一门综合性管理课程。本教材为适应高等职业教育改革的需要，以高等职业教育对专业技能型人才培养目标为出发点，从管理类人才的职业素质要求出发，以企业管理领域的相关理论和实践经验为基础，精心编写而成。

本教材全面系统地介绍了企业管理涉及的相关概念、理论，从企业管理印象、企业战略制定、市场营销、企业生产及品质管理、企业财务管理、企业人力资源管理等方面展现了现代企业管理体系的相关内容。

本教材可作为高等职业院校企业管理专业的教材，也可作为企业管理人员的培训教材和参考资料。

本教材以工作项目为导向，采用任务驱动的教学模式，以企业的实际组织结构为基础，从职业岗位要求出发，对内容进行合理编排。

本教材具有如下特点：

1. 以工作项目为导向，通过案例解析吸引读者，引起读者学习兴趣，将理论学习和实际问题相结合，通过解决实际问题，提高学习质量，实现“教学做”一体化。

2. 以职业岗位要求为基础，设定知识目标和能力目标，将技术技能与理论知识相结合，体现职业教育的特色。

3. 选用大量实际案例，既可以生动、贴切地反映社会实践，又可以引起读者兴趣和共鸣，体现知识性和趣味性。

4. 教材内容体现高职高专教学特色，理论以必需、够用为度，同时突出实用性，语言通俗易懂，内容难度适中。

本教材由马莹、吴红翠担任主编，马莹、林龙负责统稿，由林龙、刘琤、王新钢、程昂、杨帆、刘兰芳担任副主编，俞伯阳、张彦玲、崔进等老师参与编写。全书由许芳奎主审。

本教材在编写过程中，编者广泛借鉴和引用了国内外众多学者的研究成果，在此向他们表示衷心的感谢。

编者

目　录

第一章

企业管理概述

知识目标

了解现代企业制度的概念；

掌握现代企业制度的内容及特征；

了解现代企业制度的组织形式；

掌握现代企业产权制度、管理制度及公司治理结构。

技能目标

能够运用相关理论分析企业产权制度、管理制度；

能够分析企业组织结构形式。

职场情境导入

找一份满意的工作是大学生在校期间学习的目标之一。多数同学在走出校园时会同时进入各种行业的企业中开始职业生涯。你准备好了吗？你了解什么是企业吗？它和社会中的其他组织有什么不同？企业是如何运转的？我们常说的企业管理又是怎么一回事？如何来进行有效的管理？……要解决这些疑问，首先要了解现代企业制度及管理理论知识。

第一节　企业概述

一、企业的概念

人类社会的进步是与社会生产力的发展水平紧密相关的，而这也决定了人类社会生产的组织形式。在原始社会，由于生产力水平很低，人们采用氏族式的生产生活方式。到了奴隶社会，人们的生活步入了自给自足的时代，奴隶主管理的庄园开始出现。进入封建社会，社会生产力得到了进一步发展，但仍处于自然经济阶段，家庭式手工作坊作为基本的经济单位出现了。从原始社会到奴隶制社会的几千年间，社会生产力的发展十分缓慢。在资本主义生产方式产生后，特别是随着产业革命的兴起，社会生产力得到了极大发展。社会化大生产的发展产生了工场手工业，逐步替代了家庭手工业，并产生了早期的资本家。18 世纪 60 年代，西方主要资本主义国家相继完成了第一次产业革命，蒸汽动力机器代替了人工方式生产。社会生产力得到空前发展，生产规模日益扩大，资本家雇用大批工人进行共同劳动，劳动分工进一步深化，生产走向社会化。19 世纪 30 年代，机械化的工厂制度在英、德等国家普遍建立。工厂制的建立，标志着企业（enterprise/company）的诞生。随着生产力的进一步发展、生产规模的进一步扩大，工厂所有者的管理能力和专业知识的局限性凸显出来，开始制约企业的进一步发展。伴随着企业管理制度的不断完善和发展，所有权和管理权逐渐分离，现代企业制度由此产生了。

现代社会的生产力伴随着科技知识的突飞猛进处于极速发展阶段，企业制度也要与之相适应，这是历史发展的必然趋势。

企业是在社会化大生产条件下，从事生产、流通与服务等经济活动的营利性组织。企业通过各种生产经营活动创造物质财富，提供满足社会需要的产品和服务，在市场经济中占有非常重要的地位。企业是经济概念，而不是法律概念。企业的概念并没有反映出参与企业活动的当事人之间的特定法律关系。

对企业概念的基本理解：

（1）企业存在于社会化大生产条件下，是商品生产与商品交换的产物。

企业的产生是社会进步、生产力发展的必然结果，其内涵也会随着科技的发展和知识的进步所带来的生产力的急速发展而不断演变。

（2）企业是从事生产、流通与服务等基本经济活动的组织。

企业的责任是通过从事不同的经济活动满足社会需求，这里不仅要满足顾客的需求，还有企业投资者、协作企业、交易对象、内部员工、政府机构、同行业竞争者、普通居民等一切与之相关的社会团体和个人的需求。

（3）企业的是追逐利润的营利性组织。

营利性是企业区别于其他社会组织（如行政组织、事业组织等）的根本特性。企业通过盈利创造附加价值，满足社会需求，得到社会认可。这也与企业对社会的贡献相关，获取的利润越多，企业越有能力为社会发展提供支持，为企业自身的发展提供必要的积累。

二、企业的分类

现代企业产生后，随着社会经济的发展，形式也呈现出多样化的特点。企业自身的特点不同，运行规律也不同。通过对企业以不同形式进行分类说明，可以更为深入地了解不同企业的特点和管理规律。

（一）按照企业的所有制性质分类

不同的企业所有制性质，展现了企业的不同特点。特别是在我国建设有中国特色的社会主义道路的过程中，此种分类方式更能体现我国企业的特色。

（1）国有企业，也称为全民所有制企业。它的全部生产资料和劳动成果归全体劳动者或代表全体劳动者利益的国家所有。在社会主义市场经济体制下，国有企业是我国企业的主体，掌握着国家的经济命脉，是我国社会主义体制的集中体现。

（2）集体所有制企业，也称为集体企业。它的全部生产资料和劳动成果归一定范围内的劳动者共同所有。

（3）私营企业。企业的全部资产归企业主所有。改革开放后，我国的私营企业发展较快，是建设有中国特色的社会主义市场经济体制的有效补充力量。

（4）混合所有制企业。它是指具有两种或两种以上所有制经济成分的企业，如中外合资企业、中外合作企业以及具有多种经济成分的股份制企业等。

（二）按照企业的法律形式分类

此种分类方式是现代企业制度中最常见的企业分类方法，可分为个人独资企业、合伙制企业及公司制企业。公司制企业是现代企业制度的主要组织形式。

（1）个人独资企业，是由企业主个人完全出资兴办并直接经营的企业。企业主对企业的经营业务、人事、财务等重大事项有决定权。企业主独享企业利润，同时独自承担企业经营风险，对企业债务负有无限责任。从法律上讲，此类企业属于自然人企业，而不属于现代的法人制企业。

（2）合伙制企业，是由两个或两个以上的自然人共同出资兴办的联合经营的企业。合伙人之间是一种契约关系，不具备法人的基本条件。

（3）公司制企业，是现代企业形式最典型的代表。公司是依法设立的，以营利为目的的社团法人。公司具备法人资格，其资本具有联合属性，这是公司区别于其他企业形式的根本属性。公司制企业根据股东的责任范围又可以分为以下类型：

①无限公司，由两个以上股东出资设立，股东对公司的债务负无限连带责任的公司。

②有限责任公司，由一定数量的股东（《中华人民共和国公司法》规定为50个以下股东）出资设立，各个股东以出资额为限对公司债务承担有限责任的公司。此类公司不能对外发行股票，股东持有出资证明书，股份转让也受到严格限制，股东的出资额要到达法定最低限额。

③两合公司，由1名以上的无限责任股东和1名以上的有限责任股东共同出资设立，无限责任股东对公司债务承担无限连带责任，有限责任股东以出资额为限对公司债务承担有限责任。

④股份有限公司，由一定数量的股东（《中华人民共和国公司法》规定为2人以上200人以下）出资设立，全部资本分为等额股份，股东以其所持股份为限对公司债务承担责任的公司。其具备以下特点：公司设立的方式为发起设立或募集设立；全部资本分为等额股份；可向社会发行股票，股票可以自由买卖或转让；公司财务状况需要公开披露。股份有限公司是最具生命力的现代企业组织形式，具备大规模筹集资本的渠道，具有科学管理的组织机构和监管机制。

（三）按照企业从事的活动内容分类

企业为满足社会各种需求，其从事的经济活动内容也有所不同，可以分为生产制造型企业、流通型企业和服务型企业。

（1）生产制造型企业，是指主要从事产品生产制造的工业企业、农业企业及建筑企业等。

（2）流通型企业，是指主要从事交通运输、电信邮政及相关贸易的企业。

（3）服务型企业，是指主要提供各类服务的企业，如餐饮、咨询、旅游、金融、信息服务等。

（四）按照企业生产要素结构分类

由于各类企业经营特性各异，其生产要素结构也存在差别，可以分为劳动密集型企业、资本密集型企业和技术密集型企业。

（1）劳动密集型企业，指生产、服务过程利用人力较多，且相应技术装备程度较低，产品成本中劳动力占比较大的企业。此类企业一般处于产业链的底端，企业竞争力不强，一般集中于劳动力成本较低的地区。

（2）资本密集型企业，指企业经营过程中所需投入资本较多，一般情况下技术装备程度较高，人力投入较少，如能源企业、大型设备制造企业等。

（3）技术密集型企业，指可综合利用先进的科学技术成果，产品科技含量较高的企业。此类企业在产品技术研发、科技人员培养方面成本占比较大，如高精尖电子企业、航空航天企业等。

第二节　现代企业制度

一、现代企业制度概述

现代企业制度以法人为主要形式，以财产权为基础，以有限责任制为基本特征，以公司制为主要形态。企业制度一般包含三个方面的内容：第一，企业财产的生成制度。它规定了企业经营活动中所需的生产要素的性质和形成方式，这是其他相关制度建立的基础。第二，企业权益的组织制度。它明确了企业权益的构成方式、企业所有者权益分配的原则和方法。第三，企业经营管理制度。它明确了企业的管理机制及组织形式、经营管理工作如何开展及如何分工。

（一）现代企业制度的特点

我国现代企业制度的基本特点是产权清晰、权责明确、政企分开、管理科学。

（1）产权清晰，就是以法律形式明确企业出资人和企业组织的基本财产关系。在现代企业制度下，出资人的所有权和企业财产权进行分解。出资人以企业所有者的身份享有资产收益权，对企业经营中的重大事项拥有决定权。企业法人享有对资本及其增值形成的资产的占有、使用和处分权。

（2）权责明确，就是在明确产权关系的基础上，进一步明确企业出资人和企业法人对企业财产享有的权利、需要承担的责任和应履行的义务。企业的所有者、经营者和劳动者在企业运营中的地位和作用是不同的。在现代企业制度框架内，各方之间构建起相互依赖、相互制约、相互监督的关系，明确各自的权利、责任和义务。

（3）政企分开，就是在明确产权、责任的基础上，将政府和企业的职能分离，建立符合有中国特色的社会主义市场经济体制要求的政企关系。政府发挥对经济活动的调节、引导、服务和监督的职能，企业则作为市场经济的主体，按照市场经济规律组织生产和经营活动。

（4）管理科学，就是从市场经济体制要求出发，在上述特点基础上，建立企业内部管理和组织的科学体系和制度。狭义的企业管理可以划分为财务管理、生产管理、质量管理、销售管理、研发管理、人力资源管理等方面。

（二）现代企业系统

1. 现代企业系统的构成

（1）按照管理的层级可以划分为高层经营决策系统、中层管理系统和基层执行系统。

（2）按照运作职能可以划分为营销系统、生产系统、技术研发系统、人力资源系统、财务系统等。

①营销系统，将企业生产的产品推向市场并进行销售管理。它需要将企业技术研发系统和生产系统的产品推向市场，并及时反馈市场信息，以改进产品功能，满足市场要求。

②生产系统，根据市场需求和企业生产经营目标，通过合理配置各种生产资源，按时、按质、按量完成生产任务，向营销系统提供产品。

③技术研发系统，负责根据企业的发展战略和市场战略，规划企业产品结构，开发新产品、新技术及新生产工艺。

④人力资源系统，负责管理、协调企业经营管理所需的人力资源，包括人员选聘、人员培训、绩效管理、薪酬管理等。

⑤财务系统，负责企业财务管理工作，包括企业经营所需资金的筹集、使用和分配等工作。

2. 企业各系统之间的联系

企业在运营过程中，各个系统之间是相互联系、相互支撑的。在整个体系中，各个系统通过人、财、物、信息等资源的流动实现有效的连接。

（1）人，是企业资源的核心，企业经营的各个环节都是依靠相关人员来完成的。人员的流进和流出、分工和调配、评价和激励贯穿于企业运作的各个系统。

（2）财，是企业运营所需的资金和作业产生的价值，企业购买生产原材料和设备、给付人员工资和销售产品等各个环节均存在资金的流动。

（3）物，在企业生产产品的过程中，从原材料的投入、加工制造，到成为半成品、产成品，再到将产品销售到市场、传递给消费者，整个过程中各个环节均伴随着物资的流动。

（4）信息，是企业经营过程中的无形资源，在生产经营活动中发挥着至关重要的作用，每个环节均需要收集、储存、传递相关信息，保持信息流的通畅，否则会对经营管理判断造成影响。

（三）现代企业治理结构

现代企业运营模式以公司制为代表，出资人的所有权、法人的财产权、剩余索取权和控制权得以有效结合，形成一套完善的制度，对企业管理和控制起到重要作用，形成企业正常运营和管理的基础，可以对企业的所有者、经营者和劳动者起到良好的激励作用。这一治理结构主要由股东大会、董事会、监事会、经理人员等构成，对于上市公司还设置有独立董事。

合理的公司治理结构要达到如下目标：

（1）能够避免公司的经营者在行使公司经营管理权的过程中，从个人或某利益集团的利益出发，谋取私利，损害公司和股东的利益。

（2）能够使经营者充分发挥能动性、经营创造力和管理才能，在权限范围内对公司行使自主经营权。

（3）能够使股东对所持有的公司股份自由买卖，保障投资人的自主性，满足其对资产流动性的要求。

不同行业、不同领域的公司，治理结构也有所不同，要实现上述目标还存在很多困难，需要根据不断变化的内外部经营条件对公司治理结构进行完善。

公司治理结构的构成：

1. 股东大会

（1）股东大会的概念和性质。股东大会作为公司运营的最高权力机关，由全体股东组成并对公司重大事项进行决策，有权对董事进行选任和解除，并对公司的经营管理有广泛的决定权。对外股东大会不能直接代表公司，对内不能直接从事公司的经营管理活动。由于股东大会代表全体股东的意志，需要全体股东参加，无论其持多少股份；如果某些股东不能亲自参会，需委托他人代为出席并投票，以体现全体股东的意志。

（2）股东大会的形式。股东大会可分为年度股东大会和临时股东大会。股东大会定期会议即年度股东大会，每年至少召开一次，通常是在每一会计年度终结的 6 个月内召开。召开年度股东大会是有法可依的，在《中华人民共和国公司法》中有明确规定。一般年度股东大会内容包括：选举公司董事，变更公司章程，宣布股息派发方案，讨论增加或者减少公司资本，审查董事会的营业报告等。

出现涉及公司及股东利益的重大事项时可召开临时股东大会，召开临时股东会议须满足相应法定条件。《中华人民共和国公司法》规定，有以下情形之一的，应当在两个月内召开临时股东大会：董事人数不足本法规定人数或者公司章程所定人数的 2/3 时；公司未弥补的亏损达实收股本总额 1/3 时；单独或者合计持有公司 10%以上股份的股东请求时；董事会认为必要时；监事会提议召开时；公司章程规定的其他情形。

（3）股东大会的职权。根据《中华人民共和国公司法》的规定，股东大会具备以下职权：决定公司的经营方针和投资计划；选举和更换由非职工代表担任的董事、监事，决定有关董事、监事的报酬事项；审议批准董事会的报告；审议批准监事会或者监事的报告；审议批准公司的年度财务预算方案、决算方案；审议批准公司的利润分配方案和弥补亏损方案；对公司增加或者减少注册资本作出决议；对发行公司债券作出决议；对公司合并、分立、解散、清算或者变更公司形式作出决议；修改公司章程；公司章程规定的其他职权。

此外，如果是上市公司的股东大会，还有权对公司聘用、解聘会计师事务所作出决议；审议代表公司发行在外有表决权股份总数的 5%以上的股东的提案；审议法律、法规和公司章程规定应当由股东大会决定的事项。

（4）股东大会的决议。股东大会作出决议的原则是“资本多数决”，即由股东按照出资比例行使表决权。普通决议事项须经代表半数以上表决权的股东通过；特别决议事项须经代表 2/3 以上表决权的股东通过。

2. 董事会

（1）董事会的概念和性质。董事会是依照相关法律、行政法规和政策规定，根据公司章程设立的，并由全体董事组成的执行股东大会决议的执行机构。董事会负责公司或企业的业务经营活动的指挥与管理，对公司股东大会负责。股东大会所作的有关决定，董事会必须执行。

（2）董事会的组成。董事会由于是会议机构，成员人数一般是奇数，通常情况下是5～19人。董事会的成员必须是股东大会选举产生的董事，董事可以是自然人，也可以是法人。如果法人充当公司董事，就必须指定一名有行为能力的自然人作为其代理人。董事可以是股东，也可以不是股东。董事任期由公司章程规定，每届不超过三年，可连选连任。董事会一般设有董事长、副董事长、常务董事，董事长作为董事会主席拥有最大权限。

（3）董事会的职权。召集股东会会议，并向股东会报告工作；执行股东会的决议；决定公司的经营计划和投资方案；决定公司内部管理机构的设置；制定公司的基本管理制度；制订公司年度财务预、决算方案；制订公司利润分配方案、弥补亏损方案；制订公司增加或减少注册资本以及发行公司债券的方案；制订公司合并、分立、解散或者变更公司形式的方案；决定聘任或解聘公司经理及其报酬事项，并根据经理的提名决定聘任或者解聘公司副经理、财务负责人及其报酬事项；公司章程规定的其他职权。

（4）董事会决议。董事会决议是指董事会就董事会会议审议的事项，以法律或章程规定的程序表决形成的决议，采用一人一票的方式，须经过半数以上的董事投票通过才能生效，是董事会集体意志的体现。

3. 监事会

（1）监事会的概念和性质。监事会是股份公司中的常设机构，负责监督公司的日常经营活动，对董事会及其成员、经理等人员的行为行使监督职能。

（2）监事会的组成。监事会由股东大会选出的全体监事组成。监事可以是股东、公司职工，也可以是非公司专业人员。股份有限公司的监事会成员不得少于 3 个人，公司的董事、经理人员不得兼任监事会成员。

（3）监事会的职权。检查公司财务，必要时可以公司名义另行委托会计师事务所独立审查公司财务；对公司董事、高级管理人员执行公司职务时违反法律、法规或公司章程的行为进行监督；当公司相关人员的行为损害公司的利益时可要求其纠正，也可提出罢免建议；核对董事会拟提交股东大会的财务报告、营业报告和利润分配方案等财务资料，发现疑问时可以公司名义委托注册会计师、执业审计师帮助复审；可对公司聘用会计师事务所发表建议；提议召开临时股东大会；向股东大会提出提案；可提议召开临时董事会；代表公司与董事、高级管理人员进行交涉或依照法律对其提出起诉。

4. 经理人员

（1）经理人员的性质。经理人员是公司日常经营管理的负责人，由董事会决定聘任或者解聘。经理对董事会负责，向董事会报告，可由董事和自然人股东或由非股东的职业经理人担任。

（2）经理人员的职权。主持公司的生产经营管理工作，组织实施董事会决议；组织实施公司年度经营计划和投资方案；拟订公司内部管理机构设置方案；拟订公司的基本管理制度；制定公司的具体规章；提请聘任或者解聘公司副经理、财务负责人；决定聘任或者解聘除应由董事会决定聘任或者解聘以外的负责管理的人员；董事会授予的其他职权。

以总经理为首的日常行政管理体系一般还包括副总经理、各部门经理、总会计师、总工程师、总经济师等。

第三节　管理学基础

一、管理学概述

（一）管理的概念

人类的管理活动始终伴随着人类社会的产生和发展，可以说是人类活动中最为重要的一种。管理思想来源于管理实践，是对管理经验的概括和总结。始建于春秋战国时期的万里长城是我国古代伟大的工程之一，气势恢宏的金字塔和狮身人面像是古埃及文明的象征。这些伟大的工程即使在现在看来都叹为观止，它们除了巧妙的设计外，无一不体现了古代劳动人民的管理智慧。

自古至今，对于管理的概念从不同的角度分析有不同的理解，下面列出了一些具有代表性的见解：

中国古代的管理思想认为管理犹如治水，应疏堵结合、顺应规律，即顺“道”。

科学管理之父弗雷德里克·温斯洛·泰勒认为“管理就是确切地知道你要别人干什么，并让他用最好的方法去干”。

诺贝尔经济学奖获得者赫伯特·西蒙认为“管理就是决策”。

管理学的著名先驱实践者亨利·法约尔认为“管理就是计划、组织、指挥、协调、控制”。

现代管理学之父彼得·德鲁克认为“管理是一种工作，它有自己的技巧、工具和方法；管理是一种器官，是赋予组织以生命的、能动的、动态的器官；管理是一门科学，是一种系统化的并到处适用的知识；同时管理也是一种文化”。

当代著名的管理学家斯蒂芬·罗宾斯认为“管理是指同别人一起，或通过别人使活动完成得更有效的过程”。

不同时代的学者，从不同的角度阐述了对管理含义的理解，也揭示了管理的不同属性。在此，我们采用中国当代著名管理学家周三多教授对管理的定义：“管理是指组织为了达到个人无法实现的目标，通过各项职能活动，合理分配、协调相关资源的过程。”

（二）管理的性质

1. 管理的二重性

管理的二重性是马克思主义关于管理问题的基本观点。《资本论》指出：“凡是直接生产过程具有社会结合过程的形态，而不是表现为独立生产者的孤立劳动的地方，都必然会产生监督劳动和指挥劳动，不过它具有二重性。”这里的二重性具体指管理的自然属性和社会属性。

管理的自然属性是由生产力与社会化大生产所决定的，是保证社会化大生产顺利进行的必要条件，也是合理组织生产过程的基本要求。只要是从事社会化大生产、从事集体劳动，就必然需要管理。它不是由企业的生产关系性质决定的，也不因社会制度的改变而改变。不论在何种社会制度下，社会化大生产均需要对生产力要素进行合理组织，它具有普遍性和永久性的特征。自然属性是管理的第一属性。

管理的社会属性是指在一定的生产关系下，不同的社会制度、不同的历史阶段、不同的社会文化条件都会使管理呈现出一定的差别，使管理具有特殊性。由于民族文化、社会制度、风俗习惯等会直接或间接影响管理的方式、组织的道德、群体的关系、社会价值观等，这就造成了在不同民族、不同国家或地区、不同社会制度条件下管理过程中表现出的差异性。也正是基于此，各种管理思想、理论蓬勃发展，相互借鉴，体现出其独特的社会属性。

2. 管理的科学性和艺术性

科学与艺术是人类文明中从同一点出发的两条射线，虽有差异但属同源。管理则完美地呈现出了这两种属性。

管理从人类的实践活动中来，反映过程中的客观规律和方法，通过在长期的实践活动中不断总结，逐步建立了系统化的管理理论体系。人们用这些管理理论指导自己的管理实践，再以管理活动的效果来验证所用的管理理论和管理方法是否正确、是否有效，以进一步丰富和完善管理理论和方法。由此可见，管理是一门科学，需要人们按照客观规律办事，是解决实际问题的方法论。

管理的艺术性体现在实践过程中。如果只是掌握了管理理论和方法，在实践过程中生搬硬套，管理的效果就不会尽如人意，所以需要变通。人们在管理实践中灵活运用管理知识和技能，充分发挥人的主动性、积极性和创造性，并融入特定的管理环境中，因地制宜，才能发挥管理的效用。

管理的科学性与艺术性是辩证统一的关系。管理人员认清这一点，才能取得良好的效果。

二、管理学理论的发展历程

管理是伴随人类社会的集体活动而产生、随着社会生产力的提升而发展的。管理思想来源于实践，在其漫长的演进过程中，我们可以 19 世纪末 20 世纪初为分界线将其分为两个阶段：在此之前的管理思想非常朴素、直观，但没有形成系统的、完整的管理理论；而之后伴随着资本主义的发展，在市场需求和产业革命的推动下，社会生产力快速发展，生产规模逐步扩大，对经营管理的要求也越来越高，这种社会背景下的生产管理实践活动也直接催生了系统的、完整的管理理论。

（一）古典管理理论

20 世纪初，由弗雷德里克·温斯洛·泰勒发起的科学管理革命导致了古典管理理论的产生。其代表人物主要有弗雷德里克·温斯洛·泰勒、亨利·法约尔、马克斯·韦伯。

1. 泰勒与科学管理理论

1856 年，泰勒出生于美国费城一个富裕的律师家庭，他从小就展现出勇于追求真理的性格。18 岁时，他以优异的成绩考入哈佛大学，就读于法律系，但第二年由于视力与健康原因终止了学业，到一家小机械厂当学徒工。22 岁时他进入费城米德维尔钢铁公司，从技工开始做起，后被提升为工长、总技师，到 28 岁时就任公司的总工程师。由于他的工作经历使其感受了当时工厂的生产状况，并积累了大量的实践经验。后来，在他进入伯利恒钢铁公司后，他又目睹了由于落后的管理方式而造成生产效率的低下，并由此引发了他对通过提高劳动效率来改变企业工作状况的思考。1911 年，他的代表作《科学管理原理》问世，书中阐述了科学管理思想及生产中应遵循的四条重大管理原则。这具有划时代的意义，标志着科学管理理论的诞生，同时也为其赢得了“科学管理之父”的美誉。

泰勒提出在生产中应遵循以下四条管理原则：

（1）制定一种科学的工作方式。通过寻找每个人工作中可使用的科学、合理、便捷、有效的劳动工具、工作程序和操作动作，在不增加劳动负荷的前提下，运用科学规律代替传统经验的工作方法，大幅提高生产效率。

（2）科学地对工人进行挑选、培训和教育。根据工人个体的差异，找出适合其工作的岗位，并进行必要的培训，使其具备承担工作岗位所需的体力和智力条件，成为“第一流的工人”。

（3）保持管理者与工人之间诚恳的合作态度，并保证一切工作都按已确定的科学原则办事。

（4）在工作和责任的份额上，工人与管理层之间应保持相对均等。对于管理层，应把之前适合自己做而交由下属做的工作收回来。

泰勒的科学管理理论的内容主要有：

（1）科学管理的核心问题是提高劳动生产效率。

泰勒认为，科学管理的根本就在于提高劳动生产效率，这也是工厂的所有者、管理者和工人达到共赢的基础。提高生产效率可以将较高的工资和较低的劳动成本相结合，一方面提高工人的收入，另一方面使工厂所有者获得更高的利润。他发现企业提高劳动生产率的潜力非常大：在当时的条件下，工人的劳动能力只发挥了 1/3。按照这样的思路，泰勒在一项工人搬运生铁的实验中，通过标准化作业和必要的培训，将工人每天搬运生铁的平均数量从 12.5 吨提高到 47.5 吨，工人的工资也大幅提高。可是，之前无论是企业主还是工人，对于这样高的工作效率都认识不清。

（2）科学地选择和培训工人。

泰勒认为，所谓第一流工人包括两个方面：一是该工人的能力最适合他所从事的工作，二是该工人从内心愿意从事这项工作。因为每个人的天赋与才能不同，他们适合做的工作也存在差异。身强力壮的人适合做体力劳动，心灵手巧的人干精细活可能是能手。所以要根据人的不同能力和天赋把他们分配到相适应的工作岗位，使之成为第一流的工人。对于不适合从事某岗位工作的人，应通过培训提升其能力以满足工作需要，或是将他们重新安排到其他适宜的工作岗位上去。选择和培训工人并使之成为第一流的人才，这是管理者的职责。

（3）作业的标准化。

泰勒认为提高劳动生产效率需要对作业的各个方面进行标准化：首先是作业方法。通过将作业过程分解，精确记录下每一个动作所消耗的时间。对记录进行分析，将不合理或多余的部分去除，将最高效、最经济的动作集中起来，形成标准化的作业方法。其次是作业工具。铲铁实验证明，铲子的重量在 21 磅最为合适，过轻或者过重都会影响工作效率的提高。最后是工作量的标准化。根据标准的作业方法和作业时间，确定工人一天可以完成的标准工作量。这些标准化的内容为更合理更有效地完成一件工作找到了一种较为科学的方法。

(4) 在制定标准工作量的基础上实行差别计件工资制。

制定标准工作量是科学管理的基础。虽然通过大量的工时与动作研究，泰勒将每一项工作都进行了标准化的安排，但是他也考虑到了工作过程中不可避免的时间浪费等。在标准工作量的基础上，泰勒建议实行新的工资制度，即差别计件工资制。他认为过去实行的计时工资制和利润分享制都不能从根本上解决问题。差别计件工资制是在“工资支付对象是工人而不是职位”思想的指导下，按照工人是否完成其定额而采取不同的工资率给工人结算工资的一种制度。对完成定额的工人以正常工资标准的125%计算工资，而对完不成的则按照正常工资标准的80%计算工资并给予警告，如不改进将会被解雇。以此鼓励工人千方百计完成工作定额，调动工人的劳动积极性。

(5) 将计划职能从执行职能中分离，并实行职能工长制。

泰勒认为一位“全面”的工长应具备九种品质，寻找具备三种品质的人并不难，但寻找一个具备五种以上品质的人就比较困难了。针对客观的现实条件，泰勒主张将工长的工作专业化，降低对任职者体力和脑力的相关要求。在可能的条件下，每个工长只承担一种管理职能，这也为职能制组织的建立和管理专业化的形成奠定了基础。

(6) 在管理过程中实行例外原则。

企业管理中不能仅依据职能原则来进行管理，特别是规模较大的企业，在工作过程中可能会出现在过去正常情况下未出现过的或非标准的各种例外情况。企业的高级管理人员应运用例外原则，将处置一般事务的权力下放给下级管理人员，只保留对例外事项的决策权和监督权。这样可使高级管理人员摆脱日常具体事务，以集中精力对重大问题进行决策和监督。这一原则的前提是日常业务工作的标准化、制度化，使下级人员有章可循。

泰勒的科学管理理论倡导在管理中运用科学的方法和科学的实践精神，从而用调查研究和科学知识代替管理者个人的主观判断与经验，翻开了管理理论和实践应用的新篇章。正是泰勒科学管理理论的出现，才使人类的管理由经验走向科学。这些方法和技术成为了近代管理理论发展的基础。

案例分析

美国联合包裹服务公司

美国联合包裹服务公司（UPS）始建于1907年，是一家百年企业，也是美国经济的支柱企业。在经过一个世纪的运作之后，UPS每天有1 200万件包裹和文件的运送量，每天还需租用300多架包机。面对庞大的运送量，工程师们要对每一条送货线路进行时间研究，制定送货、取货、存放等工作标准，甚至午间休息、茶点时间以及上卫生间的时间都要系统计算，录入计算机管理系统，制定针对每一位送货司机的详细时间标准。UPS在美国国内和世界各地建立了18个空运中转中心，每天开出1 600个航班，使用机场610个。正是基于这种严格的管理，才能使全球UPS的34万名工作人员和2 400多个分送中心高效地运营。他们每天驾驶着13万辆运送车，昼夜不停地为200多个国家和地区的客户提供门到门的收件、送件服务。也正是如此，UPS才能在全球快递业中独占鳌头。

思考：科学管理理论历经百年，对现代企业的运营是否还有效果呢？试举出一些案例进行说明。

2. 法约尔与一般管理理论

“一般管理理论”是由法国的管理学家亨利·法约尔提出的。亨利·法约尔出身于一个法国的富裕家庭，毕业后进入法国一家矿业公司任职，1888 年任该公司总经理，在公司高级管理岗位上工作 30 年直至退休，这使他能够从最高层来探讨组织的管理问题。他的代表作是 1916 年发表的《工业管理与一般管理》。他在其中提出的一般管理理论对西方管理理论的发展具有重大影响，成为管理过程学派的理论基础，也是以后各种管理理论和管理实践的重要依据之一。这也使他被誉为“经营管理理论之父”。

亨利·法约尔的一般管理理论将经营与管理进行了区分并论述了人员能力的相对重要性。经营的作用是指导一个组织如何实现其目标，主要由六项活动组成，即技术活动、商业活动、财务活动、安全活动、会计活动、管理活动；而管理则由计划、组织、指挥、协调和控制五大职能构成。

法约尔认为组织中的所有成员都应具备上述六种活动能力，但对于不同层次、不同组织的人员来说，这些能力的相对重要性有所不同：对于高层管理者来说管理能力是最重要的，对技术能力的要求较低；而对于基层管理者或操作人员来说，管理能力的重要性在减弱，技术能力的重要性在增强。另外，组织规模的大小也对能力有不同的要求：组织的规模越大，领导人员的管理能力要求越高，技术能力的要求则越弱；反之，组织规模越小，领导人员的技术能力要求越高，管理能力的要求则越弱。

法约尔认为，管理是一种普遍存在于各种组织中的活动。在管理的五项职能中，计划是最重要的。由于计划内容方向的不同常常导致企业经营的不同结果，为此制订良好的计划是管理的前提。接下来是对企业人力和物力的有效组织，完成企业所承担的任务。组织作用的发挥离不开指挥，其一般通过各级各类管理人员及其承担的职责来实现。协调与控制规范所有活动，核实进展效果是否与计划一致，防止可能出现或纠正已经出现的偏差。

在五大职能基础上，法约尔提出了组织管理的十四项原则。

（1）劳动分工。适度的劳动分工和专业化可以提高员工的工作效率和管理效率。

（2）权力与责任。在管理过程中权力和责任是并生的，责任是权力的必然结果和必要补充，凡行使权力就必须承担责任。同时两者要相匹配，权大于责或责大于权都是不可取的。

（3）纪律严明。严明的纪律对于管理工作是必要的，组织的纪律状况取决于领导者。组织的领导者以身作则、奖惩公平，才能使员工对组织纪律心生敬畏。

（4）统一指挥。一个下属应接受而且只应接受一个上级的指挥，并向同一个上级汇报工作。

（5）统一领导。同一组织或同一目的的管理活动，仅应有一个领导人和一个计划。

（6）个人利益服从集体利益。任何人员或群体的利益，都不能超越组织整体的利益。

（7）合理的报酬。人员的报酬是其劳动价值的体现，必须公平合理，尽可能使雇主和雇员都满意。

（8）适当的集权和分权。在管理过程中，是集权还是分权取决于具体情况，领导者应根据实际情况的不同把握集中的程度。

（9）等级链。组织由最高权力机构到最低管理层，组成了链条式的权力结构。信息在由上至下或由下至上的传递过程中可能会产生延误，因此应允许保持越级报告和横向沟通，以克服由于统一指挥而产生的信息传递延误（这一原则又称“跳板原则”）。

（10）秩序。无论是物品还是人员，都应在恰当的时间处于恰当的位置。人员与职位要适合。

（11）公平。公平是由管理者的善意和公正而产生的，管理者应营造公平的竞争环境，鼓励下属发挥自己最大的能力。

（12）人员的稳定。每个人熟悉自己的工作都需要时间，因此人员应尽可能保持不变，以保持工作的连续性和稳定性。

（13）首创精神。首创精神对企业来说是事业发展的巨大力量，应鼓励和发展。

（14）集体精神。团结是企业发展的基石，要强调集体精神，努力在企业内部营造和谐与团结的氛围。

作为古典管理理论的一个重要组成部分，亨利·法约尔的一般管理理论具有很强的理论性和系统性，第一次从一般的角度阐释了管理理论。他对管理职能的概括和分析为管理学提供了一套科学的理论框架和内容，对现代管理科学仍具有重大的影响。他从企业最高管理者的角度概括总结的管理理论具有普遍的适用性，对管理五大职能的构想为现代管理学的产生奠定了基础。他提出的管理原则至今仍可作为管理实践的指南。

3. 马克斯·韦伯及其行政组织理论

马克斯·韦伯出生于德国的一个富裕家庭，是一个对社会学、宗教、经济学和政治学都有研究的学者。他在《社会组织与经济组织理论》一书中，阐述了他对组织理论的看法，并因此被誉为“组织理论之父”。韦伯认为管理应基于非个人的、理性的基础来实施，理想的组织应该以合理合法的权力为基础；如果没有某种形式的权力，任何组织都无法实现自己的目标。他提出的行政组织理论主要包括以下内容：

（1）实现劳动分工，明确规定每一位成员的权力与责任，并作为官方正式的职责，使之合法化。

（2）职位应根据权力等级关系进行安排，并形成自上而下的指挥体系。

（3）根据职务要求，通过正式考试或技术能力来选拔和提升组织的所有成员。

（4）大部分职位实行任命制，只有个别职位实行选举制。

（5）组织的管理者和所有者应是分离的，同时管理人员都必须是专职的，并有固定薪金保证，有规定的升迁制度。

（6）管理人员必须严格遵守纪律，受规则和制度制约。

（7）组织中成员之间的关系是以理性准则为指导的，不受个人情感因素的影响。

韦伯将行政组织体系的结构分为三个层次，即最高领导层、行政官员层和一般工作人员层。最高领导层相当于组织中的高级管理层，其主要职能是决策；行政官员层相当于组织中的中间管理层，其主要职能是贯彻最高领导层决策；一般工作人员层相当于直接操作层，其主要职能是从事各项具体的实际工作。这种结构化的、正式的、理性的行政组织体系是强制控制的合理手段，是实现组织目标、提高管理效率的有效形式，特别适用于各种大型组织，如国家机构、军队、政党、教会及社会团体等。韦伯的行政组织理论是对泰勒的科学管理理论及法约尔的一般管理理论的有益补充，对后期的组织理论产生了深远影响。

古典管理理论确立了管理学的科学地位。人们通过科学研究的方法能发现管理学的普遍规律，古典管理理论使得管理者开始摆脱了传统的以经验和感觉来进行组织管理的方法，并提出了管理理论的原理、原则及方法，对各类组织的管理特别是企业的管理有着重大的指导意义。同时，古典管理理论为后来的行为科学理论的产生奠定了基础，当代许多管理技术与管理方法皆来源于古典管理理论，是对古典管理思想的继承和发展。

古典管理理论虽受到广泛的推崇，但也存在着局限性，主要表现在古典管理理论是基于当时的社会环境，对人性的研究停留在"经济人"的假设或是像机械设备一样简单的生产要素，对人性的研究停留在初级阶段。古典管理理论对组织的理解也是静态的，没有充分认识到组织的本质。韦伯提出的行政组织体制适用于以生产率为主要目标的常规的组织活动，而不适用于以创造和革新为目标的灵活的组织活动。此外，古典管理理论关注的重点是组织系统的内部，而对外部环境的影响考虑得比较少。

（二）行为科学理论

20 世纪 20 年代前后，普通工人的自我意识逐渐觉醒，不再像机械设备一样任凭管理者调配使用了，开始反抗压迫。资产阶级感到使用传统理论和方法已不再能有效管理生产经营活动，在此背景下，一些管理学家和心理学家开始关注"人"的问题，从人类学、社会学和心理学等方面研究"人"的工作动机、情绪变化、行为与工作之间的关系等，如何遵照人的心理发展规律去有效激发劳动者的创造性和积极性，行为科学理论应运而生，管理理论也进入到一个新的发展阶段。

1. 梅奥及其人际关系学说

乔治·埃尔顿·梅奥是人际关系学说的创始人，原籍澳大利亚，后移居美国，美国哈佛大学教授、行为科学家，美国艺术与科学院院士。在 1924 年至 1932 年，他参与了由美国国家研究委员会和西方电器公司合作的研究项目，史称"霍桑实验"。根据霍桑实验的结果，梅奥在 1933 年出版的《工业文明中人的问题》一书中提出了与古典管理理论不同的观点——人际关系学说，奠定了组织行为理论的基础。

在西方电器公司霍桑工厂实施的著名的"霍桑实验"包含了四个阶段的内容：

（1）照明实验（1924—1927 年）。该实验是在被选中的一批工人中展开的，分为两组进行绕线工作，一组为"实验组"，另一组为"控制组"，通过设置不同的作业条件，进行组别生产率比较。在实验过程中，对"实验组"工作场所的照明强度进行调整，由弱增强，让工人在不同照明强度下工作，而"控制组"则保持照明度始终不变。研究者想找出照明强度和工作效率之间的关系，但实验结果发现，照明强度的变化对生产率几乎没有什么影响。于是实验假设不成立，以失败告终。但这个实验得出了两条结论：一是工作场所的照明情况对工人生产效率的影响微不足道；二是由于牵涉因素较多，难以全面控制，且其中任何一个因素的变化都足以影响实验结果，故照明对产量的影响无法准确测量。

（2）继电器装配室实验（1927—1928 年）。为了更有效地控制影响工作效率的因素，研究各种工作条件的变动对工人生产率的影响，研究团队又选出了 6 名女工，在单独的操作房间进行装配继电器的工作。通过材料供应、工作方法、工作时间、劳动条件、工资、管理作风与方式等各个因素对工作效率影响的实验，发现很多因素的变化对生产率没有特别的影响，但督导方法的改变，却使工人的工作态度发生了变化，因而产量增加。

（3）大规模访谈实验（1928—1931 年）。在接下来两年多的时间里，项目组为了解员工对管理当局的规划政策、管理者的态度和工作条件等方面的看法，进行了大规模的访谈。最初，采用的是访问提纲的方法，由访问者提出问题，虽然事先声明对访谈内容严格保密，但员工还是心存顾忌，谈话内容客套空洞。项目组在访谈过程中发现，员工关心的问题和设置的访谈内容大相径庭。为此，项目组及时进行调整，采用开放式的访谈，由受访者选择话题，所以，他们的顾虑也减少了许多，访谈时间也由 30 分钟增加到 1.5 小时，由此取得了意想不到的效果，访谈实验后生产效率大幅提高。经研究发现，由于员工长期以来对工厂的各项管理制度积累了很多不满，通过访谈将怨气宣泄出来，心情舒畅了，产量也大幅度提高了。

（4）群体实验（1931—1932 年）。此次实验是关于工人群体的实验，项目组为了全面系统地观察在实验中工人群体内成员之间的相互影响，在车间挑选了 14 名男职工，其中绕线工 9 名、焊接工 3 名、检验工 2 名，实验群体在一个单独的房间内工作。在实验开始前，项目组向工人说明，他们可以尽其所能地工作，每个人根据生产件数确定工资。项目组认为实行此种报酬方式会使工人更加努力地工作，但结果却出乎意料：工人群体实际产量只是保持在中等水平，而且每个工人的日产量都差不多。根据动作和时间分析，每个工人每日可以完成 7 312 个焊接点，但实验群体的每个人每天只完成了 6000～6600 个焊接点，即使时间充裕，他们也会自行停工不干。通过深入研究，了解到工人们自动限制产量的理由是：如果他们过分努力地工作，就可能造成其他同伴的失业，或者公司会依此制定出更高的生产定额。为了验证工人之间的能力差别，项目组对每个人进行了灵敏度和智力测验，结果实际生产中 3 名最慢的绕线工在灵敏度的测验中得分是最高的，其中一人智力测验排名第一、灵敏度测验排名第三。测验的结果和实际产量之间的这种关系使项目组认识到群体对这些工人的重要性。1 名工人可以通过提高他的产量得到小组内工资总额中较大的份额，且可以减少失业的可能性，然而物质上的报酬却会带来群体的惩罚，为此只要每天完成群体内认可的工作量就可以相安无事了。同时项目组还发现工人们还时常交换自己的工作、彼此帮助（尽管这是违背公司规定的行为），而且在这一过程中逐渐形成了不同的派别，由此产生了非正式群体。群体对内可以控制成员的行为，对外可以保护成员的利益。同时，在非正式群体内自然形成的领袖人物，发挥其对群体的影响力。

霍桑实验的研究结果颠覆了传统管理理论对于人的假设，展现出工人不是被动的、孤立的个体，其行为不仅受到报酬的刺激，而且受到工作中人际关系的影响。梅奥对实验结果整理后，于 1933 年出版了《工业文明中人的问题》一书，首次提出了人机关系理论，阐明了自己的观点：

（1）工人是“社会人”而不是只追求高报酬的“经济人”。工人有追求金钱的动机，还有社会、心理方面的需求，即对人与人之间的友情、生存的安全感、归属感等的需求，而后者对于个体来说往往更为重要。因此，管理过程中应该考虑多方因素的影响，特别是从社会心理方面考虑如何进行有效的组织与管理。

（2）企业中存在着“非正式组织”。企业中除了存在着已经明确的、规定了各成员相互关系和职责范围的正式组织外，还存在着非正式组织。这种非正式组织的作用在于维护其成员的共同利益，使之免受其内部个别成员的疏忽或外部人员的干涉所造成的损失。非正式组织中会产生自有的核心人物或领袖，引导大家遵循非正式组织内的共同观念、价值标准、行为准则和道德规范等。

同时，正式组织与非正式组织在管理上有很大差别。正式组织以效率逻辑作为其管理标准，非正式组织则以感情逻辑作为其管理标准。如果管理人员只注重效率而忽略感情因素，必然会在组织内引起冲突，进而影响整体目标的实现。因此，管理者需要在正式组织的效率逻辑与非正式组织的感情逻辑之间寻求平衡，以达到管理目标。

(3) 提高工人的满意度。霍桑实验发现工人的满意度是提高生产效率的首要因素，而生产条件、工资报酬只是次要因素。工人的满意度越高，士气就越旺盛，从而就会带来生产效率的提高。提高满意度、提升工人士气的途径是有效满足其需求，包括物质需求和精神需求。

梅奥等人进行的霍桑实验及其成果奠定了行为科学理论的基础，开辟了管理学理论的一个新的领域，也弥补了古典管理理论的不足。从结果看，其强调组织管理者应改变对待员工的态度和监管方式，加强沟通，鼓励上下级交流，消除不满情绪，提高满意度，同时注重非正式组织的影响。

2. 马斯洛及其需求层次理论

亚伯拉罕·马斯洛是美国社会心理学家、人格理论家和比较心理学家。他在 1943 年出版的《人类动机理论》中，首次提出了需求层次理论。其理论的基本假设是：第一，人们为了生存而产生的需求能够影响其行为。而在诸多需求中只有那些未被满足的才能够对其行为产生影响，已经满足的需求无法再充当激励工具。第二，人们各种需求的重要性不同，具有一定的层次性，如衣、食、住、行属于基本层次的需求。第三，只有当人们的某一级需求得到最低限度满足后，才会追求高一级的需求，依次逐级上升，成为推动人们持续努力的内在动因。

在马斯洛看来，每个人都潜藏着五种不同层次的需求，但在不同的时期表现出来的各种需求的迫切程度是不同的。人的最迫切的需求才是激励人行动的主要原因和动力。人的需求由从外部得来的满足逐渐向内在得到的满足转化。按照人类需求的优先顺序从低到高分别是：

(1) 生理需求。这是人类一切需求中最为根本的内容，包括衣、食、住、行等方面。如果这些需求得不到满足，人类就无法正常生存。从这个意义上说，这是促使人们进行一切活动的最强大的动力。只有当最基本的需求得到满足后，人们可以维持生存了，其他的相关需求才能成为新的激励因素，此时，相对满足的生理需求也就不再是激励因素了。

(2) 安全需求。此种需求体现出人类对保障自身安全、生活和工作稳定以及免遭疾病、痛苦和威胁侵袭的要求。马斯洛认为，人类自身天生有一个追求安全的动机，而人类的所有器官、思维都是寻求安全的工具，甚至科学和人生观都是满足安全需求的一部分。

(3) 社交需求。社交需求包括两个方面：一是对友情、亲情、爱情的需求。在人类社会中人与人之间形成了各种社会关系，朋友、同事之间的友情，亲属之间的亲情，爱人之间的爱情，都是生活中不可或缺的。二是对个人归属的需求。人们都需要一种归属于一个群体的感情，希望成为其中的一员，彼此关心和照顾。社交需求比生理需求更为细致，同时与个人的生理、社会经历、教育背景、宗教信仰等相关。

(4) 尊重需求。人人都希望自己有稳定的社会地位、自己的能力和成就得到社会的承认。尊重需求又可分为内部尊重和外部尊重。内部尊重是指一个人希望在各种不同情境中有实力、能胜任、充满信心、能独立自主。总之，内部尊重就是人的自尊。外部尊重是指一个人希望有地位、有威信，受到别人的尊重、信赖和高度评价。马斯洛认为，尊重需求得到满足，能使人对自己充满信心、对社会充满热情，体验到自己的用处和价值。

（5）自我实现需求。这是最高层次的需求，它是指实现个人理想、抱负，发挥个人的能力到最大程度，完成与自己的能力相称的一切事情的需求。也就是说，人必须干称职的工作，这样才会使他们感到无比快乐。马斯洛指出，为满足自我实现需求所选择的途径是因人而异的。自我实现需求使个体努力挖掘自己的潜力，使自己越来越成为自己所期望的角色。

低层次需求得到满足后，对个体就不再具备激励作用，更高层次的需求则会取代其优势地位。以此类推，人们的需求在不断提升，起到激励作用的因素因个体的现实需求而发生变化。同时，马斯洛认为高层次需求对个体来讲更具价值，可以激发个体的奋斗热情。人的最高需求即自我实现就是以最有效和最完整的方式表现他自己的潜力，唯此才能使人得到高峰体验。此外，五种需求对于个体来说往往是无意识的，而无意识的动机比有意识的动机更重要。人们可以通过特有方式将无意识的需求转变为有意识的需求。

实验证明，外界环境对个体的认知也会产生影响。当人们发现外界最高价值时，内心就会产生一种认同感，并对该价值产生加强效用。例如，人们置身于美丽的环境中，可以使其更富有生气、活力，而内心充满真善美的人更容易感知外界的美好。

马斯洛的需求层次理论揭示了人们的行为和心理活动的共同规律，从人的基本需求出发探索如何进行激励和行为与心理的相关性。这一理念基本符合人类的发展规律。因此，运用需求层次理论在企业管理中可以有效调动员工的积极性，具体措施可参考表 1-1。当然，由于个体的家庭背景、成长经历等因素的影响，每个人的需求发展顺序可能相当复杂，不会完全依照需求层次阶梯发展。

表 1-1　　需求层次的管理措施

需求层次	激励诱因	方法措施
生理需求	薪资、工作生活环境	员工福利（食堂、交通补助、带薪休假、医疗保健等）
安全需求	工作岗位、意外的处置	雇用保证、退休制度、保险制度等
社交需求	友谊（良好的人际关系）、团体组织的认同	团体活动、利益分配制度、教育培训等
尊重需求	身份地位、权力责任、公平性	人事考核制度、职业晋升制度、奖金制度等
自我实现需求	个人理想、抱负，发挥个人能力	参与决策、提案制度、职工代表会议、授予特殊荣誉、公开表扬等

案例分析

李明的辞职

李明是一位名牌大学毕业的高才生，毕业后到一家颇具规模的公司工作，至今已六年，在工程部担任工程师。由于李明技术能力强、工作态度积极，进入公司后很快就成为部门内的骨干，在公司内部也有口皆碑，在工程部的地位仅次于部门主管。然而，由于他进公司工作时间短，工资水平与仓管人员不相上下，对此他心中常愤愤不平。

公司的王经理是一位识才的老领导，他常将“人尽其才、物尽其用”放在嘴边，实际工作中也是这样。李明刚到公司工作时间不长，但其优秀的才干已经吸引了王经理的目光。在李明取得一些成绩时，王经理也不吝赞美之言，常在公司会议上表扬李明，说他是公司的栋梁之材，李明也深受感动。

两年前，公司有指标申报工程师，李明属于有条件申报之列，但名额却给了一位工作业绩平平的老同志。正当李明犹豫是否去找王经理谈谈时，王经理主动找到李明说：“李工，你的才干有目共睹，但你年纪轻，以后有的是机会。”之后，王经理还把一项开发新产品的重任交给李明，对他给予了充分的信任。

最近，公司刚建好一批职工宿舍。由于李明全家至今仍住在入职时住的一间平房中，生活条件亟待改善，因此他想问一问领导能否改善一下他的居住条件。谁知这次王经理又找到他，笑着对他说：“李工，你平日工作成绩不错，都是吃苦在前、享受在后，不计个人得失，组织有意培养你入党，我当你的介绍人。”李明听后，到嘴边的话又咽了下去，结果也没有分到宿舍。

深夜，李明独自面对着一张报纸的招聘栏出神。第二天早晨，王经理发现办公桌上有一张纸条：

王经理：

您是一位懂得识人的好领导，我十分敬佩，但我还是决定离开。

李明

思考：李明为何会辞职呢？

3. 赫茨伯格及其双因素理论

20 世纪 50 年代末期，美国行为科学家赫茨伯格提出了“激励、保健因素理论”，也叫“双因素理论”。他在从事教育和管理咨询工作的过程中，对匹兹堡地区 11 个工商业机构的 200 多位工程师、会计师进行了调查征询，调查主要围绕两个问题：在工作中，哪些事项是让他们感到满意的，并估计这种积极情绪持续的时间；哪些事项是让他们感到不满意的，并估计这种消极情绪持续的时间。赫茨伯格以此为基础，研究在工作中什么事情使人们感到快乐和满足、什么事情使人感到不愉快和不满足。结果发现，使职工感到满意的都是属于工作成果或工作内容方面的，这些因素被称为激励因素；使职工感到不满的，都是属于工作环境或工作关系方面的，这些因素被称为保健因素。

（1）激励因素。

激励因素是指能使员工产生积极态度、满意和激励作用的因素，包括成就感、得到赏识、获得挑战性的工作、增加工作责任以及成长和发展的机会等。这些因素不是与工作环境条件相关联的，而是与工作本身所具备的内在激励感相联系的。如果这些因素改善了，就能使员工感到满意，进而调动积极性并产生激励作用。为此，赫茨伯格认为传统的激励方式，如工资刺激、人际关系的改善、提供良好的工作条件等，都不会产生最好的激励效果，只能消除人们的不满，防止产生问题，即使这些因素达到最佳程度，也不会产生积极的激励。唯有“激励因素”才能使人们激发更高的工作热情，产生激励作用。

（2）保健因素。

保健因素是造成员工不满的因素，其效果类似于卫生保健对人身体健康所起的作用。它不能直接提高人们的健康水平，但可以起到预防疾病的效果。在企业中保健因素的改善能够消除员工的不满，但无法使其感到满意从而激发自身的积极性。在企业中保健因素包括企业政策、管理措施、人际关系、工作环境、工资、基本福利等。如果这些要素没有达到员工认为可以接受的水平时，员工就会在工作中产生不满情绪。如果人们认为这些因素比较好时，它也只能消除员工的不满，而并不会产生积极效应，即无法起到真正的激励作用。

赫茨伯格提出的“双因素理论”对指导企业管理者进行实际管理工作具有重要的价值，但仅从工程师或会计师的角度去分析哪些因素可以起到激励作用是有失偏颇的。从事不同工作，处于不同背景、不同人生阶段的劳动者，其需求是有差别的，因此通过满足个体各种需要的激励效果和深度是不同的，结合马斯洛的需求层次理论中“个体在不同阶段有不同层次的需求”的论述，应从被激励个体角度去分析哪些是保健因素，哪些是激励因素。

4. 麦格雷戈及其 X 理论和 Y 理论

在人类数千年的发展历史中，对人的本性的讨论始终未停止，这同样是管理学关注的一个重要课题。在人性理论研究领域，美国心理学家、麻省理工学院的教授道格拉斯·麦格雷戈（Douglas McGregor）提出的 X 理论、Y 理论被管理学界普遍接受。麦格雷戈在其所著的《企业中人的方面》一书中提出了人性假设与管理方式理论——X 理论、Y 理论。两者从完全相反的假设出发提出了关于人性的理论：X 理论认为人生来消极懒惰，而 Y 理论则认为人生来积极向上。

（1）X 理论。

麦格雷戈将传统的管理理论假设，即人的工作动机是为获得经济报酬、人性的本质是“实利人”，称之为 X 理论。其主要观点是：

① 人类本性是懒惰的，厌恶工作，只要有可能就会逃避；

② 绝大多数人缺乏进取心，怕承担责任，宁可听从领导指挥、被责骂；

③ 绝大多数人都是以自我为中心的，对组织的需要漠不关心；

④ 多数人必须用强制方式或惩罚、威胁，才能使其为组织目标努力；

⑤ 绝大多数人因循守旧，不愿变革，缺乏创造力。

以 X 理论为假设条件，在企业管理中唯一有效的激励办法就是经济报酬，只要增加金钱奖励，便能完成组织目标。在这种假设条件下，企业管理者重视满足员工的生理及安全需要，同时认为惩罚是最有效也是必要的管理工具。管理者将员工看作物品，忽视个体的精神需要，将金钱看作激励人们积极工作的重要手段，制定各种严格的管理制度及法规来保障组织目标的实现，采用软硬兼施的方法实施管理。麦格雷戈对 X 理论持批评态度，他指出：传统的管理理论脱离现代化的政治、社会与经济来看人，是极为片面的；采用软硬兼施的管理办法，其后果必然会导致员工的敌视与反抗。麦格雷戈针对 X 理论，提出了相反的 Y 理论。

（2）Y 理论。

Y 理论与 X 理论相对立，认为个人目标与组织目标是融合的，麦克雷戈将其称为“人员管理工作的新理论”。Y 理论的主要观点是：

① 人类本性并不是懒惰的，如果给予适当机会，人们喜欢工作，工作是其本能，并渴望在工作中发挥其才能；

② 在适当条件下，多数人愿意对工作负责，寻求发挥能力的机会，而逃避责任、消极工作、只关心个人得失是经验的结果，并非人的本性；

③ 个人目标和组织目标并不矛盾，在适当的管理条件下可以将其统一起来；

④ 对个体能力的限制和惩罚不是使其为组织目标努力的唯一办法；

⑤ 激励在个体需求的各个层次上均能起到作用；

⑥ 多数人具有解决问题所需的想象力和创造力，就看如何去挖掘和利用。

因此，Y 理论的假设条件是人是“自动人”，具备自我调节和自我监督能力。在管理过程中，可以采用以下方法进行激励：扩大工作范围，最大限度地赋予工作者责任；尽可能地给员工安排富有意义的并具挑战性的工作，使其将个人目标与组织目标结合在一起，充分发挥个人的智慧和能力；重视个体的自身特征和基本需求，能使其在工作之后满足其自尊和自我实现的需求；运用“启发和诱导”方式代替“命令和服从”，给予员工充分的信任，使其实现自我激励。因此，只要适时启发个体内因，实现自我控制和自我指导，就可以在适当的条件下实现组织目标与个人需求的统一，达到管理的最理想状态。

一些管理学家对 Y 理论提出了质疑，认为它也有局限性：在现实生活中，虽不能说所有人都天生懒惰、缺乏责任感，但也确实存在部分人懒散、不愿改变、对工作不负责任，如果都采用 Y 理论实施管理，未必有效果。此外，为激发个体的潜能，需要构建合适的环境条件，而这也并非易事。所以，Y 理论也不能普遍使用。

在实际管理过程中，无论是 X 理论还是 Y 理论，均存在适用限制，应该在分析实际条件的基础上综合运用两者的优势，从而出现了超 Y 理论。1970 年，美国管理学家约翰·莫尔斯（J. J. Morse）和杰伊·洛希（J. W. Lorscn）依据“复杂人”的假设，提出超 Y 管理理论。该理论认为，没有普遍适用的最佳的管理方式，在面对不同的组织内外环境及不同的管理对象时，应采取相应的管理措施，管理方式要适于工作性质、成员素质等。超 Y 理论是在对 X 理论和 Y 理论进行分析比较后，提出的一种权宜应变的经营管理理论。对希望以正规的组织规章条例要求自己，不愿过多参与问题决策和承担责任的群体来说，应采用 X 理论为指导进行管理；而对于那些希望有更多自主权、更多空间发挥个人创造力的群体来说，应使用 Y 理论为指导进行管理。超 Y 理论实质上是要求将工作、组织、个人、环境等因素进行最佳的配合。

5. 威廉·大内及其 Z 理论

Z 理论是由美国加州大学日裔美籍教授威廉·大内在其 1981 年出版的《Z 理论》一书中提出来的。其研究内容为人与企业、人与工作的关系，该理论认为企业管理者与员工的利益是一致的。

这一理论是在 20 世纪 80 年代初，日本企业快速发展，对美国企业形成严重挑战的背景下提出的。当时日本企业的管理模式成为全世界关注的焦点，其特点是实行终身雇佣制、集体决策、集体负责、缓慢晋升、家长式管理等，这与美式企业的管理模式完全不同。

大内选择了日、美两国的一些典型本土企业进行研究，发现日本企业的生产率普遍高于美国企业，美资日本企业按照美国方式管理，生产效率则比日本本土企业低。据此大内将美国企业和日本企业管理的特点相结合，形成了Z型管理方式，并以此为基础提出了“Z理论”。此理论提出后立即得到了广泛传播。其主要内容如下：

（1）企业对员工的雇佣期限应是长期的，即使在经营困难的状况下，一般也不采取减员的方法，鼓励大家共渡难关，以此使员工感到工作有保障，从而积极关心企业的发展和利益。

（2）兼听则明的管理机制保证下情上达，并鼓励员工参与企业决策和管理、反馈信息，特别重视一线员工的建议。

（3）实行个体负责制，使基层管理者享有充分的权力，充分领会上级命令，创造性地去执行，对基层问题有充分的处置权，调动人员的积极性。

（4）强调中层管理者的协调功能，起到承上启下作用，通过充分协调使决策顺利实施。

（5）关注提升员工的福利水平，营造良好的工作环境，使员工在工作中心情舒畅、上下级关系融洽、彼此亲密无间。

（6）重视对员工的培训，注意其多方面能力的培养。特别是在员工晋升过程中，应在相关岗位上充分锻炼，积累经验。

（7）采取相对缓慢的评价和稳步的提拔机制，考核员工的表现应全面，从各方面评定其表现，以作为提拔的依据。

Z理论融合了X理论和Y理论的优势，采取富有弹性的人性管理方法，既不一味屈从人情，也不教条地运用制度管理；既能满足组织发展过程中的竞争性需要，又能满足组织成员个体的自我利益需要。

案例分析

Google的管理模式

Google是目前世界范围内最有影响力的IT公司之一，是搜索领域的先驱。Google创建于1998年，其定位是创新的源泉，在这里IT人士可以找到充满挑战的工作以及改变世界的机遇。其网站上的简介中是这样描述的：在Google找不到任何一个缺乏活力的工程师，你会发现友善的同事、充满吸引力的项目以及拥有让数百万人改变生活方式的机遇。Google的快速发展与其特有的管理模式分不开，主要体现在以下几个方面：

Google素以为员工提供良好的工作环境而著称，它曾在“美国最适合工作的企业”的评选中，在多家大公司的竞争中脱颖而出，拔得头筹。Google总部的工作环境轻松惬意，摒弃了一般企业的繁文缛节，处处体现以人为本的管理理念，正如其员工所言：“我们没有正式的公司文化，因为这样比较容易激发创意和灵感。”突出个性化，尊重和鼓励个人休闲爱好，Google为每个员工提供“装修经费”，大家可以按自己的创意对办公区域进行装饰，并定期评比，所以这里的办公室完全不像办公室，而是一片张扬个性的天空。李开复曾说：“我们的每间办公室都有独特的名字，比如‘立秋’‘秋分’，这都是我们员工自己的创意。谷歌的工作模式就是平等地倾听每一位员工的声音，我喜欢这种无为而治的文化。”

Google的办公设施也同样张扬着个性，处处体现着“以人为本”。在公司每层办公楼之间都安装有一个滑梯。除了娱乐功能外，它还可供员工们在发生火灾时紧急撤离。每位员工至少配备两台大屏幕显示器，平均每个办公室有4～6名员工。在很多办公区域，都能找到台球、视频游戏等娱乐设施。办公楼每层都设有一个电话室。每台电话机都安装在经过装饰的小屋中，以方便员工处理私事。另外还有健身房、瑜伽厅，以供员工锻炼。Google每天向员工提供三次美味餐点，员工在自助餐厅就餐，墙上所挂绘画作品均为员工自己所作。员工可到公司赞助的休息室按摩，以消除一日的工作疲劳。

Google遵循"70/20/10法则"，即投入70%的工程资源用于基本业务的增长，20%集中于公司的核心业务，剩下的10%分配给一些边缘创意。由此可见Google对创意的重视程度。在公司内部到处可见那些激发灵感的设施或物件，比如在办公大楼随处可见白色书写板，目的是方便员工随时记下各种新创意。一位Google产品经理对此表示："你坐在办公室时，灵感并不一定会来；或许就在你走动时，灵感就会突然蹦出来。"

Google的外在福利相对其他公司更显丰厚，表现在：为员工供应免费美食、提供24小时开放的健身房，还有瑜伽课、医疗服务、专业营养师、干衣和按摩服务、私人教练、游泳池和温泉水疗、班车服务。

Google的福利丰厚难道只是单纯的大方吗？自然不是。沃顿的专家认为，所有这些福利都表明：Google此举是出于商业目的。它希望达到几大目标，包括在激烈竞争的市场上吸引最优秀的人才；让员工在公司享用美食和处理私人事务，从而可以长时间加班；告诉员工公司看重他们的价值，让他们在今后许多年一直为Google服务。这样的做法使公司用最少的投资获得最大的收入，既吸引人才又促进公司发展，可谓"一举多得"。

Google奖金不是根据工作量分配的，而是依据项目的重要程度。即使你负责一个非常小并且在其他人看来是超乎目前应用水平或者毫无实际应用价值的软件产品，但是只要你能证明你的想法正确、你的反对者都是错误的，那么你的奖金同样数目不菲。在Google实行的另外一种奖励机制非常有趣：每个季度末，公司会将每一个项目向所有员工公示。Google这样做的原因很简单：在这样一个引领互联网发展方向的豪门里，每个项目的成败都关系着公司的命脉，所以任何一个关系公司未来命运的人都应该受到所有员工的尊敬。

Google管理最大的特点是独特的工作环境、丰厚的福利。它有公平、合理、诱人的奖励机制，有平等互敬的工作氛围，有透明化的管理机制。这种"以人为本"的管理方式正是其快速发展的保证。

思考：Google的管理模式体现了哪些管理思想？

（三）现代管理理论

第二次世界大战后，现代科学技术日新月异的发展促进了生产力的快速提升，企业的规模日益扩大，现代企业管理制度也日趋完善。在这一过程中出现了很多管理方面的新问题，如何有效管理大型企业，如何进行跨国、跨地区、跨文化管理成为管理学界关注的焦点，经济学、数学、统计学、社会学、人类学、心理学、法学、计算机科学等各个学科的研究成果越来越多地应用于企业管理。在此背景下，管理理论呈现出"百花齐放、百家争鸣"的景象，各个管理学派的理论各有所长，形成了"现代管理理论的丛林"。

1. 管理过程学派

管理过程学派，又称为管理职能学派或经营管理学派，是当代管理理论的主要流派之一。其关注的焦点为“管理人员做些什么和如何做好这些工作”，侧重于说明管理工作实务，代表人物有法约尔、吉利克等，当代最著名的代表人物是哈罗德·孔茨。管理过程流派吸收其他管理学家的思想和主张，不断丰富各项管理职能的内容，具有广泛的影响。

管理过程学派认为应该将管理理论同管理人员所执行的管理职能即具体从事的工作联系起来，无论组织的性质多么不同（如经济组织、政府组织、宗教组织和军事组织等），组织所处的环境差异多大，管理人员所从事的管理职能却是相同的，管理活动的过程就是管理的职能逐步展开和实现的过程。因此，管理过程学派把管理的职能作为研究对象，他们先把管理的工作划分为若干职能，然后对这些职能进行研究，阐明每项职能的性质、特点和重要性，论述实现这些职能的原则和方法。应用这种方法可以对管理工作的主要方面进行理论概括，有助于建立起系统的管理理论，用以指导管理实践。

2. 社会系统学派

社会系统学派的代表人物是美国著名的管理学家巴纳德。其在 1938 年出版的《经理人员的职能》一书中，对组织和管理理论的一系列基本问题提出了与传统组织和管理理论完全不同的观点。他认为人与人之间的关系是一个社会系统，各类组织是其存在的形式，应从社会学的角度来分析和研究管理问题；管理人员的职责是使各种冲突的力量、不同的需要和目的维持一种平衡，围绕物质的、生物的和社会的因素适应整体系统。以巴纳德组织理论为代表的社会系统学派的观点奠定了现代组织理论的基础，对管理思想的发展特别是组织理论的发展产生了深远的影响。

3. 决策理论学派

决策理论学派的主要代表人物是赫伯特·西蒙，其在 1978 年获得诺贝尔经济学奖。西蒙的许多思想来自社会系统学派的代表人物巴纳德，并在其基础上提出了决策理论。决策理论是一门有关决策过程、准则、类型及方法的学问，决策是管理人员的首要任务。在决策过程中，他强调信息联系的作用，而信息联系是双向的过程。他认为信息传播渠道分为正式渠道和非正式渠道两种，决策理论学派更重视后者在信息联系中的作用。

决策理论学派认为管理决策要想获得最优结果，必须具备三个条件：

（1）决策者对于可供选择的方案及其产生的后果有充分的认知。

（2）决策者的评估能力是无限的。

（3）决策者对各种后果有一贯的排序。

基于上述条件，决策者可以实现决策效果的最优化。但在实际工作中，决策者不可能掌握所有有关信息，为此决策理论学派提出使用“满意”原则替代“最优化”原则，以实现决策过程的可行性。

4. 权变理论学派

权变理论学派是 20 世纪 60 年代末 70 年代初产生的，是在美国经验主义学派基础上发展起来的管理理论，代表人物有伯恩斯、斯托克、洛希、卢桑斯、伍德沃德、菲德勒等。权变是指对偶然事件权宜应变，为此权变理论也称为因地制宜理论、形势管理理论等。权变理论认为，在组织管理中要根据组织所处的环境和内部条件的发展变化随机应变，不存在一成不变、普遍适用的管理理论和方法。权变管理就是根据环境因素和管理思想及管理技术因素之间的变数关系来确定一种最有效的管理方式。在管理过程中，管理者将精力放在对现实情况的研究方面，并据此进行分析，提出有效的管理对策，使管理活动更加符合实际情况的要求。权变理论认为管理是动态的，管理的职能也不是一成不变的。

5. 经验主义学派

经验主义学派又称经验管理学派，以向企业的经理人员提供管理企业的经验和科学方法为目标，代表人物有彼得·德鲁克、戴尔及斯隆等。该学派主张通过分析案例、获取经验的方法来研究管理学问题。

该学派认为企业管理理论应从实际的企业管理出发，特别是要注重大企业的管理经验，并以此为基础加以理论概括，作为管理人员进行管理工作的基础。经验主义学派以实践为首要任务，以适用性为原则。经验主义学派的管理方式比较有特色，但也受到了许多管理学家的批评。由于其过于强调经验而无法形成科学的管理理论，导致无经验的初学者无所适从，而且过去的经验未必适用于将来的管理。由于组织的内外部环境一直处于变化之中，实际管理中过多地依赖于过去的经验，肯定是不合适的。

延伸阅读

现代管理史上的十位大师

1. 彼得·德鲁克——现代管理学之父

没有谁能够超过彼得·德鲁克对现代企业管理的影响。他将先前人们熟视无睹然而又不辨究竟的企业活动提升为一门科学——管理学，被称为“大师中的大师”。

大师简介：

彼得·德鲁克（1909—2005），“现代管理学之父”“大师中的大师”。多样化的成长环境和丰富多彩的职业经验，造就了一代管理宗师。他生于维也纳并在那里和英国接受教育，在德国法兰克福当报纸记者的时候获得公共与国际法博士学位，然后担任伦敦一家国际银行的经济学家。后来他去了美国，先是在大学里担任政治与哲学教授，接着就在管理学院开始了长达60年的管理教育和咨询工作。

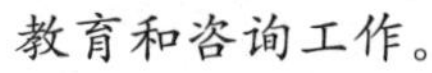

他一生著作等身，撰写了几十本管理类著作，其中《管理的实践》《管理：任务、责任和实践》是他的巅峰之作。

他的突破性思想可以用一句话来高度概括：管理学一起走过从目标管理到管理知识工人的过程。

2. 彼得·圣吉——学习型组织者之父

1990年，彼得·圣吉出版了《第五项修炼：学习型组织的艺术与实务》。该书与随后出版的《第五项修炼·实践篇》《变革之舞》等书，使彼得·圣吉不仅登上了“当代最杰出的新管理大师”的宝座，而且在全世界范围内引发了一场创建学习型组织的管理浪潮。

大师简介：

美国麻省理工学院斯隆管理学院资深教授，国际组织学习协会（SOL）创始人、主席。1947年出生于芝加哥，1970年在斯坦福大学获航空及太空工程学士学位，之后进入麻省理工学院斯隆管理学院取得社会系统模型塑造硕士学位，进而攻读管理学博士学位，师从系统动力学奠基人佛睿斯特教授，研究系统动力学整体动态搭配的管理理念。

1978年获得博士学位后，彼得·圣吉一直致力于发展出一种人类梦寐以求的组织蓝图——在其中，人们可以从工作中得出生命的意义、实现共同愿望。他将系统动力学与组织学习、创造原理、认知科学、群体深度对话与模拟演练游戏融合，领悟了导师深奥理论的要义，同时使系统动力学的要领简单化、通俗化和可操作化，从而发展出了影响世界的“学习型组织”理论。

3. 斯蒂芬·柯维——人类潜能导师

1989年，《高效能人士的七个习惯》出版，在商界产生巨大影响。该书曾高居《纽约时报》最畅销书籍排行榜之首，并占据畅销书排行榜长达七年之久。2002年，《福布斯》将《高效能人士的七个习惯》评为有史以来最具影响力的10大管理类书籍之一。

大师简介：

斯蒂芬·柯维，1932年出生在美国犹他州首府盐湖城，1950年毕业于犹他大学，继而又取得哈佛大学工商管理学硕士、杨百翰大学博士学位。他毕业后留校任教。

柯维是柯维领导中心创始人。1997年，该机构与富兰克林公司合并，成立了富兰克林柯维公司，斯蒂芬·柯维出任联合主席。富兰克林柯维公司是一家为组织和个人提供培训和管理咨询的世界级公司，与《财富》500强中80%以上的公司和成千上万家中小型企业以及政府职能部门都有建设性的合作。高效能人士的七个习惯：极主动、以终为始、要事第一、双赢思维、知彼解己、集思广益和不断创新。

4. 吉姆·柯林斯——著名管理专家及畅销书作家

吉姆·柯林斯说他自己是“一个见证伟大公司的人——见证它们如何成长，如何取得最好的业绩，如何完成从好公司到伟大公司的转变”。他的著作《从优秀到卓越》就是这一评价的典型例证。

大师简介：

吉姆·柯林斯曾获斯坦福大学商学院杰出教学奖，先后任职于麦肯锡公司和惠普公司。与杰里·波勒斯合著了《基业长青》一书。书中提出了他的主要管理思想。

“造钟，而不是造时。”通过仔细对比分析，柯林斯相信自己最终找到了伟大公司的基因。“伟大公司的创办人通常都是制造时钟的人，而不是报时的人。他们主要致力于建立一个时钟，而不只是找对时机，用一种高瞻远瞩的产品打入市场；他们并非致力于发展高瞻远瞩的领袖的人格特质，而是致力于构建高瞻远瞩的公司的组织特质，他们最大的创造物是公司本身及其代表的一切。”

5. 迈克尔·波特——竞争战略之父

作为战略管理领域备受推崇的大师之一，迈克尔·波特对竞争战略理论做出了杰出的贡献。他提出的“竞争战略的五力分析模型”和“三种竞争战略”已经被视为战略管理领域的圭臬，波特本人也被称作“竞争战略之父”。

大师简介：

波特的一生极富传奇色彩。毕业于普林斯顿大学的他，26 岁就拥有了哈佛商学院教授的头衔，创造了哈佛历史上最年轻教授的记录；32 岁时他又获得了哈佛商学院终身教职，并最终获任哈佛商学院“大学教授”之职（university professor，哈佛大学的最高荣誉，波特是哈佛大学历史上第四位获此殊荣的人）。

竞争战略的五力分析模型：行业中现有对手之间的竞争和紧张状态、来自市场中新生力量的威胁、替代的商品或服务、供应商的还价能力以及消费者的还价能力。

三种竞争战略：总成本领先战略、差异化战略和专一化战略。

6. 汤姆·彼得斯——后现代企业之父

汤姆·彼得斯是管理大师中的一个异数。他几乎没有自己的理论建树，然而，凭借一本《追求卓越》，却掀起了经营实践中的滚滚浪潮。

《财富》杂志曾经声称“我们生活在一个汤姆·彼得斯的时代”。《商业周刊》也指出“无论你对汤姆·彼得斯的言论喜欢还是嫌恶，他都称得上是继彼得·德鲁克之后最优秀和最具有影响力的管理学天才。”

大师简介：

1942 年，彼得斯出生于美国著名的旅游城市马里兰州巴尔的摩市。他毕业于康奈尔大学土木工程专业，然后进入美国海军服役，退伍后到斯坦福大学商学院学习工商管理。1972 年，彼得斯获得斯坦福大学 MBA 学位，1974 年又获得组织行为学博士学位。他还曾任职于五角大楼和麦肯锡。

彼得斯是一个疯子和一个天才的完美结合，让管理学得以从象牙塔中走出，变得极富商业色彩。他主张管理者应该用疯狂的手段对付疯狂的世界。他常挂在嘴边的一句话是：“疯狂的时代需要疯狂的组织。”

他曾说：“我死后，希望在我的墓碑上刻上这样的字句：‘这里躺着的人没有任何自己的理论，他只是一个优秀的观察者’。”作为目光敏锐的观察家，彼得斯等人提出的“7S”法则和卓越公司的八大特质，在企业经营实践中产生了巨大而深远的影响。

7. 戴尔·卡内基——西方现代人际关系教育的奠基人

尽管成功学在中国的名声毁誉参半，但这并没有影响世人将这一学科的创始人戴尔·卡内基视作 20 世纪影响巨大的心灵导师之一。

大师简介：

卡内基出身贫寒，1904 年高中毕业后就读于密苏里州华伦斯堡州立师范学院。他发现学院辩论会及演说赛非常吸引人，优胜者的名字不但广为人知，而且还被视为学院的英

雄人物。但他没有演说的天赋，参加了 12 次比赛，屡战屡败。1906 年，他以《童年的记忆》为题的演说获得了勒伯第青年演说家奖。这是他的第一次成功尝试。后来，卡内基做过推销员，学习过演戏，但他认为那都不是他理想的职业。直到他说服了纽约一个基督教青年会的会长，同意他晚间为商业界人士开设一个公开演讲班。从此，他开始了为之奋斗一生的成人教育事业。

卡内基一生致力于人性问题的研究，运用心理学和社会学知识，开创并发展出一套独特的融演讲、推销和人际沟通等于一体的成人教育方式。其代表作有《沟通的艺术》《人性的弱点》《人性的优点》和《人性的光辉》等，影响巨大。《纽约时报》甚至对他做出过如下评价：除了自由女神，卡耐基或许就是美国的象征。

8. 亨利·明茨伯格——管理领域伟大的离经叛道者

他是一位身上充满了悖论的大师，并因此获得了“管理领域伟大的离经叛道者”的头衔。

大师简介：

亨利·明茨伯格 1939 年出生于加拿大多伦多市，他是一位杰出的战略管理大师，无论他自己是否承认。明茨伯格现任加拿大麦吉尔大学管理学研究荣誉教授，法国知名学府欧洲工商管理学院也为他留有教职。

明茨伯格是第一位当选为加拿大皇家社会学协会会员的管理学研究方面的学者，他曾四次在《哈佛商业评论》上发表文章，其中两次获得“麦肯锡奖”。1988 年至 1989 年，他曾经担任战略管理协会主席，就在他的领导地位得到肯定之后，他却宣布了战略管理衰落的概念。

明茨伯格是管理者角色学派的代表人物，他发现杰出的管理者把大多数时间都用在快速对付危机而非日常流程上，因此他对目前商学院的 MBA 教育颇有微词。

明茨伯格广为流传的一句名言是：MBA 因为错误的原因用错误的方式教育错误的人。他认为，受过 MBA 教育的人都应该在自己的前额纹上骷髅和交叉骨头的标志，下面再注明“本人不能胜任管理工作”。

9. 查尔斯·汉迪——管理哲学之父

查尔斯·汉迪是欧洲最伟大的管理思想大师。英国《金融时报》称他是欧洲屈指可数的“管理哲学家”，并把他评为仅次于彼得·德鲁克的管理大师。如果说彼得·德鲁克是“现代管理学之父”，那么查尔斯·汉迪就是当之无愧的“管理哲学之父”。

大师简介：

查尔斯·汉迪 1932 年出生于爱尔兰，在英国上完大学后，在东南亚和伦敦的壳牌公司工作，并担任高级管理人员，后进入美国麻省理工学院斯隆管理学院学习，并对组织管理及其运作原理产生了兴趣。

1967年，查尔斯·汉迪返回英国创办了英国首家管理研究生院——伦敦商学院，并成为该学院的全职教授。他提出了“组织与个人的关系”“未来工作形态”等新观念，成为继彼得·德鲁克之后在世界上拥有最多读者的管理学权威。

查尔斯·汉迪管理思想的一大特色就是注重不同管理文化的有机融合，他自己称之为“文化合宜论”。他研究了英国、日本、德国等国家的商学院以及职业经理人的培训现状与历史，对职业经理人的培训和发展具有重要意义。

10. 大前研一——日本战略之父

素有“战略先生”之称的大前研一，曾经准确地预测了苏联的解体、日本经济的泡沫化等。

大师简介：

大前研一，美国麻省理工学院博士，曾任麦肯锡日本分公司董事长，兼任许多跨国公司的管理顾问。他1994年7月离开麦肯锡，1996年起任美国加州大学洛杉矶分校教授、斯坦福大学客座教授，现任创业者商学院院长。他被英国《经济学人》杂志评选为“全球最顶尖的五位管理大师”之一、“日本战略之父”。

大前研一的张扬和口无遮拦，不仅让中国人觉得奇怪和惊讶，即使在日本甚或整个东方也是绝无仅有的！《金融时报》这样描述大前研一：“坦率无忌型名人……当绝大部分日本人还在小心翼翼时，大前研一却生硬率直，有时还单刀直入般粗鲁……他还是日本仅有的一位极为成功的管理学宗师。”

本章小结

管理思想是随着人类社会的发展历程不断演进的，是人类文明的结晶，也是现代企业管理的理论基础。本章首先介绍了企业的概念、分类方式，现代企业制度的概念、特点，现代企业系统、治理结构；其次介绍了管理的概念及其二重性；最后着重介绍了管理理论的发展历程，其中包括古典管理理论中的科学管理理论、一般管理理论和行政组织理论，行为科学理论中的人际关系学说、需求层次理论、双因素理论以及X理论、Y理论和Z理论，现代管理理论丛林中的相关理论内容，包括管理过程学派、社会系统学派、决策理论学派、权变理论学派及经验主义学派。

同步测试

一、单项选择

1. 马克斯·韦伯的理论为分析实际生活中的各组织形态提供了一种规范模型，这种理论是（　　）。

A. 科学管理理论　　B. 行为科学理论

C. 管理科学体系　　D. 行政组织理论

2. 管理的主体是（　　）。

A. 企业家　　B. 全体员工　　C. 高层管理者　　D. 管理者

3. 一般认为管理过程学派的创始人是（　　）。

A. 泰勒　　B. 法约尔　　C. 韦伯　　D. 德鲁克

4. 泰勒的科学管理理论出现在（　　）。

A. 19 世纪末 20 世纪初　　B. 20 世纪 30 年代

C. 20 世纪 40 年代　　D. 20 世纪 60 年代

5. “管理体现生产资料所有者指挥劳动、监督劳动的意志，同生产关系、社会制度相联系”指的是管理的（　　）。

A. 科学性　　B. 艺术性　　C. 自然属性　　D. 社会属性

6. 满意决策中“满意”标准的提出者是（　　）。

A. 泰勒　　B. 西蒙　　C. 孔茨　　D. 韦伯

7. 赫茨伯格提出的双因素理论中的“双因素”指的是（　　）。

A. 保健因素和安全因素　　B. 保健因素和社交因素

C. 保健因素和自我实现因素　　D. 保健因素和激励因素

8. 为组织的活动指出方向、创造态势、开拓局面的行为是（　　）。

A. 领导　　B. 管理　　C. 控制　　D. 计划

二、多项选择

1. 霍桑实验的结论包括（　　）。

A. 职工是“社会人”

B. 职工是“经济人”

C. 企业存在“非正式组织”

D. 新型的领导能力在于提高职工的劳动效率

E. 新型的领导能力在于提高职工的满意度

2. 评价基层管理职位时可以选择的作为职务系数的项目有（　　）。

A. 年龄　　B. 教育程度　　C. 经验

D. 智力和体力　　E. 责任和工作条件

3. 管理的基本特征有（　　）。

A. 管理是一种文化现象和社会现象

B. 管理的主体是被管理者

C. 管理的核心是处理好人际关系

D. 管理的任务是让工作的人们用尽可能少的支出实现既定的目标

E. 管理只适用于经济领域

第二章

走进发展规划部

知识目标

掌握企业战略管理的内涵；

了解企业战略管理思想的主要学派、内容；

掌握企业战略分析、制定、实施和控制的步骤和方法；

了解企业战略评价方法。

技能目标

能够运用企业战略管理理论及分析工具对企业进行战略分析；

能够根据背景资料制定企业经营战略。

开篇案例

海尔：优势企业经营战略

一、砸了76台冰箱换来了质量意识

过去，海尔抓产品质量，推行的是从日本引进的全面质量管理，这套办法在中国推行了多年但并不成功，原因是照搬了质量管理的方法却没有引进质量管理的思想。当时国内企业确定产品的标准是一等品、二等品、三等品、等外品和处理品，只要这个产品生产出来了，还能转、还能用，就要为它找到出路。这种为产品找出路的政策，导致工人没有任何质量意识。所以，为了树立“有缺陷的产品就是废品”的意识，海尔把从400多台冰箱中检查出的76台有不同程度缺陷的冰箱搞了个展览会。大多数工人认为既然这些冰箱还能使用，是不是便宜些处理了就行了；领导者则认为，如果不杜绝这种思想，明天就可能出现760台、7 600台不合格的产品，所以当时就决定把这些冰箱全部销毁。冰箱砸了是一笔很大的损失，但正是这样才提高了工人的质量意识。从此之后，海尔推行了很多质量管理制度，冰箱质量问题得到了很好的解决，也为海尔之后的发展打下了很好的基础。

二、只有淡季的思想，没有淡季的市场

任何产品都有淡、旺季之分，但是如果认为淡季是天经地义的，那就不可能去考虑如何改善淡季的经营了。在这方面，海尔做得较成功的例子是“小小神童”洗衣机。过去到了夏季，销售人员都会撤回来，产品存放在仓库里，等待旺季的到来。海尔经过分析发现，其实夏天人们洗衣服洗得更勤，只是洗衣机的容量太大，不适合夏天洗衣的要求罢了。所以，如果说夏季是洗衣机的淡季，主要是因为没有适宜的产品造成的。于是海尔开发出了小容量的“小小神童”洗衣机，受到了消费者的欢迎。“小小神童”洗衣机上市20个月，销售量就突破3 100万台。过去到了夏季生产要下降一大块，现在就由它顶了起来。

三、依靠创新去占市场，而不是在降价上做文章

从总体上讲，商品的价格趋势是逐步降低。美国通用电气公司规定每年的成本必须比上年下降6%。这主要是靠创新来完成的。如果没有创新，只靠产品降价，那么让了利也不一定能得到市场，反而会使企业没有了发展动力。海尔保持着在整个销售收入中提取4%的技术开发费来不断推出新产品，以避免出现老产品玩价格战的局面。海尔集团董事长张瑞敏平时最关注的一个数字就是流动资金周转次数。集团内部规定，流动资金周转次数不能低于3次，因为这是一个重要的指标。哪个产品在市场上销售不好，海尔就以新产品来替代，而不是做降价的考虑。

四、海尔不是一列火车，而是一支联合舰队

一个大的企业集团，其内部的关系一般比较复杂。海尔模式不像一列火车，而像一支联合舰队，每一只舰艇都有作战能力。海尔的说法是“允许各自为战，不能各自为政”。海尔集团的组织结构，是按照国际上通行的“层次化”和“信息化”的原则来建立的。集团有三个层次：第一个层次是集团的经营决策中心，有20多人；第二个层次是集团的利润中心，有22个事业部，每个事业部内部的分配情况都不一样，具体根据其在市场上的收益状况而定；第三个层次是成本中心，任务是提高产品质量、降低成本。这样就形成了决策中心、利润中心、成本中心三个层次，其中以事业部为中心。

五、海尔没有激动人心的事发生

在管理上，海尔建立了特有的管理模式——日清工作法，简单地说就是八个字：“日事日毕，日清日高”。也就是今天的事情今天要完成，今天的工作要比昨天有所提高。目标虽不高，但贵在坚持，每天都在提高，其效果就会非常大，产生质变。国内一些企业经常搞“运动”管理，平时不下功夫，临时搞一下突击，结果还是一团糟。德鲁克在《有效的管理者》一书中说：好、坏企业的区别就一点，只要是没有发生激动人心的事的企业就是好企业。

思考：海尔成功的原因是多方面的，但归结起来都与海尔的企业战略密切相关。那么什么是企业战略？企业战略为什么能够使企业不断发展壮大呢？

职场情境导入

一、发展规划部的职能

“发展规划部”这个词来自日语，这个部门具体所做的工作在不同公司存在较大差别。发展规划部是企业经营的中心，它是企业经营管理者的“智囊”。所以，在企业的机构设置中发展规划部虽然在级别上与其他部门同级，但从业务关系上来说它是所有部门的“上级领导”，因为它代表企业经营者行使管理权限，对企业经营目标的实现负有最直接的责任。

二、发展规划部的工作职责

（一）制定企业发展战略

制定企业发展战略是发展规划部的首要职责。发展规划部要在对市场、用户、行业、

竞争对手及自身条件等进行充分研究的基础上，找出企业生存与发展的策略，明确企业的奋斗目标，即制定出企业中长期发展战略及近期战略目标。

（二）分解、落实企业经营战略

企业战略制定完成后，若不进行分解、落实，企业战略就会成为一纸空文而流于形式。因此，作为企业战略的管理部门，发展规划部更为重要的职责是将企业战略层层分解、逐级落实。当然，这不仅是发展规划部一个部门的事情，它应该是全公司各个部门、各个环节共同来推进的一项工作。但在这个过程中，发展规划部是领导核心，对组织、管理、指标拟定等工作发挥着主导作用。

（三）检验及监控企业经营战略执行状况

在企业经营战略执行过程中，要对各环节进行必要监控，同时要有反馈，以及时发现问题并对计划进行修正，使组织以良性循环的方式运行。企业经营战略制定完成后，进行分解、落实到了各个部门、各个环节，但整个企业战略体系运行的状况怎么样、存在哪些问题、需要进行哪些调整与改善，所有这些工作都需要日常化地管理起来，也只有这样才能形成良性循环。所以，发展规划部还必须肩负起企业战略执行状况的监控、改善等工作。

（四）研究企业经营活动

由于发展规划部承担了研究市场、用户、竞争对手等工作，同时，为了制定并推进企业战略，它对企业内部的各环节、各部门的运行情况也是最为了解的，因此从某种意义上讲，它实际上是企业经营决策层的“操盘手”。并且，由于它日常开展的工作都是跟企业的经营、发展相关联的，所以，它实际上已经成为企业经营活动的“研究中心”。

（五）负责商品战略和商品策划工作

因为企业是通过向市场销售商品而获取回报的，所以商品是企业经营所围绕的核心。因此，将商品策划工作放在发展规划部是比较适合的，该内容在后续章节中再进行详细讲解。

（六）制定与推进品牌战略

随着市场和用户的成熟，企业的品牌越来越重要，它决定着企业的经营业绩乃至企业的生存与命运，因此，企业的品牌管理工作也是企业管理的核心之一。当然，企业最终的品牌印象是综合因素长期作用的结果，但对于企业品牌的定位、宣传与推广，还是一项需要策划并付诸行动的工作。由于这项工作与企业的整体战略等紧密相连，因此，将它放在发展规划部是比较恰当的。

以上是对于大中型企业来说的，它们通常都有成立专职发展规划部的实力及必要性。而对于一些正处于起步阶段的中小型企业来说，成立专职发展规划部，在人力资源及经费方面都会存在一定的困难。但只要企业的管理者认识到了企业战略及其管理的重要性，不管是否有专职的部门，其实都是可以开展相关工作的，只是在形式及深度上有所不同而已。

所以，建议那些目前还不具备成立专职发展规划部条件的企业，可以在公司的管理层先指定专门的领导负责企业战略的制定与管理工作。他可以在公司内部先选择一些适当的人员，以工作组或项目组的方式展开企业战略的研究、制定及管理工作，这样，也可以达到同样的效果。

三、发展规划部的组织结构

发展规划部一般由部门经理管理日常事务，大部分公司直接隶属于总经理或首席战略官（chief strategy officer，CSO），下设相关分支机构和岗位，分支机构涉及战略策划、品牌管理、企业文化等方面，岗位有市场调研专员、分析规划专员、品牌管理专员等。发展规划部组织结构如图 2－1 所示。首席战略官是运用现代企业战略管理知识、技术、方法和手段为企业提供发展规划、组织结构、业务模式、运营流程以及企业文化、品牌、营销、人力资源、财务税收、信息化、管理等综合系统或单一层面战略服务的人员。首席战略官是一个多面手，一般具有技术管理、市场营销与运营等领域丰富的管理经验。

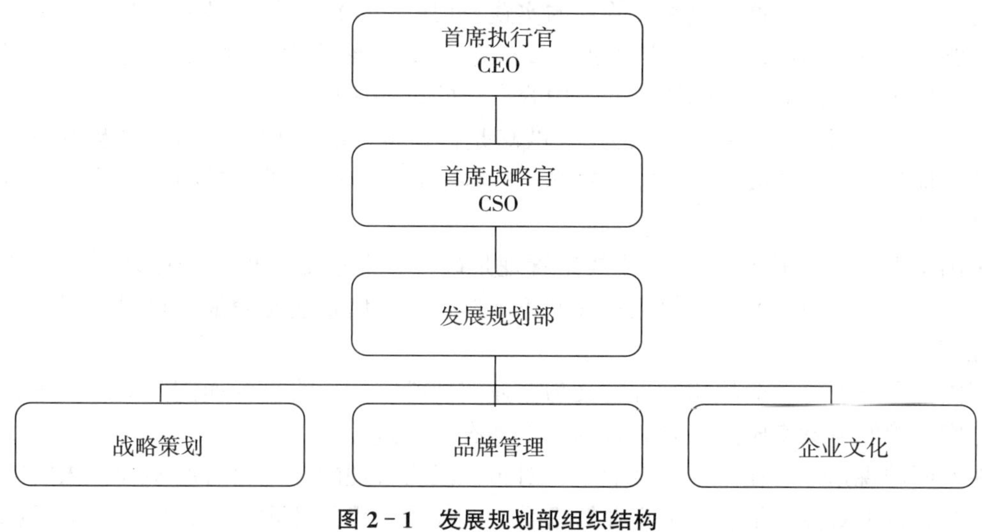

图 2－1　发展规划部组织结构

第一节　企业战略管理概述

一、企业战略管理

（一）企业战略的内涵

“战略”一词来源于军事活动，即作战的策略、谋略。在英文中，战略（strategy）来源于希腊语“stratos”，意为军队，并以此为基础衍生出“strategos”，意为将军或领袖，本意是指军事统帅的智谋和对军事力量的运用，即在战争中，军事统帅基于对全局的分析判断做出相应的军事决策，确定军队在某一时期军事行动的主要方向、兵力的部署以及要完成的军事目标。后来，战略思想延伸到政治、经济等领域。

“战略”一词在我国典籍中自古有之。春秋末年由军事家孙武所著的《孙子兵法》就有对战略重要性的记述，如“上兵伐谋，其次伐交，其次伐兵，其下攻城”就对战略在军事上的地位给予了高度评价。在《左传》《史记》中亦有“战略”一词的记述。东汉末年，诸葛亮的《隆中对》则是蜀汉政权兴起的战略要旨，奠定了三分天下的基础。

战略管理（strategy management）的概念是由美国的著名经济学家安索夫在其 1972 年发表的《战略管理概念》中首次提出的，他在 1975 年出版的《从战略计划趋向战略管理》一书中对战略管理进行了定义，其1979年出版的《企业战略论》对企业战略做了详细说明。他认为企业战略管理是企业高层管理者为保证企业的长期生存和发展，充分运用外部经营环境，对目前从事的和将来要从事的经营活动进行的战略决策。

此外，一些西方著名学者也提出了关于企业战略的不同定义。钱德勒在《战略与结构》（1962年）一书中提出："战略是确定企业基本的长期目标，选择行动途径，并为实现这些目标进行资源分配。"

管理学大师彼得·德鲁克在《管理的实践》（1954年）一书中提出了企业战略涉及的三个问题："企业是什么？企业应该是什么？为什么？"他认为："战略就是企业发挥战略优势，迎接环境挑战而制定的统一的、内容广泛的、一体化的计划。"

竞争战略大师迈克尔·波特认为："战略是创造唯一的、有价值的、涉及不同系列经营活动的地位，持续的战略定位需要转换，战略就是在竞争中进行转换，战略的实质是决定该做什么。"

美国学者斯坦纳则认为："企业战略管理是确立企业使命，根据企业外部环境和内部经营要素设定企业组织目标，保证目标的正确执行，并使企业使命最终得以实现的一个动态过程。"

国内部分学者将企业战略管理定义为企业实现既定的战略目标而制定战略决策、实施战略方案、控制方案实施及绩效管理的一个动态管理过程。

在不同的视角下，在不同的企业中，对企业战略管理的定义会有所不同，内容丰富而具体。综合以上观点，笔者认为企业管理是企业经营思想的体现，也是完成企业目标、制订中长期计划的基础和依据，通过内部及外部环境分析，制定并选择最优的战略方案加以实施，同时对实施的效果进行及时反馈的一个全面、动态、复杂的过程。

（二）企业战略管理的特点

目前，企业战略管理还没有一个统一的概念，但学者们对企业战略管理的特点却有着广泛的共识，归纳起来有如下几点：

1. 整体性

企业战略是企业发展的蓝图，是站在全局性的高度上制定并实施的。战略管理不仅包含了战略的分析及制定，还包含了战略的实施与控制，是一个全过程的整体管理。同时，战略管理也不仅是公司管理层的事，在战略管理过程中，全体员工都要参与进来。企业战略的实施同样也需要全体员工的支持和理解。

2. 长远性

企业战略考虑的是企业未来一段时期内的发展规划，一般是3～5年甚至更长时间的目标。战略制定过程中要充分考虑行业、企业未来发展的方向，要有长远性和前瞻性。

3. 动态性

企业在经营过程中所处的现实环境是复杂多变的，在战略制定过程中多是依据当前环境及自身条件，根据历史数据预测发展趋势。一旦经营环境或自身条件发生重大变化，既定的战略规划便不能适应现实及未来发展要求，要对战略方案进行必要调整甚至重新制定。所以战略管理过程是一个动态的、往复的过程。随着企业经营的内外部环境条件的变化，企业战略要进行必要的调整。在企业经营过程中，企业战略的静态性是相对的，动态性是绝对的。

4. 风险性

由于企业战略自身的动态性特征，其在实施过程中环境总是处于变化的状态，企业无时不处在变幻莫测的风险之中。企业为了获取市场竞争的胜利、获取高额的利润，必然要承担相应的风险。这也是市场竞争过程中的客观事实。

5. 科学性和艺术性

我们常说管理是一门科学，同时也是一门艺术。战略管理也是如此，这也体现了它独特的魅力。管理科学是人们从长期的社会生产活动中总结提炼出来的，既凝结了人们对客观事物发展规律的科学认知，又体现了人们在管理过程中高超的智慧和丰富的情感。管理活动是在理论指导下的一种规范化的理性行为。管理的科学性体现在人们在进行管理的过程中，通过不断地摸索和发现其本质规律，并以客观规律指导行动，提升管理效率。同时在战略管理过程中不能一味刻板地完全遵照现有的具体模式，因为还存在诸多未知的、不确定的、模糊因素。要处理好这些未知因素就需要依靠人的主观经验、感觉、魅力及权威等，没有固定的模式可以遵循，这正是战略管理艺术性的体现。所以要想进行成功的战略管理，就要以科学的思想理论作为指导，以多变的艺术手法去实施。

（三）战略管理的主体

按照企业战略管理的层级划分，战略管理的主体包括以下 3 种：

1. 企业高层管理者

高层管理者是对企业战略负全责的公司管理人员，由他们制定企业的战略任务，确定下级事业部的战略目标，统筹配置企业内部的资源，对下级事业部的发展计划进行审核，对实施情况进行监控并考核，保证公司战略能够顺利实施。他们在公司战略制定、实施和监控方面起着中流砥柱的作用。

2. 企业经营管理者

企业经营管理者是企业各事业部的管理人员，他们的任务是在总体经营战略的基础上提出本事业部的发展经营战略，在得到企业高层管理者的批准后坚决实施。他们是企业业务层战略的制定者和推动者。

3. 职能部门管理者

职能部门管理者是企业的中层管理人员，他们的任务是参与制定企业战略、事业部战略，同时坚定不移地实施根据整体战略制定的方针、政策；在战略制定和实施过程中，就本部门工作情况向企业经营管理者和高层管理者提出专门性的意见，同时制定职能部门的战略，明确部门的目标和职责，对具体岗位的工作进行评价考核。他们对企业战略、事业部战略的具体实施和反馈负有重要职责。

二、战略管理学派

当代世界级的战略管理学家亨利·明茨伯格，在其《战略历程》一书中对一大批世界级著名战略管理学家几十年的研究成果进行了全方位的梳理和提炼，将战略管理的各种理论划分为十大学派，并通过一则“盲人摸象”的寓言来说明每个学派的观点只是聚焦于战略的某个方面，不同的视角对企业战略及战略管理的内涵有着不同的解读，在制定企业战略的过程中，应从不同角度取长补短。下面介绍一下各个学派的主要思想。

（一）设计学派

在众多战略管理思想中，设计学派极具影响力。该学派的代表人物有菲利普·塞兹尼克和阿尔弗雷德·钱德勒。塞兹尼克提出了“独特竞争力”的概念，认为应该将组织“内部状态”和“外部期望”进行整合，将战略深入“组织社会结构”中（《经营中的领导力》，1957）。钱德勒进一步提出了“战略决定结构，结构紧随战略”的观点，奠定了设计学派的思想基础（《战略与结构》，1962）。由肯尼思·安德鲁斯等人撰写的哈佛商学院基础教科书《经营策略：内容和案例》全面、清晰地表达了设计学派的思想。

设计学派认为应设计出一个战略制定模型，以寻求内部能力和外部环境的匹配。设计学派的基本模型从外部与内部环境（internal environment）的分析评价入手，从外部揭示组织面对的潜在机会和威胁，从内部分析组织的优势与劣势，这就是著名的SWOT模型：以发挥优势弥补劣势、抓住机会减少威胁为原则，选取企业发展的备选战略方案。接下来是对备选方案的筛选，理查德·鲁梅尔特（Richard Rumelt）提出了评估框架：

（1）一致性：由战略导出的目标和策略必须具备一致性。

（2）协调性：战略对于内外部环境的变化要做出适时、恰当的调整。

（3）优势：战略对组织竞争优势（competitive advantage）的建立和保持起着积极作用。

（4）可行性：组织现有的环境资源条件可以满足战略需求，同时不会带来衍生问题。

设计学派的思想理论在实际应用过程中需具备七项前提条件：

（1）战略的形成应该是一个有意识的、深思熟虑的思维过程。战略的产生和执行要具备充分的理由，要通过严谨的思考、细密的筹划而得出。这些技巧是通过后天习得的，而非与生俱来。

（2）企业的最高领导主导战略的制定，负有控制并监督实施的职责。

（3）战略的形式模型要保持简单、清晰。

（4）战略设计是个性化的过程，要符合具体个案的特点。

（5）战略展望的内容是完整的，而不是局部的。

（6）战略的内容是明确而简单的。

（7）符合要求的战略制定好后，才能付诸实施。

设计学派的思想和设置的模型对其他战略管理思想产生了重要影响。它强调通过学习来评估企业的优势和劣势，这些都需要从实际的测试和经验中获取，而不能仅从已有的环境特征中了解。同时它也强调战略与结构之间的紧密联系。将组织和环境统一起来的观点是设计学派最大的贡献。

（二）计划学派

计划学派是与设计学派同时期出现的另外一个重要的战略学派。计划学派认为战略的形成是一个程序化的过程。代表人物是伊戈尔·安索夫，其代表作是《公司战略》。计划学派与设计学派的战略规划模式基本一致，实现的步骤则更为刻板。同样，计划学派的理论也是有前提的，具体可归结为以下三点：

（1）战略是由一种可控的、有意识的正式规划程序产生的，同时又可将其分解为若干清晰的步骤，通过分条列项的方式将每一个步骤描述清楚，这一过程可通过相应的技术分析来完成。

（2）公司最高领导负责战略的制定，全体参与计划的人员负责实施。

（3）通过正式规划程序制定的战略应表达得清晰、明确，通过制定的具体目标、计划、预算、程序等内容来实现战略。

计划学派将战略分为不同的层次，分别是公司层战略、经营层战略和职能层战略，同时将不同层次的战略进一步细分，分解到具体人员。此外，计划学派认为高级管理人员只需要对企业战略进行情况监控、指挥，不需要参与到具体的实施过程，否则不利于高级管理人员在战略执行过程中对其进行全面而深入的思考，并及时进行调整。

（三）定位学派

20 世纪 80 年代初，定位学派在总结学习设计学派、计划学派的理论和假设的基础上，认为既要重视战略制定过程，也要重视战略自身，并将战略管理从说明分析的传统领域扩展到注重对实际情况的研究和调查。1980 年，定位学派的代表人物迈克尔·波特出版了《竞争战略》一书，同时也带来了学术界的广泛关注和热烈讨论。他明确提出了产业分析和竞争分析的方法，建立了分析企业竞争力的五力模型。企业制定战略时应与所处的环境相联系：特定的行业结构决定了竞争范围，也决定了企业获利的水平。

与设计学派鼓励企业进行创造性的战略设计不同，定位学派强调的是战略应用方面的通用性，无论是整体还是细节。此外，定位学派还认为在既定的一个行业中只有少数战略是符合企业发展要求的，这与设计学派和计划学派支持的多种可行战略的观点不同。定位学派的战略理论前提条件可归结为如下几点：

（1）企业面临的市场环境充满竞争，同时也充满了机遇。

（2）企业制定的战略具有通用性。

（3）通过必要的分析和计算对战略进行选择。

（4）通过完备的战略形成过程，对所选的战略进行准确的描述并付诸实施。

（5）市场结果决定了战略定位，战略定位决定了组织结构。

当前，定位学派的思想核心是企业的市场竞争和合作是统一的，是同一选择的两个方面，这也促进了竞合思想的产生。

（四）企业家学派

企业家学派强调领导人的作用，认为战略的形成完全是由领导人通过其战略直觉、心理状态、个人智慧、经验而制定的，是一个构筑愿景的过程；战略的核心是愿景，是一种灵感和指导思想，是领导者构思的产物。该学派认为组织成功的关键要素是战略愿景所体现出来的个性化领导力，这种条件普遍存在于各种组织中，同时也贯穿于企业从创办到衰败的整个生命周期。

企业家学派认为：企业的发展完全依赖于领导者的个人能力，由领导者给企业指明发展的方向，制定企业发展的愿景，并通过指令来逐步实现。该学派认为领导者是企业战略规划和经营发展的权威。

企业家学派的战略理论前提条件有如下几点：

（1）战略存在于企业领导人的脑海中，企业的发展愿景是通过企业领导人的个人意识、观念、经验得出的。

（2）战略的制定过程是企业领导人的一种半意识的思维过程，依赖于企业领导人的经验和直觉，不是刻意去思考的过程。

(3) 企业领导人意志坚定地发展愿景，对执行的过程进行严密控制。

(4) 无论是在战略制定过程中，还是在执行过程中，企业的战略愿景都具有延伸性。

(5) 企业领导人制定战略的目的是使企业在市场竞争中占据有利位置，使企业具备市场竞争力。

企业家学派认为企业发展依赖于领导者的远见、经验和意识，其更适合于结构简单、执行力强的小型组织。同时，这种思想也存在着严重不足：战略的形成完全是个人行为，缺乏细致、全面的讨论，完全依赖于领导者超凡的个人能力，这就存在着极大的风险。

(五) 认知学派

认知学派借鉴了人类认知学科的相关知识，认为战略制定者在获取经验的过程中逐步形成了其特定的思维模式和知识结构，获取的经验决定了他们学习的知识，知识又影响了他们的行为，而行为决定了他们日后获取的经验。这样交互的链状结构构成了认知学派的思想基础，同时也产生了两个分支：第一个分支认为战略是实证得来的，是对客观世界的勾画。战略制定者将所观察的世界按照其意愿进行放大或缩小进而得出相应结果，在这一过程中对于客观世界的观察会出现失真的情况。第二个分支认为认知活动是主观的，而战略只是战略制定者通过观察、依照自己的思维对客观世界的一种解释。前者认为认知是对世界的再创造，而后者则认为是认知创造了世界。

认知学派的战略理论前提条件有如下几点：

(1) 战略的制定是一个战略家的思想认知过程。

(2) 不同的认知视角决定了处理环境信息的不同方式，获取的信息同样存在失真的情况。

(3) 战略的形成对个人的认知存在较强的依赖性，可以是客观的，也可以是主观的，战略风格方面存在较大的差异。

认知学派的核心思想对企业战略的制定有着积极的作用，该学派将认知心理学作为理论基础，并将其与企业战略的制定很好地结合在一起。同样它也存在不足，由于战略制定者认知风格迥异，这会对他们制定的战略产生重大影响，此外他们对环境的认知也存在失真的情况，这些都限制了认知学派的发展。

(六) 学习学派

学习学派认为战略的形成是一个涌现的过程，是通过渐进的学习而自然形成的。学习学派是建立在对战略、环境的描述而非规划基础之上的：首先要明确企业发展所面临的战略问题，了解自身处理问题的能力，从而制定战略及有效的执行方式。企业所处的环境是动态变化的，也是不可预测的，在这种情况下形成完整而清晰的战略是极其困难的，需要采取灵活的组织结构，并通过不断学习以应对变化的环境条件。学习学派最具影响力的学者詹姆斯·布莱恩·奎因在其著作《应变战略：逻辑渐进主义》(1980) 中提出了“战略过程的渐进性”观点，强调战略过程是连续的，战略制定者必须推进自我完善和自我改变的战略愿景。奎因的理论奠定了学习学派的基础。彼得·圣吉的《第五项修炼》明确提出了学习型组织的概念。进入 20 世纪 90 年代，普拉哈拉德和加里·哈摩尔在此理论基础上提出了核心能力、战略意图、延伸及杠杆的概念，强调了组织特征的重要性。

学习学派的战略理论前提条件如下：

（1）组织所处的环境具有复杂和难以预测的特性，经常伴随着战略相关知识传播，因此战略的制定需要通过不断学习加以完善，而战略制定和战略执行的界限也在这一过程中变得模糊。

（2）学习的过程不仅限于领导者，组织内部的集体学习更为重要，组织内的每位成员既是战略的制定者也是战略的执行者。

（3）学习是为应对所处环境的变化而进行的，带有突发性和应急性。制定的战略同样具有这样的特性，但制定的战略则需要经过深思熟虑后再确定。

（4）领导者的作用发生了变化，不再是为了制定预想战略而深思熟虑，而是要管理战略学习的整个过程。

（5）战略形式从过去的行为模式到未来发展的计划，前后结合并最终成为整体的行事理念。

学习学派以描述性的方式将我们面临的复杂多变的环境展现出来，组织为了应对动态环境需要在共同学习的过程中制定战略。但是这样做也存在着极大的风险，可能导致战略缺乏连续性和整体性。

不断学习对组织发展来说是重要的，但却不是万能的。学习需要有方向，知道该学什么，这可能才是我们所说的“战略”方向。

（七）权力学派

权力学派认为战略的制定是一个内部协商、权力权衡的过程。学习学派的代表人物奎因和林德布罗姆将权力和政治列入战略制定的讨论范畴，而权力学派则从权力和政治角度将战略的制定和形成看作权力发挥影响的过程。这里所说的“权力”是指在单纯经济范畴以外运用所有影响力的行为，包括传统市场竞争之外使用的经济力量。

权力学派认为组织是不同的个人和利益集团的联合体，战略的制定过程是在个人、利益集团以及两者之间讨价还价、协商妥协的过程。在这一过程中，各种正式和非正式的利益团体运用权力来施加影响，期间通过不断谈判直至相互妥协以达到自身利益的诉求。在讨价还价的过程中，利益群体通过协商妥协只能形成共同的局部利益，而很难形成完整统一的整体战略方案。权力学派有两个分支，即微观权力派和宏观权力派。微观权力派关注组织内部的个人和团体的权力，而宏观权力派则关注组织与所处环境之间的相互影响。

权力学派的战略理论前提条件如下：

（1）无论是在组织内部还是在外部环境中，组织本身的行为权力和政治都使战略的形成呈现出具体化的特点。

（2）战略的制定带有应急性。战略通过定位和策略的形式制定而不是形成相应的观念。

（3）微观权力派认为战略决策是组织内部的个体和团体之间，通过说服、讨价还价甚至直接对抗的方式，体现出相互作用。

（4）宏观权力派将组织看作为了满足自身利益，采取组织内部控制或与所处环境即其他组织合作的方法。

权力学派“权力和政治”的理论观点有其意义所在。在多数情况下，组织内部或多或少都会受到政治和权力因素的影响，特别是在初创期和重大变革期，运用好、平衡好组织权力，将个人、团体的利益融合在一起对组织的发展至关重要。

（八）文化学派

20 世纪 80 年代，由于日本企业在经营方面所取得的成果，使人们开始究其根源，关注于其独特的文化。文化是人类学自古就有的概念，它体现在人们生活的各个方面，本质上人们对世界的认知和诠释不是个体的表现而是集体的内涵。文化学派将战略制定视为集体思维的过程，是观念形态的形成和维持。该学派认为战略制定过程建立在由组织成员共同拥有的信仰和价值观之上：通过共有的观念，以组织成员的意愿为基础，以有意识的行为方式表现出来。由于组织存在共同的信仰，内部的协调和控制基本上是规范的，而战略变化不会超出或违背企业的总体战略和现存的文化。

文化学派的战略理论前提条件有如下几点：

（1）战略形成是社会各因素的交互过程，建立在组织成员共同信念和理解的基础上。

（2）个人通过适应或感知来获得共同信念，而该过程通常是潜移默化的，通过教育可以得到强化。

（3）组织成员虽然能够部分描述他们的文化信念，但是对于文化的解释却依然模糊。

（4）战略采取了观念而非立场的形式，根植于集体意愿之中，通过各种模式表现出来，用以保护和利用内部资源以获取竞争优势。因此战略的表述内容是深思熟虑的。

（5）文化特别是观念体系不鼓励战略的改变，提倡维持现有战略永久存在，至多在组织的整体战略观念中做一些立场的改变。

如果说定位学派的缺点是人为的精确性，那么文化学派的缺点就是概念的模糊性。文化学派引入了集体思维，确立了组织风格与个人风格的同等地位，有利于建立整体观念。明茨伯格说：把权力放在镜子面前，看到的翻转的背面的影像就是文化。权力控制组织并将其分离，而文化则将个体整合进集体。

（九）环境学派

环境学派将战略管理视为一种被动适应的过程。企业战略管理就是在企业所处的外界环境发生变化时，通过观察了解环境并保证自己对环境的完全适应来制定和调整战略。两个组织在一个类似的环境中如何成功地采用完全不同的两种战略呢？环境学派将注意力转移到了组织外部，重点研究组织所处的外部环境对战略制定的影响。该学派认为，组织和领导者不再是战略制定的主导者，而是受环境影响的被动反应者；组织必须以适应环境为前提，并在适应环境的过程中寻找自己生存和发展的方向；并不存在组织内部的战略者，也不存在任何内部的战略过程和战略领导，外部环境决定了组织所处的位置，从而影响战略的制定，无法适应或者拒绝适应环境的企业必将走向灭亡。

环境学派的战略理论前提条件有如下几点：

（1）环境作为一种综合力量向组织展现自身，是战略形成过程中的中心角色。

（2）组织必须适应这些力量，否则便被淘汰。

（3）组织在形成阶段可以通过自我塑造来适应环境，但组织会逐渐失去适应环境的能力。

（4）领导者对组织绩效和成长的影响力日趋减小，进而成为一种被动因素，只能观察了解环境并使组织与之相适应。

（5）为了适应生存环境压力，组织会形成种类各异的组织集群，从生态学范畴来说可称为生态种群，同一种群内部的组织采取相似的战略风格。

在之前介绍的相关学派中或多或少地涉及了“环境”因素，如定位学派、认知学派等。但在这些学派中，组织及战略家始终处于主导地位。而在环境学派中，环境和领导者以及组织则成为战略形成过程中的三个中心力量，并且环境始终居于支配地位，领导者和组织则从属于外部环境。

（十）结构学派

结构学派认为战略是一个变革的过程。结构学派吸取了其他学派的观点，以其独特的视角形成了个性鲜明的理论。它和其他学派的根本区别在于：它将其他学派的观点进行了综合，提出了一种共存协调的可能方案。结构学派一方面将组织和组织所处的环境描述为特定结构，一方面将战略描述为变革的过程。它们反映了事物存在的两个方面：存在状态和变革过程。组织特定的结构在偶然因素的影响下可以变革为另一结构，结构转变过程存在一定周期，组织战略采取的模式都是在特定的时间和情况下出现的。在结构学派中，组织结构分为个人组织、机械组织、专业组织、多部门组织、定制式组织、教会式组织以及政治组织等，组织发展的战略时期分为发展期、稳定期、适应期、斗争期以及革命期等。此外，该学派对组织的演化模式以及组织的再造过程都有一定的研究。

结构学派的战略理论前提条件有如下几点：

(1) 在多数情况下，组织都可被描述为某种稳定结构，即采用特殊的结构形式和特殊的内容相匹配，从而形成一种特殊的战略。

(2) 这种稳定结构也会偶然被一些变革过程所打破，向另一种结构转化。

(3) 结构状态与变革时期会形成一定的规律，如组织的生命周期。

(4) 维持结构的稳定是关键因素，大多时候是适应战略变化的，但也会周期性地辨识变革的必要性，并能在不破坏组织的前提下进行带有破坏性的变革。

(5) 战略的制定过程既可以是一种概念性的设计或正规计划，也可以是系统分析或领导的远见，还可以是共同学习或竞争性的权术，集中表现在个人认识、集体社会化或者是简单地对环境的反应，但每一种情况都有自己的存在时间和内容。也就是说，不同的战略形成的学派本身就代表了特别的结构。

(6) 战略采取了计划或模式、定位或观念甚至策略的形式，但都是依照自己的时间和情形出现的。

总体分析，结构学派给战略管理带来了某种新秩序，但是组织从结构中获益的同时也会深受其害，因为它可能会让我们忽视在混乱世界中存在的细微差别，而不能真正深入揭示事物之间的复杂关系。

战略管理的十大学派观点鲜明，它们之间既有一定的内在联系，同时各自又从不同的视角去理解战略的内涵。正如“盲人摸象”的寓言中所描述的几个盲人一样，每个学派的理论观点只是着眼于战略形成过程中的某一个方面。企业高层管理者在战略制定过程中可根据实际情况加以选择。

第二节　企业战略的制定

一、企业内部资源分析

（一）企业内部资源

企业内部资源是指贯穿于整个企业经营、技术开发、生产制造、市场营销等各个环节的一切物质与非物质形态的要素，是企业经营管理过程中投入品的总称。主要分为两类：

1. 有形资源

有形资源主要是物质形态的资源，如土地、厂房、库存、基础设施、机器设备等，以及其寿命、运行状态和企业的财务资源，如现金、债权、股权、融资渠道和手段等。

2. 无形资源

无形资源主要是由企业人员创造出来的非物理实体，如品牌、商誉、专利等技术资源、企业文化等。

通过价值分析就会发现，那些稀缺的资源竞争对手不具备或无法模仿，可以为企业带来竞争优势。在分析和使用企业内部资源时应注意以下几点：

（1）企业最重要的资源无疑是人力资源。不同于其他资源，人力资源具备独特创造力和再生力，是企业发展的关键。把合适的人置于合适的岗位，发挥个体最大效用、实现恰当合理的配置是非常重要的。

（2）在当代企业中，任何一种资源都很难单独发挥效用，都需要同其他资源结合在一起发挥协同作用。为此，平衡企业内部资源的结构也就成了企业关注的焦点。

（3）资源的充足性是相对的，对某个企业而言，必然会出现某些资源的短缺，我们称之为发展“瓶颈”，因此就要以这些“短缺资源”或“瓶颈资源”为资源配置的基点，统筹匹配其他资源，形成合理的资源配置结构。

（4）企业的资源配置结构是动态变化的，随着新技术的发明、新工艺的应用以及员工劳动技能的提高而发生改变，需要不断地及时加以调整。

（二）价值链分析法

价值链（value chain）分析法是从企业内部业务流程出发，根据企业资源增值过程对业务流程中的每个环节进行能力分析。价值链业务流程如图 2－2 所示。

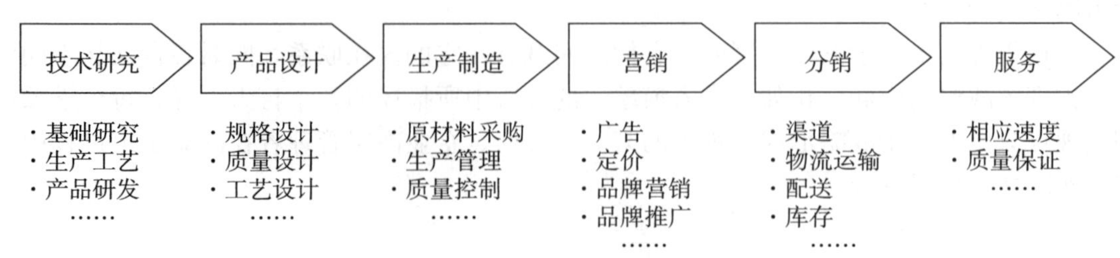

图 2－2　价值链业务流程

早期的价值链思想是由美国麦肯锡公司提出的，后由著名的战略管理学家迈克尔·波特加以补充完善，现已成为分析和构建企业竞争优势的重要工具。迈克尔·波特在对企业价值链关联的业务进行审视、分析的基础上，从为顾客创造价值和系统操作可行性的角度，将企业价值链关联的经营活动分为基本活动和辅助活动两部分，并揭示了两者之间的关系，如图 2-3 所示。

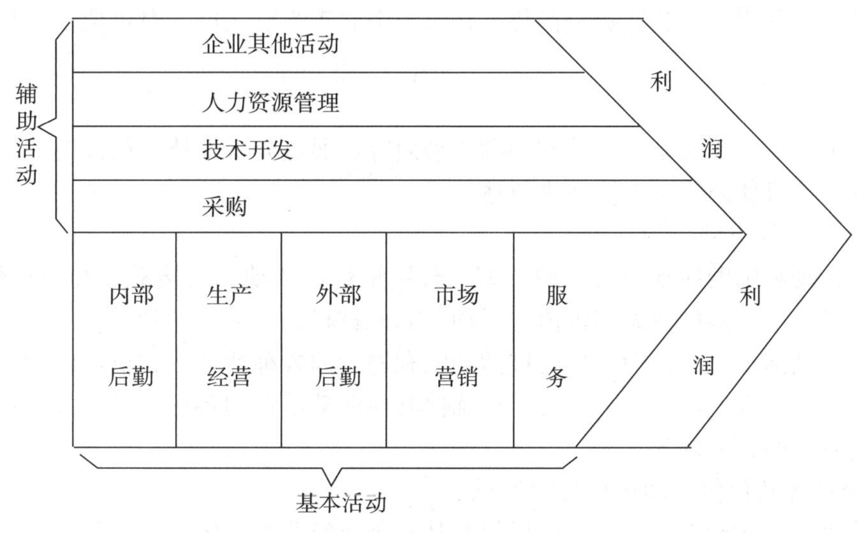

图 2-3 价值链模型

基本活动的价值创造力分析如下：

(1) 内部后勤，包括原材料接收、存储和分配，以及库存、存货管理控制等。

(2) 生产经营，指将生产所需的资源输入并转换为最终产品的活动，包括加工、装配、包装、设备检修维护及其他相关活动。

(3) 外部后勤，指将最终产品收集、存储并发送给客户的相关活动，包括最终产品仓储、配送及订单处理等。

(4) 市场营销，包括通过营销活动引导客户进行采购、选择合适的配送渠道、进行广告营销和促销活动等。

(5) 服务，指维持和提升产品价值的行为，如提供售前技术服务、安装、调试、修理并提供必要的人员培训等。服务的质量需要与同行业的竞争对手进行比较得出。

辅助活动的价值创造力分析如下：

(1) 采购，指购买企业生产所用的原材料的活动。采购内容包括生产过程中需要的一切物资。

(2) 技术开发，指企业产品的设计技术改进和生产技术改进，如新产品研发、生产工艺改进、基础研究等。

(3) 人力资源管理，包括企业员工的招聘、培训、绩效管理及薪酬管理等。

(4) 企业其他活动，包括管理、计划、财务、法律事务等对整个价值链起支撑作用的活动。

通过价值链分析可以使企业明确在经营过程中哪些部门或活动是创造价值的，同时也能横向进行比较，发现阻碍企业发展或是薄弱的环节加以改进。企业的价值链并不是孤立存在的，而是作为一个环节存在于价值系统中，在这一系统中还包括供应商价值链、渠道价值链和买方价值链。企业的经营活动与上下游企业通过供需关系连接成一个整体。企业要想获得竞争优势不仅要关注企业价值链本身，同时也要关注整个价值链系统。

在明确了企业价值链的各个要素后，要对其进行分析甄别，最终目的是找出企业经营活动中的薄弱环节，然后通过制定针对性的战略，对系统进行查缺补漏，使企业资源得到最佳配置和高效利用，以获取竞争优势，在市场中立于不败之地。对价值链分析可通过以下五个步骤进行：

1. 识别价值活动

根据价值链中明确的基本活动和辅助活动内容，通过分析其技术层面与战略层面的独立性加以区分，具体内容可参照前文所述。

2. 明确活动的类型

将基本活动和辅助活动分为三种类型，分别是直接活动、间接活动和质量保证活动。其中直接活动是指直接创造顾客价值的活动，如原材料和零部件的加工、组装、销售、人员管理等。间接活动是指辅助支持直接活动顺利进行的各种活动，如机器维护、原材料采购、生产工艺设计等。质量保证活动是指确保其他活动质量的各种活动，如生产监督、产品检查、进货检验、返修等。

3. 将企业经营价值活动进行分类汇总

首先将每一类活动进行细分，然后依照其对企业经营竞争优势贡献的大小进行排列组合，组合原则视企业情况而定。价值活动的归类应反映出其对企业竞争优势的贡献度。

4. 确定价值链

依照迈克尔·波特给出的价值链模型对价值链进行分析，图 2－4 为一家复印机生产企业的价值链示意图。

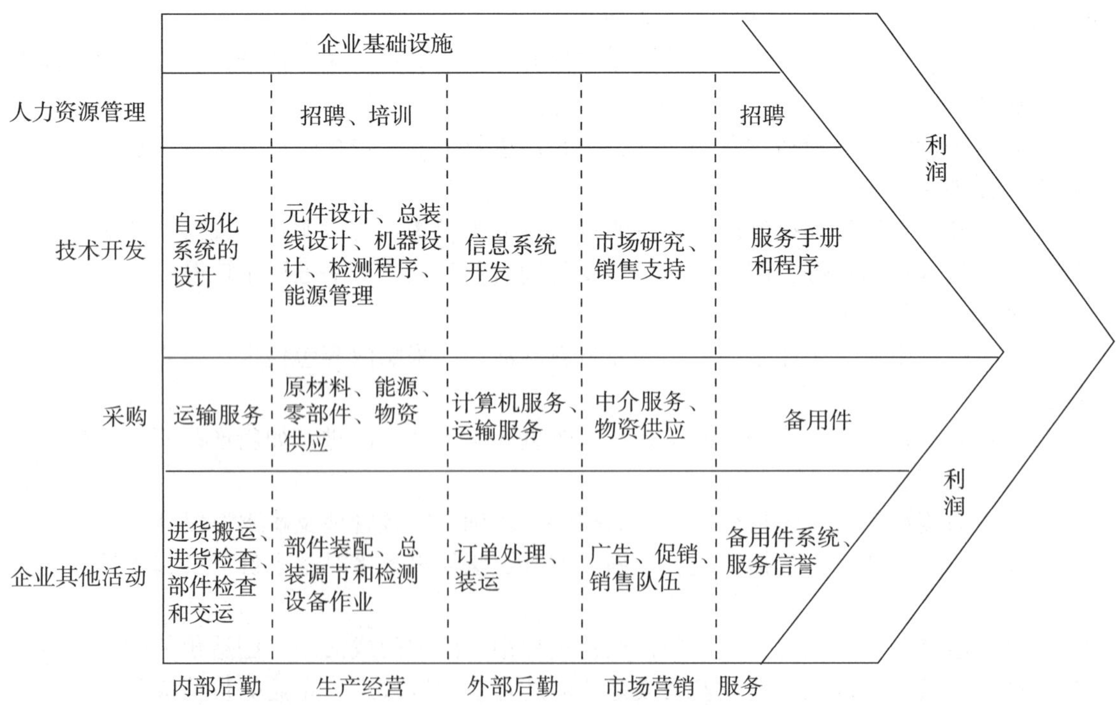

图 2－4　复印机生产企业价值链

5. 企业资源的增值过程分析

进行价值链分析的最终目的是实现企业资源在经营中的增值，以实现企业经营战略目标。可以从三个方面分析企业资源的增值过程，分别是独立的价值活动、企业价值链内部各价值活动间的联系、包含企业自身及上下游的整个价值链间的联系，从个体到整体，从局部到全局，从独立价值活动的增值过程分析到紧密联系的价值链间的增值过程分析。这样就可以确认企业价值链增值的动因，找出瓶颈，协调企业资源，以改善企业经营管理活动。

案例分析

“ZARA”的价值链

时装零售商ZARA是西班牙Inditex集团旗下的一个子公司，它既是服装品牌也是专营ZARA品牌服装的连锁零售品牌。Inditex是西班牙排名第一、全球排名第三的服装零售商（前两名分别是美国的GAP和瑞典的H&M）。大多数时装公司从原始设计到投放市场需要6～9个月的时间，而ZARA只需要5周就可以完成，这种快速反应的速度得以应对实时变化的时尚需求。

之所以能够达到异于同行的速度，正是基于ZARA对企业经营价值链要素的高效整合。不同于其他时装公司将生产甚至设计进行外包，ZARA拥有自己的设计团队和生产工厂，并开设了2 800多家专卖店。设计师们经常与商店经理们保持联系，以获取销售情况和对热销产品的主观印象。

设计师们每年的新设计约有40 000件，其中优选1/4进行生产销售。在生产工厂使用高度信息化、自动化的设备进行服装裁片，与其他服装公司不同，ZARA实行的是小批量生产，服装制作完毕后就配送到仓库，每周一次派送到专卖门店。由于ZARA的产品是小批量生产，常常出现供不应求的情况，而且可以紧跟流行趋势，避免积压库存。正是基于价值链各个环节的优化，并以出色的设计能力、高速的信息系统和通畅的物流管理作为经营保障，ZARA的库存明显少于竞争对手，所以可以获得更高的经营利润。

思考：指出“ZARA”价值链与众不同之处。

6. 企业的核心竞争力

企业要想保持市场竞争优势，除了优化企业价值链、合理分配和整合企业资源外，还应该具备核心竞争力。有四种要素可以帮助企业建立核心竞争力、保持竞争优势，它们是质量、效率、创新及客户对应。这四点是企业经营过程中必备的“普通要素”，如果充分发挥其独特的能力将使企业受益匪浅，同时这些要素之间也是相互影响、相互促进的。

（1）质量。企业提供的产品和服务的质量水平，是企业在行业内竞争的基础。卓越的质量包括多方面，如产品的形式、性能、可靠性、耐用性、安全性等。消费者一般评价产品质量时习惯从产品的性能和可靠性方面去评价。品质卓越的产品拥有富有美感的造型、实用的性能和与产品有关的优质服务。企业进行产品定位时应考虑与竞争对手在质量范畴内的某些属性加以区别。同时，产品的质量往往和价格紧密联系在一起，消费者要想获取更高质量水平的产品，就必须付出相对高昂的成本。此外，质量水平高、性能可靠的产品也会带来较高的生产效率和较低的单位成本。员工在生产过程中对于那些性能可靠的产品会花费较少的工作时间，即使是修正错误的时间也会减少，这就提升了产品的生产效率。

(2) 效率。效率是投入和产出之比，投入的是企业的资源，产出的是企业的产品和服务。企业经营只是起到了将投入要素转化为产出要素的媒介作用。企业的整体效率高，就会促使企业经营向好的方向发展，反之企业就会逐步被市场淘汰。对于大多数企业来说，评价效率的指标是员工生产率和资本生产率。员工生产率是指每名员工单位时间内生产活动的产出，这也是生产效率最直接的反映。例如，大众汽车的员工花费 20 个小时组装一部汽车，而丰田汽车的员工完成同样的操作只需要 18 个小时，显然后者的生产率更高。资本生产率是指企业投入的单位资本所带来的销售金额。例如，戴尔公司获得 12 美元的销售额需要投入 1 美元，而惠普公司则只需投入 6 美元，显然戴尔公司的资本生产率更高，获利能力更强。

(3) 创新。近年来，创新一词被提及的频率越来越多，创新能力已经成为企业发展不可或缺的能力之一。在我们所处的当代社会中，无论是企业还是个人，谁拥有蓬勃的创新力，谁就可以拥有主导市场的机会。所谓创新，是指人们为了发展的需要，运用已知的信息，不断突破常规，发现或创造出某种新颖、独特的具有某种价值的新事物、新思想的活动。现在一般将创新分为产品创新、工艺创新、市场创新和管理创新。产品创新是改善或创造产品，进一步满足顾客需求或开辟新的市场，一般指新产品的开发。美国苹果公司就是通过产品创新在电子产品领域独占鳌头的。其电脑有 Mac、Pro、iMac，手机有 iPhone，平板电脑有 iPad，这些产品都是该领域的明星产品。苹果公司领先的产品创新能力，不仅改变了人们的生活方式，也使之成为电子产品领域的霸主。工艺创新是改善或变革产品的生产技术及流程，包括新工艺和新设备的变革。丰田公司在 20 世纪 80 年代独创的精益生产制造技术（JIT 生产模式），为企业的快速发展奠定了坚实基础。市场创新是改善或创造与顾客交流和沟通的方式，把握顾客的需求，销售产品。马云创建的阿里巴巴、淘宝开启了新的市场营销模式，之后电商如雨后春笋般快速成长，改变了人们惯有的购物模式。电商的营业额 2013 年已经突破了 1 万亿元，创造了辉煌的成就。管理创新是指通过改善或创造更好的组织环境和制度，使企业的各项活动更有效。上海通用汽车以柔性化的生产线为基础，优化和规范采购系统、物流配送系统，构建了全球领先的柔性化生产管理体系；以客户为中心，从物流、采购、制造、质量管理到销售服务等方面构造了统一柔性精益生产理念，经营竞争力显著上升。

(4) 客户对应。客户的需求就是市场的反映，企业在经营过程中能在满足客户需求方面做得比同行业竞争对手更好就意味着更好地把握了市场的脉搏。消费者购买产品的目的是从中获取更高的效用，这主要表现在产品本身和服务两个方面。进入 21 世纪，客户的需求呈现出多元化、个性化的趋势，定制化的产品和服务越来越成为时尚。而企业对客户需求的反应时间就成为竞争力的一个重要衡量指标。客户反应时间是指企业交付给客户产品或服务的时间，对于制造行业来说就是客户填制订单后获得产品的周期，而对于银行、超市等服务零售业来说就是客户选取相应的商品或服务后等待办理业务的时间。不同的消费者调查均显示客户不满的主要来源就是企业的缓慢反应。

企业的核心竞争力创造出了企业的非凡盈利能力，同时核心竞争力的独特性也使其他同行竞争者难于模仿。行业环境和企业内部资源在动态变化着，企业一方面要通过剖析自身认清自己，同时要建立与环境相适应的资源配置机制和培养行业竞争能力。所以，在企业战略分析过程中，要先做到“知己”才能在外部条件变化的情况下寻找出自身优势，同时弥补劣势，实现均衡持久发展。

二、企业外部环境分析

在介绍十大战略学派时，多次提到环境对企业经营战略的影响，在这里主要指企业所处的外部环境，即对企业经营活动和发展产生影响的各种客观因素的总和。企业在对内部资源和经营能力分析的基础上（即“知己”），要从外部去了解企业所处的环境条件，知道自己面临着哪些发展机遇，同时又要接受哪些挑战和威胁，以便根据自身情况做出战略应对。如果将企业比作正在茁壮成长的小苗，那么外部环境就是其赖以生存的土壤。它既为企业的发展提供养分，同时也制约着企业的发展。企业是社会环境的组成部分，它在发展过程中不可能独善其身，需要与外界进行交流，这种交流是双向的，但企业对外部环境的影响力还是有限的。在纷繁变化的环境中，企业要想生存就必须去了解它、熟悉它、掌握它，最后要适应它，而一味地对抗在多数情况下是徒劳的。这也正是企业战略制定过程中对于外部环境认知重要性的体现。

对企业经营活动产生影响的外部环境因素是多层面的，一般可分为宏观环境和产业环境。在分析企业外部环境时，首先要理清它们之间的关系，如图 2-5 所示。

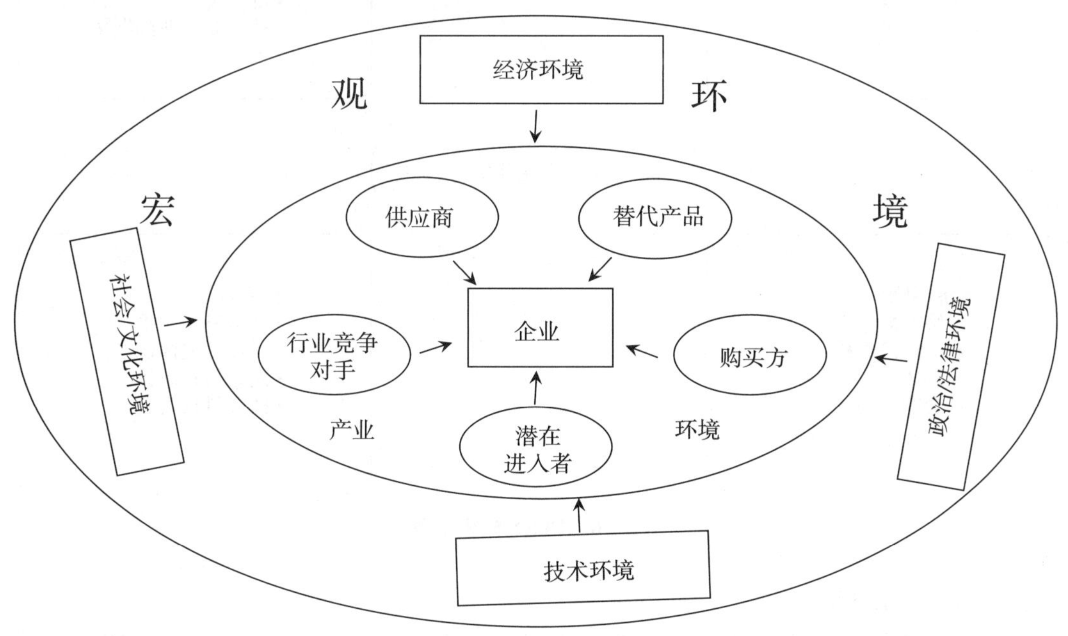

图 2-5　企业外部环境示意图

（一）企业宏观环境分析

对宏观环境进行考察，找寻其变化的趋势，可对产业环境和企业经营战略行为进行分析，宏观环境要素分析是制定适合企业发展战略的前提条件。作为企业经营者及战略制定者，对宏观环境各要素的意义及作用要了解。

企业宏观环境是其所在的特定市场的大环境，这里主要是指国家、地区层面的环境要素，涵盖政治/法律环境、经济环境、社会/文化环境、技术环境等。在过去的五十年，世界经济体系发生了重大变化，各个国家、地区的发展不再是单一、独立的，而是更多地融入到全球化的体系当中，特别是包括中国在内的“金砖五国”（BRICS）等新兴经济体在自身增长发展的过程中也分享着全球化带来的收益。例如，在中国改革开放前，西方公司到中国进行投资建厂几乎不可能，但现在国外公司在中国一年的投资额已超过 8 000 多亿元。同样，中国的许多企业也走出国门，到海外发展业务、建立工厂。全球主要经济体之间的贸易额也是逐年增长，全球化使国家、地区之间你中有我、我中有你。全球化也深刻影响着国家、地区的宏观环境。

分析宏观环境常用的方法是 PEST 分析法，其中包含政治/法律环境（political & legal）、经济环境（economic）、社会/文化环境（social & cultural）和技术环境（technological）。主要分析要素如图 2－6 所示。

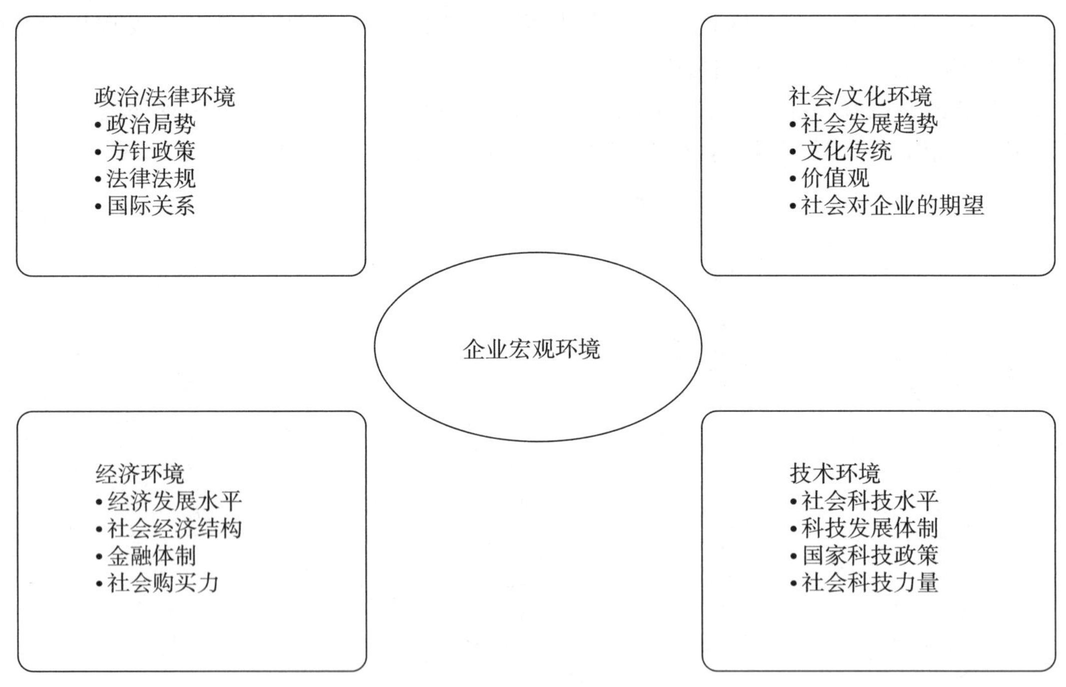

图 2－6　PEST 分析要素

1. 政治/法律环境

政治和法律的影响源于所在社会政治和法律的发展进程，对企业经营发挥着显著影响，包括政治局势、国际关系、法律法规、方针政策等，这些都与企业的经营活动存在着直接或间接的关联性。从根本上说，政治/法律环境是政府通过其行政监管行为影响企业及其利益相关方的经营行为，同时企业及其利益相关方也会通过其经营行为来影响政府行为。如我国政府2014年初提出的“京津冀一体化”国家发展战略，对所处地区的相关企业未来发展就会产生深刻影响，相关企业就会因国家政策的调整而迎来不同的机遇和挑战，而企业的设立、经营过程必须遵守国家相关法律法规的要求，同时要接受国家相关部门的监督，如工商、质检、卫生、社会保障等部门。政治/法律因素对于企业经营来讲大多都是不可控的，对企业经营具有强制约束力，企业需要主动遵守、适应。

政治/法律环境的影响要素分析可以从以下几个方面着手：

（1）企业所在的国家、地区整体政局是否稳定，具有何种风险。

（2）国家制定的基本政策是否具有稳定性和连续性。

（3）政府对企业经营行为的影响度、市场的自由度和开放度是怎样的。

（4）相关法律是否完善，是否能够保障企业在所在领域进行健康经营。

不同国家、地区的政治体制有所不同，采取的发展方式和途径也会不同，这受政治力量和经济力量的共同影响。企业在制定发展战略时，应充分考虑与企业经营活动相关的政策法规、法律制度及地方性的管理条例等，如《公司法》《证券投资法》《工业企业法》《中外合资经营企业法》《涉外经济合同法》《专利法》《商标法》《企业破产法》《进出口关税条例》《反垄断法》等。法规一方面对企业经营具有制约作用，另一方面还有保护作用，可使企业在一个相对公平、公正的市场环境中进行竞争。

案例分析

WTO法规对我国企业产生的影响

一、将WTO法规转化为市场机会

从法律上说，WTO是关于政府管理贸易和贸易相关事项的法律法规，政府是法律义务的承担者。一般企业与WTO的相关问题值得关注。

第一，WTO的目的是为企业的经营和贸易提供最好的市场条件。企业的任务是如何将这些法律条件转化为贸易和发展的机会。这些事情政府不能代替企业去做，但政府可以起促进作用。

第二，WTO为企业提供一些新的法律权利。从法律上说，这些权利和利益有两个来源：一个是从本国执行WTO规则的法律中来，如中国企业可以更快、更多地获得对外贸易的权利、与外国投资者在更多领域合作的权利等；另外一个是从其他成员国执行WTO规则的法律中来，如美国对中国产品关税的降低、对中国供应商开放服务贸易市场、在海关估价程序方面得到了解权和上诉权，以及在海关通过程序方面得到更为重要的权利等。

但是，企业不能直接引用WTO规则到WTO去打官司，而要请本国政府去告对方企业的政府。

第三，WTO法律给中国企业带来的持续挑战和暂时的困难有两方面：

（1）为外国竞争者打开了不能关上的大门；

（2）企业与政府的关系受到严格限制，特别是政府对国有企业的支持受到严格限制。

二、正确处理政府与国企的关系

第一，政府对企业的支持是中国入世后处理与WTO关系的核心法律问题。

中国入世有两大问题，一个是开放国内市场，另一个是实行市场经济机制、遵守国际规则。

中国实行市场经济机制的根本问题，就是政府与企业特别是与国有企业的关系问题。WTO把政府对企业的支持作为中国是否实行市场经济的根本问题来处理，如果政府不退出对国有企业的经济支持，WTO就坚持对中国的特殊限制。

第二，目前国有企业的改革，最重要的是放眼全球市场。

入世后的市场，具有国际市场的新性质，一切企业改革应当体现经济全球化，利用全球资源来考虑，把企业改革的眼光放长远。

第三，将企业负担的公共职能转移出去是解除支持关系的关键。

中国入世后，企业的主要任务是参与国际竞争，对企业负担的公共职能应当调整，即将一部分国有企业负担的公共职能转移到事业单位、基层和行业自治组织及其他非政府组织。企业公共职能的转移和合理配置，是解除政府对企业支持关系的关键问题。

思考：从上述内容中寻找企业发展的战略机遇。

2. 经济环境

经济环境可以从宏观和微观两个层面分析。宏观经济环境主要指一个国家的国民收入、国民生产总值及其变化情况以及通过这些指标能够反映的国民经济发展水平和发展速度。微观经济环境主要指企业所在地区或所服务地区的消费者的收入水平、消费偏好、储蓄情况、就业程度等因素。这些因素直接决定着企业目前及未来的市场大小。

宏观经济环境构成了整个经济环境的基础，企业的发展依托于宏观经济形势的发展。宏观经济形势向好则整个国民经济水平上升，可以为企业的发展提供基础动力。从我国近40年的发展形势来分析，国民生产总值增长率始终保持在高位，国民收入有了大幅度提升，这些都为我国企业的快速发展奠定了坚实基础。到2017年，我国进入世界500强的企业已经超过了110家。

宏观经济反映了国家、地区整体经济健康状况，其中四个重要的指标是宏观经济的晴雨表，它们分别是经济增长率、银行利率、本国货币汇率及通货膨胀率。宏观经济增长会带来消费支出的增长，从而可以减轻企业面临的行业竞争压力。相反，如果宏观经济形势不景气，消费支出也会随之萎缩，企业为了生存会面临更大的竞争压力。银行利率影响的是企业的融资成本和市场对产品的需求量，如果利率高，企业的融资成本就会上升，经营压力就会增大，同时消费者通过借贷方式购买产品的成本也会随之上升，消费需求就会降低。国家金融管理机构也会根据宏观经济形势适时调整银行利率，保障国家宏观经济向好发展。改革开放初期，我国的房地产行业在国家相对宽松的货币政策下蓬勃发展，消费者通过银行借贷的方式圆了安居梦，同时房地产业带动相关几十个产业为我国经济在20世纪90年代腾飞起到了重要作用。经过多年发展，由于快速发展的房地产业出现投资过热迹象，而且推高的房价也使消费者的购房压力逐步增大。国家通过借贷利率的调整，限制房地产业泡沫化发展的态势，已经取得了一定成果。货币汇率是不同国家本币之间交换价值的体现，也对企业的经营产生直接影响。在全球化市场背景下，企业在经营过程中从原材料购买、生产加工、物流运输再到产品销售，各个环节或多或少地都会与国外的企业发生贸易联系。企业为获得市场竞争优势，可以从国外市场采购价格低廉的原材料，同样可以委托或投资国外工厂进行加工生产，生产出的产品也是销往世界各地。在国际贸易中，汇率的波动对企业经营的获利能力会产生重大影响。例如，20 世纪 80 年代初，日本企业生产的产品凭借低廉的价格和较高的质量水平迅速占领了美国市场，特别是对美国汽车行业产生了巨大冲击。在美国凭借其强大的实力与日本签订《广场协议》后，美元对日元大幅贬值，从 1 美元兑 240 日元到 1 美元兑 85 日元，重创了日本经济，对日本的汽车产业也造成了重大影响。通货膨胀率也是对宏观经济产生重要影响的指标，物价上涨会使消费者购买力下降，经济增长放缓，随之而来的是银行利率和汇率的波动，企业经营或投资预期收益的下降。高通货膨胀率对企业和国民经济的发展都是有害的，通货膨胀率应该稳定在一个可以接受的水平。与通货膨胀相对应的是通货紧缩，表现为物价水平持续维持在较低水平，这种现象同样会对国家经济发展产生负面作用。

微观经济环境直接影响企业发展的方向。随着消费者收入水平的提升，其消费观念和消费偏好也在发生着巨大的变化，以我国为例，改革开放后随着居民可支配收入的增加，我国的消费者已经从最初的满足日常温饱的日用型消费逐渐过渡到服务型消费，我国第三产业的比例也从改革开放之初的 21.4％发展到现在 46.6％，超过了第二产业所占的比重，而与之对应的与第三产业关联的企业发展速度也十分迅猛。消费者的储蓄和信贷同样是衡量微观经济的重要指标，储蓄的目的是为了消费，储蓄水平也决定了购买力水平。消费者储蓄的变动会引起市场需求结构和规模的变动，对企业经营和营销战略产生重要影响。微观经济环境要素要与宏观经济环境要素结合起来分析，才能对整体经济形势有一个清晰的认识，才能有目的地指导企业经营方针的制定。经济环境分析中需要监控的指标如表 2－1 所示。

表 2－1　　经济环境分析需要监控的指标

宏观指标	微观指标
货币利率	消费者可支配收入
通货膨胀率	消费偏好
居民消费价格指数（CPI）	劳动力成本
GNP 变化趋势	不同群体收入差距
财政货币政策	原材料价格（如石油、矿石等）

3. 社会/文化环境

社会/文化环境包含一个国家或地区的社会风俗、民族特征、宗教信仰、核心价值观、人口等要素。社会风俗是一个民族、国家或地区所特有的风尚、礼节和习惯的总和，是在长期的历史沿革中形成的，对人们的生活及企业活动都产生重要影响。企业要想发展，必须融入到当地的文化中。例如，世界各地对传统节日的庆祝习俗就千差万别，西方文化最大的节日是圣诞节，而中华文化最大的节日莫过于春节。企业可以根据这些地域性的文化特点，进行相应的营销活动。核心价值观则是一个社会的观念标准，影响着人们为人处世的态度，也影响着生活消费的观念。西方国家的核心价值观强调的是在自由社会框架下个人的努力、以自我为中心，而东方国家的核心价值观强调的则是集体利益，注重的是融洽的关系、集体的协作。这些都对企业的经营方式和独特企业文化的形成发挥着重要影响。此外，民族特征、宗教信仰也是社会/文化环境的组成部分，企业的经营也应该尊重和适应这些要素。除此以外，还有人口变化的因素，包括年龄结构、性别、民族等。人口是构成社会最重要的因素，人是一切物质财富和精神财富的创造者和使用者，人口结构的变化为企业提供机会的同时也带来了经营威胁。现在最显著的问题就是人口老龄化，一方面随着老龄化人口的增加，与养老相关的产业蓬勃发展，同时我们也应该看到老龄化问题也对企业的用工造成了困难。根据预测，21 世纪中叶，我国人口结构将发生重大变化：中国在 20 世纪 80 年代实行计划生育政策后的大批独生子女将进入到中老年阶段，青壮年劳动力供应将日趋紧张，劳动密集型企业招工越来越难，人力成本也随之上升，这些都会给企业的经营发展带来极大困难。有的企业通过提升生产自动化水平来应对，而有的企业则把生产基地迁往人力资源充足的西部或者是国外。这也意味着我们常提及的“人口红利”（demographic dividend）的终结。“人口红利”是指在社会生育率下降过程中，非工作人口与工作人口之比随之下降，投入到儿童和青少年群体身上的社会资本相应缩减，为推动其他经济方面的发展创造了有利条件，人民生活水平随之上升。正是在人口红利的推动下，我国经济在改革开放后迅猛发展，而到了 2010 年，我国 60 岁以上的人口已达 1.6 亿，到 2044 年将上升到 4 亿。这一现象将给养老和医疗等方面带来巨大财政压力，为此我国近年来积极应对，一方面要实现经济平稳健康增长，另一方面要逐步解决养老、医疗等问题。

4. 技术环境

自工业革命后，人类的科学技术水平进入快速发展时期，特别是 20 世纪 50 年代后，技术变化更是一日千里，这为满足人们的物质文化需要提供了基础条件，也为企业的发展注入了蓬勃的活力。技术环境主要是指一个国家或地区的技术政策、技术发展水平、科技创新能力等。技术的发展变化给企业带来的是产品差异性，提高了产业进入的壁垒，提升了企业的核心竞争力。互联网的普及为诸多产业带来了发展机遇，降低了进入壁垒。例如阿里巴巴、京东商城等电商进入零售领域都是以此为契机的，零售业不再只是传统的通过建立大型的购物场所、以大量的库存来满足消费者不同的需求，而可以通过网络购物平台将生产商、批发商、零售商和消费者的信息进行网络交流，促成产品销售。这样既降低了消费者的购物成本，也给生产商等提供了更广阔的平台，开拓了销路。这一技术革命不仅为企业的发展带来了动力，也改变了人们购物消费的模式。除此之外，国家的科学技术政策促进了新技术、新产品、新工艺的产生，也扩大了企业对科技研发的投入，对于通过技术研发创造出的产品国家给予相应的优惠政策，进一步提升了企业的竞争力。那些拥有核心技术的企业，已经成为各个行业拥有市场话语权和主导权的领导者。

（二）企业产业环境分析

企业外部环境中的产业环境处于中观层次，可以说是宏观环境中相应因素在特定行业内作用的结果。相对于宏观环境因素，产业环境中诸多因素对于企业在市场竞争中的影响更为直接，作用更为显著，为此产业环境分析是企业战略环境分析的重点和难点。哈佛大学战略学教授迈克尔·波特指出：企业在竞争过程中获取超额利润的条件是处于一个具有发展潜力的行业中，并占据有利的竞争地位。他在《竞争战略：产业与竞争者分析技巧》《竞争优势：创造与保持优异成绩》和《国家竞争战略》中，提出了战略竞争理论，奠定了行业竞争发展的基石。迈克尔·波特提出了著名的“五力分析模型”，为产业环境的分析提出了模型架构：在特定的市场领域中存在着同时具有竞争和合作关系、产品属性相近或相同、目标市场相近或相同的企业群体，它们构成了产业集群。在产业集群中存在着五种力量，它们分别来自潜在进入者、行业竞争对手、替代产品、供应商及购买方。这五种力量的相互作用关系如图 2－7 所示。

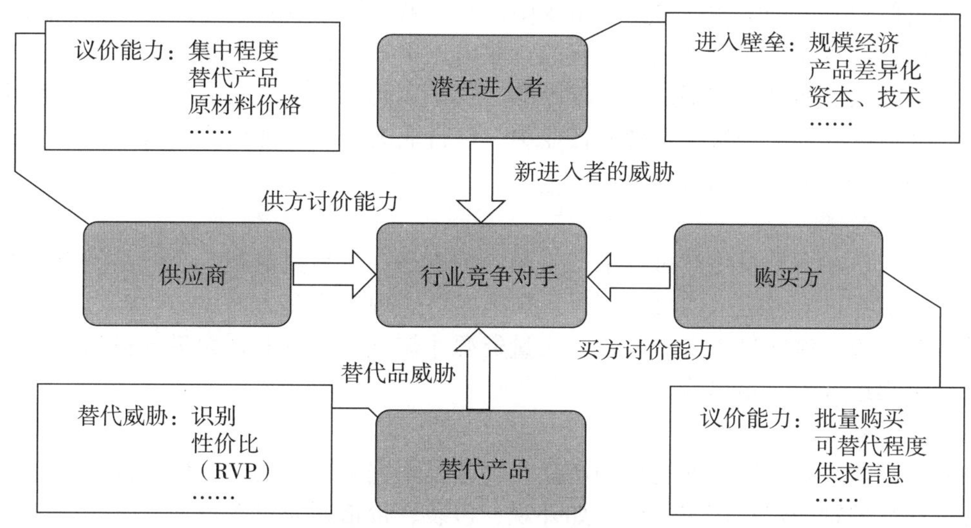

图 2－7　波特“五力分析模型”

五种力量综合状况影响了企业产业环境中面临的竞争程度，也决定了企业的盈利能力。五种竞争力量的任一种都对企业产品价格和盈利产生影响，竞争力量强则对企业构成威胁，反之则视为机会。对于企业战略制定者和管理者来说，重要的是认清这五种力量给企业带来哪些威胁和机会，并根据企业自身情况做出必要的战略应对。

1. 行业竞争对手

在任何行业中，每个企业为了自身发展的需要，都会尽可能地提升自己的市场占有率，吸引新的顾客或是从竞争对手那里争夺顾客。为此，不可避免地发生行业内的竞争。但有时行业内的竞争对手也表现出一定的合作性，特别是在对抗潜在进入者和产品替代者时，又形成潜在的战略联盟。可以说行业内竞争和合作并存，偏向于哪一方取决于以下几个方面：

（1）行业内企业的数量和规模。行业内竞争对手间规模实力接近、企业数量越多，内部竞争越激烈。

（2）竞争企业间产品差别化的程度。产品差别化越大，顾客对同类功能产品选择的余地越小，则会缓解相互竞争压力，反之则激化相互竞争压力。

（3）市场的增长度。新兴行业的市场增长度较快，迅速扩大的市场规模带动企业快速增长，行业内企业不需要激烈的相互竞争就可以满足自身发展的需求，这种竞争比较缓和。相反，如果市场规模增长缓慢，甚至滞涨或萎缩，行业内的企业间竞争则会日趋激烈。

（4）行业的退出壁垒。退出壁垒是指企业想退出某行业时所需付出的代价，包括相关资产的处理、人员的处理、企业声誉的影响，以及相关心理因素的影响等。退出壁垒越高，企业付出的代价也就越大，特别是企业在经营困难时很难承担，为此只能投入到惨烈的行业竞争中，去谋求一线生机。

2. 潜在进入者

市场对资源的配置起着调节作用。发展态势良好、投资回报率高的行业，会吸引新的竞争者进入，这些就是潜在进入者。它们给行业带来了新的生产资源，提升了生产能力；它们要求重新划分市场份额，希望在市场中占有一席之地，以获取更高的经营利润。对于现有企业来说，潜在进入者加剧了现有的行业内竞争，多数企业会联合起来抵制潜在竞争对手进入。多数潜在进入者都是实力雄厚的、具备多元化经营战略的公司，它们利用其强大的综合实力侵入到某一快速发展的行业中。该行业的进入壁垒构成了潜在进入者进入的障碍，我们从以下几个方面去分析：

（1）规模经济。

规模经济是在大批量生产过程中产生的，特点是：产品数量越多，产品的单位成本越低。这也是潜在进入者进入的最大障碍。规模经济表现在诸多方面，如生产过程、研发过程及销售环节等。潜在进入者需要投入大量资源才能进入该行业，大量的投入给进入者的后期经营过程造成了一定风险。

（2）产品差异化。

在同一行业中，不同企业提供的产品和服务是不完全同质的，它们之间存在着一定的差异性。产品差别表现在诸多方面，如外观、包装、价格、质量等方面，其中最主要的就是品牌的认知度和忠诚度，消费者在选择产品时对某一品牌表现出消费偏好，如买碳酸饮料就会想起可口可乐、买家用电器就会想起海尔等，这样对潜在进入者就形成了进入壁垒，与这些具有品牌知名度和忠诚度的企业进行竞争就需要付出高昂的代价。

（3）资本需求。

对于某些行业需要投入大量的资金进行基础设施建设、设备购置、人员培训、建立营销网络等，进入者必须具备雄厚的资金实力，同时还要承担较高的投资风险，如通信、石油、航空等行业。因此，即使该行业具备丰厚的投资回报率，对于潜在进入者来说也要进行评估是否具备足够的资本支持。

（4）专业技术。

如果一个行业以高科技为核心，潜在进入者需要掌握复杂的核心技术后才能够进行产品生产，那么这就意味着进入该行业存在很大的技术障碍。特别是在现有企业具有专有知识产权、专利技术及工艺诀窍的情况下，会对产品的功能、质量、成本等产生重要影响，进而形成很高的进入门槛。

除了以上因素以外，对潜在进入者构成行业壁垒的还有进入分销渠道的难易程度、政府政策的管制和法律的约束、市场饱和程度、地理位置、环境条件等。

3. 替代产品

任何产品都是为了满足消费者的某些具体需求而存在的，随着科学技术的发展，同样或者类似功能的替代产品越来越多，有的甚至是行业间的替代竞争。行业内的竞争和潜在进入者的威胁对企业来说固然值得关注，但替代产品的威胁有时却是致命的。替代产品对于消费者的吸引力主要表现在以下几个方面：

（1）替代程度。

一般产品的替代存在两种类型：一种是直接替代，也就是现有的产品完全被另外一种产品所替代。例如，我国早期的北京牌电视机被长虹、康佳等其他品牌所代替。在某领域市场中通常发生的是直接替代。另一种是间接替代，也就是原有产品被具备相同或相似功能的产品所替代。例如智能手机可以替代 MP3、视频播放装置，购物网站可以替代实体商铺。直接替代和间接替代之间的划分根据具体情况确定，而不是程式化的。

（2）性价比方面。

消费者在选择商品时，对“性价比”是十分关注的。如果替代产品与原有产品相比，前者的“性价比”高，则消费者极有可能选择新产品；反之，原有产品的“性价比”高于新产品时，则说明新产品还不具备市场竞争力，很难替代原有产品。

4. 供应商

对于供应商威胁主要考虑的是其市场议价能力，作为供应商希望提高其产品价格或降低生产运营成本（适当降低产品质量和服务质量）来获取更高利润，这就与本产业的发展期望相背离。供应商能否在议价过程中获取优势取决于以下几点：

（1）集中程度。

首先要看供应商的集中程度，也就是行业内的原材料或零部件是否由少数几家企业所控制；同时还要看行业内的企业生产的集中程度，如果出现行业内的企业数量较多、比较分散而供应商相对比较集中的情况，往往供应商会在价格、供应时间、数量、质量等方面对行业内企业形成较大的压力。

（2）转换成本。

行业内的某企业如果对其供应商不满意考虑更换，这时就要评估相应的转换成本。例如，原材料或零部件的技术专利掌握在之前的供应商手中，更换供应商后需要支付更高昂的技术成本；其他供应商提供的产品在质量、可靠性方面与原有供应商的产品存在差距；原材料或零部件由外部采购转移到内部生产，企业投入的人力、物力、财力等成本因素及生产工艺水平与之前的外部采购相比如何。这些因素在更换供应商过程中都需要进行前期评估，进行客观判断。

（3）整合能力。

如果供应商实力雄厚，具备前向一体化整合的能力，其对本行业施加的竞争压力越大，则供应商的议价能力越高；相反，对于制造商来说，后向整合的能力越强，则供应商的议价谈判能力越弱。

5. 购买方

购买方和供应商的议价能力存在着内在联系，对于供应商的分析我们也可以从相反的方向应用到购买方身上。行业内的企业对于供应商而言是购买方，希望得到物美价廉的物品；而对于购买方而言自身又是供应商，自然希望以较高的价格将产品售出。为此，对于行业内的企业而言，无论是供应商还是购买方的议价能力都关系到最终的企业经营利润。影响购买方议价能力的因素有如下几点：

（1）购买方的数量及集中程度。

购买方就是企业面对的市场客户，如果购买方是大量购买并且主要集中在少数几家购买方企业中，则其在议价过程中处于强势地位。为了获取采购议价优势，有的集团企业下设的分公司在采购过程中对于共同需要的产品会由集团公司进行集中采购，这样就可以增加购买数量，增强议价能力。

（2）购买方的转换成本。

如果购买方采购的产品转换成本高，从自身利益出发会固定地从特定的供应商那里进行采购，则其议价能力较低；反之，购买商可以通过较低的转换成本更换供应商，可以购买性价比更高的产品，那么购买方的议价能力就会得到提升。

（3）信息的获取。

购买方在采购过程中，及时准确掌握供应商的相关信息，既可以在议价过程中占据主动，获取更优惠的价格，同时也可以在议价过程中采取相应的反制措施。

（4）产品的差别化。

购买方在从市场上采购的产品差别化不明显同时货源又充足的情况下，可以从容地挑选合适的供应商，加剧供应商之间的相互竞争，提升自身的议价能力。

“五力分析模型”为企业战略产业环境分析提供了一个缜密的、严谨的分析模型，作为常用的战略分析工具，其在理论和实践过程中的重要性毋庸置疑。但其也有局限性，正如迈克尔·波特所说，他是从一个经济学家的角度去看待产业竞争中的相关要素之间关系的，诠释的是利润率的模型，反映的是一种静态的、从经济学角度出发的研究思路，而实际情况要复杂得多。

在对企业外部环境和内部环境进行分析后，根据分析的结果和企业发展的愿景目标来设定企业战略，首先要了解的是企业战略层次。

三、企业战略层次

企业战略由高至低可以分为三个层次：公司战略、经营战略和职能战略。战略的层次划分可以使企业整体战略保持统一，完善企业资源的分配和调度规划，最终满足企业长远发展的要求。企业的战略层次划分是与企业战略管理层次相对应的，保证了权责的对等和统一。如图 2-8 所示，公司战略处于最高层，是总体战略；经营战略处于中层，属于业务单元的竞争战略；而职能战略处于底层，是由公司战略和经营战略所决定的。上层战略

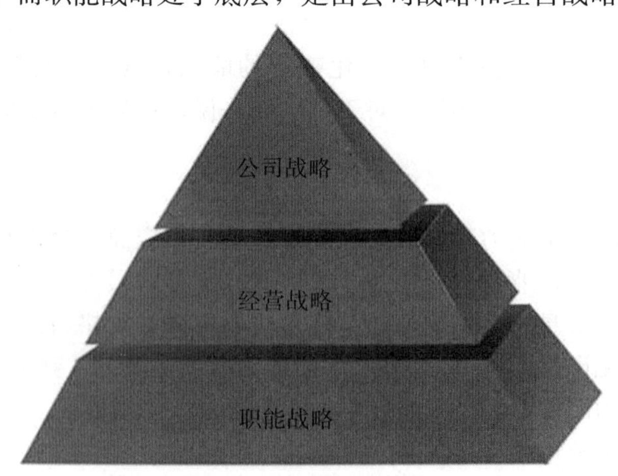

图 2-8　企业战略层次

对下层战略起到指导、约束和规范的作用，而下层战略对上层战略起支持、服从和细化的作用。

（一）公司战略

公司战略，也称总体战略或集团战略，是由公司最高层管理者制定的企业最高层战略，决定了下层的经营战略和职能战略，目的是实现股东投资收益的最大化。公司战略具有长远性、全局性、基础性，决定了企业发展的方向，展现了企业的核心经营理念和价值观。制定公司战略应考虑的根本问题是如何保证企业在当前的经营业务领域及未来可能进入的业务领域保持长久的竞争优势和盈利能力。其中考虑的问题主要有两个方面：一是企业在经营中应该做什么，明确企业的使命和愿景，划定企业经营的业务是什么、重点在哪里；二是如何通过顶层设计将企业资源进行合理配置，明确方式方法，以实现在相关业务领域获取竞争优势。关于公司战略，常见的有以下几种形式：

1. 一体化战略

一体化战略根据产、供、销的方向可以分为横向一体化（也称水平一体化）战略和纵向一体化（也称垂直一体化）战略。其中纵向一体化战略又可分为后向一体化战略和前向一体化战略。前向一体化战略是指企业获得分销商或零售商的所有权或对它们加强控制，根据市场需要和生产技术的可行条件，利用自身优势，把现有产品再进行深加工的战略。产品在生产过程中，沿着加工流程顺向移动，所以称之为前向一体化，这种战略可以使企业获得原有产品在深加工后所得的高附加值。现在很多制造商运用互联网技术平台或者建立自己的直销队伍来销售产品，这也是前向一体化战略的一种运用。后向一体化战略是指获取供应商的所有权或对它们加强控制，企业利用自身经营的优势，把原来属于供应商提供的原材料或零部件改为自行生产的战略。在生产过程中，物流反方向移动。后向一体化战略一般是在供应商议价能力高，或供货能力不可靠无法保证及时供应时，企业常采用的一种战略。横向一体化战略又称为水平一体化战略，是在扩大生产规模、降低运营成本、巩固企业的市场地位、提高企业竞争力的条件下，与同行业其他企业进行联合经营的一种战略。横向一体化战略可以通过获取这些企业的所有权或是通过加强控制的方式来实现。一体化战略可以使企业增加自身经营价值、提升经营空间和利润率、增大市场份额，在此战略指引下，企业可以获得更多的市场机会，活跃企业组织，使企业充满活力。

2. 集中化战略

集中化战略又称专一化战略，是企业在经营过程中对某个特殊的顾客群体或是某一个细分市场进行深耕细作的战略。公司的专一化战略是以追求更高效率、更好效果，为服务于某一狭窄的战略对象而制定的，通过这种特质超越行业内的竞争对手。迈克尔·波特认为这样做的目的是公司通过差别化来满足特定对象的需要，或者在为特定对象服务时实现了低成本，当然也有同时出现以上两种情况的现象。这样公司就可以获取超过产业平均水平的盈利潜力，而这也构成了公司的核心竞争力，从而抵御各种竞争力量的威胁。因而集中化战略有两种形式，一是企业在目标细分市场寻求其成本优势的成本集中，二是企业在目标细分市场寻求其差异化的差异集中。也就是通常所说的“人无我有、人有我优、人优我专，人专我廉”。

3. 多元化战略

多元化战略也称多角化战略，是企业同时经营两种以上的不同用途的产品或服务，与专一化战略相对应。多元化战略又可以分为集中多元化战略、混合多元化战略和横向多元化战略等。其中集中多元化战略是指企业增加与原有业务相关的产品或服务，混合多元化战略是指企业增加与原有业务无关的产品或服务，而横向多元化战略则是指从现有客户角度增加其所需的与原产品或服务不相关的新产品或服务。

4. 防御型战略

防御型战略又称稳定型战略，指公司保持原有的业务组合和资源配置方法及原则不变。在通常情况下，一般采取防御型战略的企业的销售额和盈利能力都不好，甚至已经出现亏损的情况。它们一般通过降低产品生产成本、减少资产来提升企业的盈利能力，此外还可以将组织中的不良资产进行剥离，减轻经营负担，实现止损，将优势资源进行整合，获取发展空间。

制定正确的公司战略可以帮助公司渡过难关，抵御残酷的市场竞争，提升公司的市场竞争力，给公司提供源源不断的动力，使其健康、快速、蓬勃发展，同时也对经营战略的制定提供了依据和指引。

（二）经营战略

经营战略也称竞争战略，是处于战略层级第二层的业务单元战略，是公司战略的子战略，主要涉及如何在市场中竞争，是对某一业务进行的战略规划。经营战略是由公司下属的各事业部、子公司及业务单元的最高管理者制定的，是在公司战略基础上，从事业部、子公司及业务单元的视角去看待企业经营中局部性的战略问题。关注在行业内的特定细分市场中，应该研发哪些产品或服务来满足现有市场及未来市场的需求，以及顾客的满足程度，进而构建业务单元的可持续竞争优势。波特在《竞争战略》中提出了三种基本竞争战略。

1. 总成本领先战略

总成本领先战略是指通过有效地对企业内部价值链进行管理和改造，提升企业运营效率，降低企业运营成本，建立行业内的总成本竞争力，提升产品或服务的“性价比”，来获取竞争优势。提升规模化生产水平，利用专有的高效的生产设备和工艺以及高效的管理效率形成总成本水平在行业内的领先地位。明茨伯格在其著作《一般战略——走向综合结构》中指出：低成本只是手段，低价格才是真正的目的，通过降低成本的方式给企业降低价格留有一定的空间，通过低价格来吸引消费者。实际案例中也是如此，以格兰仕微波炉为例，现在其市场占有率处于第一集团，可以与美的等大品牌分庭抗礼，其发展过程中所采取的总成本领先战略功不可没。格兰仕 1993 年进军微波炉产业，发展初期就确定了避免与大品牌直接对抗的策略，而是采取在保证质量的基础上降低成本，通过产品研发、生产规模、销售网络、运营管理等提升自身的成本竞争力，迅速扩大了市场，生产量从最初的 1 万台扩大到 2000 年的 1 200 万台，特别是在 1996 年到 2000 年，先后 5 次率先大幅降价，每次降价幅度均在 20%以上，屡次刷新了市场上微波炉最低价纪录，也使得其市场占有率总体提高 10%以上，企业迅速发展壮大。

2. 差异化战略

在市场竞争中多数企业的实例证明，采取总成本领先战略的过程是十分艰难的，一方面要看成本的构成要素中有哪些是具备弹性的，如果多数都是刚性要素，则很难通过降低成本来降低售价获取竞争优势，而单纯降低售价则会给企业经营带来巨大压力甚至是亏损。为此要想获取竞争优势除了关注价格外，还要从产品特性方面寻求与众不同之处，或者是采用异于其他竞争对手的营销策略。这也是很多管理学家所推崇的“脱离红海，开创蓝海”的战略观点。差异化战略的实施要注意以下几点内容：一是差异化的产品和服务是具备其独特性的，可以满足消费者的特殊需求，同时在差异化的过程中要兼顾消费者的承受能力，如果只是为了产品差异化而使成本及售价上升到顾客无法承受的水平，也是无用的。二是产品差异化的方向有很多，如功能、质量、设计等内在因素，销售渠道、价格、促销手段等外在因素，选择哪些因素应视企业经营内外部条件具体情况而定，如企业是否具有勇于创新的企业文化、研发实力及经费是否充足、对于技术保护是否有良好的社会环境、差异化要素是否容易被他人模仿等。三是差异化战略所选择的市场可以是范围较小的局部细分市场，也可以是更广阔的地区市场，甚至是整个市场，选择前要进行准确、严谨的市场调研，避免选择失误。

案例分析

中国移动“动感地带”品牌宣传

同其他运营商一样，中国移动旗下的全球通、神州行两大子品牌缺少差异化市场定位，目标群体粗放，大小通吃。面对“移动牌照”这个资源蛋糕将会被越来越多的人分食的状况，在众多的消费群体中进行窄众化细分，更有效地锁住目标客户，以新的服务方式提升客户品牌忠诚度，以新的业务形式吸引客户，是运营商成功突围的关键。

麦肯锡对中国移动用户的调查资料表明，中国已超过美国成为世界上最大的无线市场，25 岁以下的新一代消费群体将成为未来移动通信市场最大的增值群体。因此，中国移动将以业务为导向的市场策略转向了以细分的客户群体为导向的品牌策略，在众多的消费群体中锁住 15 岁～25 岁年龄段的学生、白领，产生新的增值市场。锁定这一消费群体作为自己新品牌的客户，是中国移动“动感地带”成功的基础。

中国移动据此制定了符合目标消费群体特征的策略：

（1）动感的品牌名称：“动感地带”突破了传统品牌名称的正、稳，以奇、特彰显，充满现代的冲击感、亲和力，同时整套 VI 系统简洁有力，易传播，易记忆，富有冲击力。

（2）独特的品牌个性：“动感地带”被赋予了“时尚、好玩、探索”的品牌个性，同时为消费群提供以娱乐、休闲、交流为主的内容及灵活多变的资费形式。

（3）炫酷的品牌语言：富有叛逆感的广告语“我的地盘，听我的”，及“用新奇宣泄快乐”“动感地带（M-ZONE），年轻人的通信自治区”等流行时尚语言配合极具创意的广告形象，将追求独立、个性、更酷的目标消费群体的心理感受描绘得淋漓尽致，与目标消费群体产生情感共鸣。

（4）犀利的明星代言：周杰伦，以阳光、健康的形象，同时有点放荡不羁的行为，成为年轻人心目中的“酷”明星，在年轻一族中极具号召力和影响力，与动感地带“时尚、好玩、探索”的品牌特性非常契合，可以更好地回应和传达动感地带的品牌内涵，从而形成年轻人特有的品牌文化。“动感地带”独特的品牌不仅满足了年轻人的消费需求，体现了他们的消费特点和文化，更提出了一种独特的现代生活与文化方式，突出了“动感地带”的“价值、属性、文化”。

思考：如何看待中国移动“动感地带”的品牌宣传策略？

3. 聚焦战略

聚焦战略与前文讲述的集中化战略类似，也是公司下属的事业部或业务单元在对内外部环境分析的基础上，将自身的经营活动聚焦在某一个特定的客户群或细分市场、某一特定的产品或服务上，以获取局部的竞争优势及高于同行业的平均收益水平。通过集中优势资源、缩小竞争领域，达到“专、精、强”的目标。在世界500强企业中，有很多企业都是通过经营专一化的产品线做大做强的，如沃尔玛凭借其巨大的零售网络获得了成功，还有像销售快餐的麦当劳、日用品领域的吉列以及饮料领域的可口可乐等，很多都是“百年老店”，在其漫长的经营过程中始终坚持聚焦于某一市场，实现了在该领域做到“专而精、大而强”的战略目标。由于采取聚焦战略的企业拥有行业内较强的专业能力，这也造就了其能够抵御“五种力量”的影响，特别是行业内的竞争者和潜在进入者，能够在聚焦的细分市场内对其产生威胁就变得十分困难。但是实施聚焦战略也会面临相应的风险，随着相关技术的进步，替代品出现后消费者的偏好发生改变，会对企业造成致命打击。此外，如果聚焦的市场具备很强的吸引力，且进入壁垒不够高、易于模仿，则会造成大批模仿者进入，瓜分现有市场。对于中小企业而言，应关注那些难于进行标准化生产的专用产品或复杂产品，通过重点聚焦方式建立竞争优势；而大企业则要将聚焦战略与总成本领先战略、差异化战略结合在一起，形成合力，通过差异化及总成本领先战略建立竞争优势，通过聚焦战略使之扩大化，这样就能占得市场先机。

（三）职能战略

职能战略是由企业内职能部门为了能够更好地实施、贯彻和实现公司战略和经营战略而制定的。其关注的重点是提升职能组织内部相关资源的利用率，提高职能组织的运行效率，进而降低成本。各职能部门既要从本部门工作特点出发制定相应的策略，也要与其他部门进行协调、合作。从内容上讲，职能战略更为详细，操作性更强，可以转化为具体的实施方案。根据职能部门的划分，职能战略可以分为采购战略、生产战略、研发战略、销售战略、人力资源战略及供应链战略等。虽然职能战略是公司战略和经营战略的延伸和细化，但每个部门职能不同，在选择影响部门业务的关键控制变量时会有所差异，即使是同一部门在不同时期和外部环境下变量也会发生变化。总体来说制定职能战略要关注以下几个方面：

（1）制定的目标要与公司战略（总体战略）和经营战略（竞争战略）的目标保持一致。

（2）职能战略的重点、实施阶段和具体措施要明确。

（3）职能战略的具体内容要遵循“SMART”原则，即S＝specific（明确性）、M＝measurable（可衡量性）、A＝attainable（可达成性）、R＝relevant（相关性）、T＝time-bound（时限性）。职能战略是对相关人员具体工作的指导，内容要明确，能够使执行人员清楚该做什么、什么时候做及怎么去做，制定的战略目标是能够通过努力完成的，与职能部门的整体目标具有相关性，设定完成的时限及衡量的方法要明确可行。

（4）战略制定过程中要兼顾相关职能部门的要求，达到协同发展的目的。

（5）对战略实施过程中可能遇到的风险进行分析和管控。

四、战略的分析和选择

在对企业内外部环境进行分析后，下一步应结合企业总体发展目标，运用战略分析工具进行综合分析，最终确定各层级战略方案。这一过程分为两个步骤：一是在企业所处的内外部环境的基础上，形成整体战略的初步方案；二是对制定的备选方案进一步分析、筛选，逐步完善，最终确定企业战略方案。在这一过程中常用到的战略分析工具是 SWOT 分析法和 BCG 矩阵。

（一）SWOT 分析法

SWOT 分析法又称态势分析法，最早是由管理学大师安索夫于 1956 年提出的，现在已经成为制定企业战略常用的分析工具。SWOT 分析法包括四个方面，即优势（strengths）、劣势（weaknesses）、机会（opportunities）和威胁（threats）。它是对企业所处的内外部条件进行综合、概括，分析组织拥有的优势与劣势、面临的机会和威胁，从而寻找出最适合企业的一种发展战略的方法。其中优势和劣势是由企业内部环境决定的，机会和威胁则受企业外部环境影响。

（1）优势（S）是在企业内部存在的相对于行业内竞争对手的优势因素，具体包括充满活力的人力资源、充足的财务资源、完善的市场信息渠道、良好的企业形象、强大的技术力量、优良的产品质量以及市场份额、生产规模等。这些要素都是企业在市场竞争中独具的竞争能力，将之组合在一起就构成了企业的核心竞争力。它们是企业在经营过程中要保持、发展的优势要素。

（2）劣势（W）是相对于优势而言的，是企业与行业内竞争对手相比存在的不足之处。这些因素的存在会使企业在发展过程中在某些方面处于不利的境地，阻碍企业的长期健康发展。其具体内容包括组织人心涣散、发展资金短缺、生产设备陈旧、缺少关键技术、研究开发滞后、产品滞销、库存积压多等。

（3）机会（O）是影响企业经营的外部有利因素，从时效性看可以是短期有利因素，也可以是长期有利因素，内容包括政策红利、潜在的新市场和新需求、市场进入壁垒降低或解除、新技术的产生和发展、供应链上下游的整合等。这些都会对企业的经营产生积极影响。

（4）威胁（T）是外部因素中不利于企业发展的甚至对企业生存造成严重威胁的因素，具体包括新竞争对手的出现、市场萎缩或增长缓慢、替代产品增多及其市场占有率上升、行业政策变化、宏观经济衰退、顾客消费偏好改变及突发事件等。这些要素在不同层面、不同程度上都会对企业的经营产生负面影响。

SWOT 分析法将企业具备的优势和劣势、面临的机会和威胁，通过分项列表的方式呈现出来，并通过四大因素之间的相互影响和作用来评估企业的战略定位，从交错的四个选项中选择最适合企业的发展战略，如表 2－2 所示。

表 2-2 SWOT 矩阵

战略分类 内部因素 / 外部因素	优势（S） 1. 优势 1 …… n. 优势 n	劣势（W） 1. 劣势 1 …… n. 劣势 n
机会（O） 1. 机会 1 …… n. 机会 n	SO 战略 1. 发挥优势 …… n. 利用机会	WO 战略 1. 利用机会 …… n. 克服劣势
威胁（T） 1. 威胁 1 …… n. 威胁 n	ST 战略 1. 利用优势 …… n. 回避威胁	WT 战略 1. 减少劣势 …… n. 回避威胁

在 SWOT 矩阵中形成了四个组合战略，所代表的含义如下：

（1）SO 战略（优势-机会）。企业充分发挥具备的优势能力，同时结合外部条件抓住发展的机会。通过外部环境中出现的发展机遇，进一步强化、扩展企业在行业内的已有竞争优势，实施快速发展的扩张战略。

（2）ST 战略（优势-威胁）。企业具备一定的行业竞争力，但外部环境中出现了一些威胁企业发展的因素，这时企业要依赖自身的竞争优势来应对外部威胁，如弱化威胁或是将其转化为机会。企业可以选择主动应对的战略，也可以采用防御战略。

（3）WO 战略（劣势-机会）。企业自身的行业竞争力不强，但此时外部出现了发展的机遇，这个时候可以通过外部机会来提升自身的竞争力，可以采取一些可控的发展战略，适时地增加投资，加快发展，避免错过市场机遇期。

（4）WT 战略（劣势-威胁）。企业面临的态势极度危险，这时需要企业集中优势资源来弥补致命的劣势渡过难关，或者果断地将一些致命的劣势舍弃掉，来减少、规避风险。例如，放弃无法挽回亏损的产品，或是退出处于竞争劣势的市场。

运用 SWOT 分析法可对企业自身内部条件和外部环境信息进行收集、分析和转化，过程中需要企业的管理者、行业专家及咨询机构进行充分讨论、反复修正，既要对自身具备的资源和条件有清醒的认识，也要对外部环境有敏锐的洞察力。SWOT 分析法侧重于对企业的战略进行定性分析，只需相关的必要数据，而无须进行大量数据的收集和分析，这极大地提升了战略制定的效率。对企业内部进行审视可以使企业进一步明确自身具备的核心能力和市场竞争优势，可以更好地做到“知己知彼”。SWOT 分析法也存在着不足之处，主要表现在采用格式化的分析方式，分析过程过于机械，缺少必要的中间验证过程，不能得出更为明确的战略建议。此外，在分析过程中，对参与分析的人员的专业素质要求较高，团队人员构成方面要尽可能多样化，避免由于人员认知的倾向性导致战略分析偏离实际。

案例分析

福喜事件对麦当劳经营影响

2014 年 7 月 20 日，据上海广播电视台电视新闻中心官方微博报道，麦当劳、肯德基等洋快餐供应商上海福喜食品有限公司被曝使用过期劣质肉。上海食药监部门已经要求上海所有肯德基、麦当劳问题产品全部下架。上海市食药监局 2014 年 7 月 22 日表示，初步调查表明，上海福喜食品有限公司涉嫌有组织实施违法生产经营食品行为，并查实了 5 批次问题产品，涉及麦乐鸡、迷你小牛排、烟熏风味肉饼、猪肉饼，共 5 108 箱。上海福喜事件的受害者麦当劳在中国的“并发症”正在袭来，在 7 月份业绩大幅下降，曾一度成为“冷饮店”，“如今福喜事件对麦当劳的品牌、业绩和产品供应冲击严重，或需要较长时间才能恢复，因此会降低特许经营商的投资积极性，麦当劳在特许经营方面业务的发展步伐肯定会减缓。”中国政法大学特许经营研究中心常务主任李维华在接受《中国经营报》记者采访时表示。其实，放开特许经营原本就是麦当劳在中国市场上逼不得已的一步棋，与肯德基、德克士相比，麦当劳在门店数量上远远落后。“如把吓退意向特许经营商的因素考虑进去的话，福喜事件对麦当劳造成的损失将不可估量。麦当劳的特许经营扩张之路本就走得相当谨慎，如今恐怕将更畏首畏尾。”李维华说。如今福喜事件正不断发酵，即将接手麦当劳门店的加盟商们或多或少会受到影响。一位上海麦当劳门店负责人告诉记者，门店人流日益低迷，由于新的供应商还没有确定，生意愈加冷清。与此同时，这名负责人还称，麦当劳直营店和即将于一个月后交给加盟商的门店同样都遭受了冲击。

在是非不断的背后，如今麦当劳不仅有加盟的烦恼，还有全年销售计划泡汤的尴尬。麦当劳方面表示，在负面事件影响下，麦当劳对业绩已不再乐观。麦当劳在向美国证券交易委员会（SEC）提交的季度文件中称，由于 OSI 集团在中国市场上遭遇的问题，公司的业绩预期面临压力。

资料来源：中国经营报，2014－08－18.

思考：麦当劳应如何应对外部突发事件？

（二）BCG 矩阵

BCG 矩阵即波士顿矩阵，是由美国著名的波士顿咨询公司创始人、管理学家布鲁斯·亨德森于 1970 年提出的。波士顿矩阵设定了决定产品结构的两个基本因素，即市场引力与企业实力。市场引力包括产品销售额增长率、目标市场容量、竞争对手强弱及利润高低等。其中最主要的是反映市场引力的综合指标——销售额增长率，它决定了企业产品结构是否合理，属于外在因素。企业实力包括市场占有率、技术、设备、资金利用能力等，其中市场占有率是决定企业产品结构的内在因素，也直接显示了企业的竞争实力。波士顿咨询集团的研究者发现，这两个因素之间既相互影响又互为条件。市场引力大，则市场占有率高，企业的产品具备成本优势，显示出良好的发展前景，企业适应能力和竞争实力也较强。但如果市场引力大而市场占有率并没有得到明显提升，则说明企业还不具备足够的竞争实力，那么该种产品在企业实力的约束下也无法快速发展。如果企业竞争实力强但产品的市场引力小，则预示该产品的市场前景不佳。

为此，可以选择代表产品成本优势的“相对市场份额”和产品发展潜力的“市场增长率”作为构成矩阵的两个维度。在两个要素的相互作用下，会出现四种不同性质的产品类型，形成不同的产品发展前景：①市场增长率和相对市场份额“双高”的产品群（明星类产品）；②市场增长率和相对市场份额“双低”的产品群（瘦狗类产品）；③市场增长率高、相对市场份额低的产品群（问题类产品）；④市场增长率低、相对市场份额高的产品群（现金牛类产品）。波士顿矩阵如图2-9所示。

图2-9 波士顿矩阵

1. 问题类产品

问题类产品处于相对市场份额较低而市场增长率较高的区域内，也就是高增长、低份额的状态。较高的市场增长率意味着产品正处于快速发展时期，后期可能会带来较为丰厚的回报；而相对市场份额较低，则意味着还需要拓展市场、加大投入，从外围深耕销售渠道，扩大广告投入、开发潜在客户等，从内部增加设备、人员，提升技术实力。在这一区域内，如果是投机性的产品则存在较大的经营风险，它既可能为企业未来的发展奠定良好的基础，也有可能成为企业经营失败的导火索。所以在对处于这一区域的产品进行评估时要慎之又慎，只有那些符合企业长期发展战略、市场潜力大、企业具备相关资源优势的产品，才可以继续加大投入，持续发展业务。否则，最好采取适当的收缩策略，或保持现状，持续观察以最终做出决定。

2. 明星类产品

明星类产品处于相对市场份额和市场增长率均较高的区域内。多数明星产品都是从问题产品发展而来的，两者之间的区分就是能否成为市场的主导者、领先者，与其他竞争对手相比保持一定的竞争优势。在市场竞争中为打败竞争对手、扩大领先优势，就需要持续地投入更多资源，这也意味着短期很难为企业带来相应收益。在明星类产品的发展过程中，也存在相应的风险，不是所有的明星类产品都能成为高收益的现金牛类产品。所以，企业应该根据自身经营状况进行产品评估，可以保持一些明星类产品的发展，为企业未来的长久发展奠定基础。

3. 瘦狗类产品

瘦狗类产品处于相对市场份额和市场增长率均较低的区域内，发展前景黯淡。这类产品可能是即将为市场所淘汰的产品，也有可能是不符合企业发展的战略方向、不具备市场竞争力的产品。这类产品不能支撑企业未来的发展，虽然可以为企业带来少量盈利，但同时也占据了企业大量的资源，如人力、物力、时间等，从长远看是得不偿失的。瘦狗类产品一般不需要再进行大量投入，改造的可能性也不大，企业保留此类产品多数情况下可能是由于退出壁垒较高、损失较大。

4. 现金牛类产品

现金牛类产品处于相对市场份额较高而市场增长率较低的区域内，是能够给企业带来大量现金流和盈利的产品。现金牛类产品多数是由明星类产品发展而来的，市场较为成熟，但市场潜力有限。拥有现金牛类产品的企业一般具备规模竞争优势和成本优势，是该市场的领导者。对于现金牛类产品应采取稳定战略，保持竞争优势和市场份额。

BCG矩阵的精髓是将企业战略规划与资本预算相结合，这样有助于从企业经营条件出发对战略进行优化，可以较为现实、客观地反映市场现状。在战略制定过程中，企业通过优化各类产品在经营中所占的比例，保持现金流的稳定。此外，将企业经营过程中大量信息通过这种简洁明了的形式呈现给企业的战略决策者和管理者，能使较复杂的问题简单化，既可以看到现在又可以明确未来的业务方向，有助于战略的制定和调整。但同时企业经营者也应看到，BCG矩阵更多关注的是现金流，而对于企业经营中需要整合的其他资源没有考虑，如专有技术、研发人员、管理过程等，只是将战略方向呈现出来，并没有给出实际建设性的方案，这就需要结合其他战略工具，如SWOT分析法等，全面地剖析企业战略要素，得出进一步实施的方案。

（三）战略的选择

战略的选择过程是一个决策的过程。企业经营者应从战略分析中，找寻企业的定位，制定公司战略的预选方案，由战略的制定者使用优选的方法，考虑影响企业经营的各种因素，选择最适合企业当前和未来发展的战略方案。其中影响决策者判断的因素主要有以下几个方面：

1. 企业对外部环境的依赖度

企业外部环境对企业经营有重要影响，但所处不同行业的企业对外部环境的依赖度不尽相同，更新换代快的行业对技术变革的依赖性更强，而与能源、基础设施相关的行业对宏观经济和法律政策的变化更为敏感。总体来说，对于外部环境的依赖度越大，企业战略调整的范围和灵活性越小，越容易受外部环境的约束。为此，战略决策者对于企业发展与外部环境之间的关系要有清楚的认识，避免作出方向性的误判。

2. 企业已有战略模式的影响

企业的发展战略本身就具有企业独特的DNA，战略的选择和调整或多或少会受到已有战略模式的影响，一方面是战略延续性的体现，另一方面受战略决策者惯有认知思维模式的影响，使之更倾向于选择与以往战略相似的模式。这就要求战略决策者打破固有思维模式，从多个角度去思考企业发展的路径，挖掘发展潜力。

3. 时机的选择

中国军事战略思想非常强调“天时”的作用，企业在选择发展战略时也应注重时机。战略决策者能否洞察先机且抓住时机制定和实施战略，在很大程度上决定了战略的成败。所以，战略的制定要及时，要恰逢其时。

4. 竞争对手的反应

企业的战略不是孤立的，与前文所述的“五种力量”密切相关，特别是行业内的竞争对手。今天，行业内的竞争对手间不再单纯只为竞争，更多体现出的是一种竞合关系，为此企业选择的发展战略还要从竞争对手的角度去思考，考虑竞争对手会作何反应、强度如何、怎样去化解。

通过上述因素分析，综合考虑各种因素后选择企业最优发展战略方案，避免将战略片面化、静态化、绝对化和功利化。战略不是固定的程式，不单纯是为了企业的运营，不是某些人一时的灵感，也不是通过简单的战略工具分析就可以得出的。战略是企业在市场中的自我定位，是企业经营的观念，是企业为了长远的生存和发展制定的计划和谋略，是一种先判断后验证的过程。

第三节　战略的实施

正如战略管理学家亨利·明茨伯格所说的：“战略制定者的多数时间不应该花费在战略的制定上，而是应该花费在战略的实施上。”通过分析、选择战略后，应考虑如何将其转化为实际行动，也就是进入到战略的实施阶段。在这一阶段，企业经营者要做的是根据战略内容进行资源配置，消除在战略实施过程中发生的或潜伏的对抗与冲突，定期对战略计划实施效果进行检查和调整。战略的制定需要的是分析和决策能力，而在战略实施过程中强调的是执行能力和解决问题的能力。战略执行中会遇到各种各样的抵抗力量，需要协调和平衡各方利益、解决冲突，因此可以说战略实施过程比制定过程还要困难、复杂。具体而言，战略实施过程可分为四个阶段，分别是战略发动阶段、战略计划阶段、战略运作阶段、战略控制与评估阶段。

一、战略发动阶段

在这一阶段，企业战略实施的领导者要研究如何将企业战略的理念转化为企业员工的实际行动，得到广大员工的认同，并调动起员工为实现新战略而行动的积极性和主动性。这就需要对企业管理人员和员工进行培训，向他们传播新的经营理念、发展目标，提出新的口号，根除不利于新战略实施的旧观念和旧思想，使大多数人能够接受新的发展战略。新战略在开始实施阶段，必然会使很多人产生各种疑虑，特别是企业中各部门的老员工。如果这些员工不了解新战略，甚至对新战略产生误解，新战略就很难得到广泛拥护和支持，也就不能及时、准确地贯彻执行。因此，要向广大员工讲清楚企业内外环境的变化给企业带来的机遇和挑战、原有战略存在的各种弊病、新战略的优点以及存在的风险等，使大多数员工都能够认清形势，认识到实施战略的必要性和迫切性，树立信心，打消疑虑，坚定为实现新战略的美好蓝图而努力奋斗的决心。在发动员工的过程中要努力争取战略的关键执行人员的理解和支持，企业的管理者要考虑组织的调整和人员的调配，扫清战略实施的障碍。

二、战略计划阶段

将经营战略的目标进行分解，可以划分为几个实施阶段，每个战略实施阶段都要设定相应的目标，确定政策措施、部门策略以及应变方案等。根据各个阶段完成目标的时间表，进行下一步细化工作，将战略目标逐级分解，根据远期目标概括、近期目标详尽的原则制订具体方案，同时要注意各阶段之间的衔接，避免出现各阶段分离的情况。在战略实施的初期要做好新战略与旧战略的转换衔接，减少因调整带来的损失。制订的计划应遵循目标统一化、方案具体化、操作可行化、效果可视化、时间明确化的原则。此外，应加强部门间策略、方针的沟通，步调协调一致。

三、战略运作阶段

在企业战略的运作阶段，要建立、完善相应的考核与激励机制，提升和保持战略实施的动力；同时，要优化企业的组织机构，建立统一的战略领导机构，建设符合企业发展战略要求的企业文化，完善信息系统的建设，加强信息沟通。

四、战略控制与评估阶段

战略在执行过程中应该是可控的。企业通过对战略执行过程的控制与评价，可以适时审视战略方案是否符合环境变化的要求，最终实现战略目标。这一阶段主要是建立控制系统，健全监测标准，根据评估纠正偏差。战略的控制和评估是对战略有效性的后期检验。

在各个阶段中，战略实施的管理者和执行者会遇到诸多问题、困难，为了及时、有效地应对，应遵循以下基本原则：

（1）统一领导指挥原则。在战略实施过程中，涉及多方面的变化，如资源的重新分配、组织结构调整、人员重组等，而这些过程涉及多方利益，稍有不慎就会功亏一篑。因此，在战略执行过程中，企业上下要时刻保持统一的意志和坚定的决心，这就需要有一个强大的领导核心。多数情况下，战略推进的领导核心由企业的最高层管理者担任，他们具备全局观，参与企业战略的制定，对其有更为深刻、清晰的理解，同时掌握企业的资源调配权力。可以说，战略的实施是“一把手工程”。

（2）锲而不舍的原则。在战略实施过程中，必然会遇到很多问题，有很多问题会给企业带来经营上的阵痛，如销售额下降、市场占有率滑坡、资金链紧张等，这些问题都是随着战略的深入推进可能遇到的正常现象。这就需要战略实施的领导者能正确判断，认清表象与实质，依靠其坚韧不拔、锲而不舍的精神，以及过硬的心理素质和非凡的智慧去化解。

（3）审时度势的原则。企业的战略是在分析现有条件的基础上进行的科学预测和假设，必然会存在预测效果与事实不符的情况。这就需要以发展的眼光去看待企业战略目标的调整，通常情况下是针对中短期目标进行调整，而长期发展的方向不会改变。在调整过程中，必须进行严谨的分析和审慎的评估，在科学判断的基础上进行调整，避免意气用事、随意调整。

第四节 战略的评价与控制

战略的评价与控制是战略实施过程中的最后一个阶段，也是其中重要的一环。在战略实施过程中坚持审时度势原则，就是为了修正战略实施效果与既定目标之间存在的偏差。在这一过程中，对战略的评价是为了辨识存在的问题，而对战略的控制则是为了解决已经存在的问题，保证战略的顺利实施。通过战略评价和控制，可以提升战略执行的效率，明确哪些业务和工作对实现企业发展战略是无效的甚至是起到阻碍作用的，进而加以改正或去除。在战略决策调整过程中，如果企业的战略执行得控制力强、评价准确，则会提升战略决策者的信心，使其做出更富挑战、更激进的决策；相反，战略决策者则会更多选择稳妥的、保险的策略。在战略评价和控制过程中可以将战略实施的效果实时呈现给全体员工，加强相关组织、部门间的信息传递。构建战略评价和控制系统一般分为四个步骤：建立评价标准、创建实时监控系统、绩效与目标的比较、针对结果制定改进措施。战略的评价与控制是一个涉及多方面的系统工程，在这一系统中需要测量四个层级的绩效：公司层、经营层、职能层和员工个人。根据不同层级在战略实施过程中所担负的职责及影响度，参照上述四个步骤进行战略评价和控制。

建立有效的战略评价标准是既定战略有效实施的保障，不同的战略评价方法及控制手段会产生不同的效果。首先，企业战略是企业发展的整体谋划，有时间上的延续性，所以对其进行评价要兼顾长期和中短期目标，根据对内外部环境条件预测的变化趋势设定相应的评价内容和指标，使评价过程既具备前瞻性也具备现实性。其次，评价的内容要充分、全面，制定的战略目标可以通过评价内容完全反映出来，评价的指标是企业经营状况的晴雨表，同时通过评价得出的结论能够给企业的经营者、管理者提供必要的有价值的信息。最后，设定的评价标准要能够及时监控战略执行状况，根据信息特点设定监控评价的频率及时效，当然也会根据具体情况进行相应调整，在企业经营环境变化较快或企业实行多元化经营战略时可以适时提升监控频率。

在创建实时监控系统过程中，根据战略控制方式的不同，可设置不同的指标划分方式以便于后期进行管控，如可以按照管控内容进行分类，也可以按照组织层级监控的内容进行分类。

一、按照管控内容分类

企业战略控制系统按照管控内容可以划分为生产指标控制、财务指标控制、采购指标控制及质量指标控制等。其中，生产指标控制主要针对生产过程中的产前、产后和过程分别设定管控体系。财务指标控制主要是监控影响战略活动展开的现金流、项目预算、收益率、资产回报率等。采购指标控制包含主要原材料价格成本、采购周期、供货稳定性等相关指标。质量指标控制包含原材料进货质量、产品不合格率、产品设计质量及质量预防体系等。

二、按照组织层级监控的内容分类

根据企业管理层级及对应职责的不同，企业管理者可分为公司级高层管理者、事业部级经营管理者、职能部门管理者以及基层管理者四个级别。每一层管理者在企业经营过程中扮演的角色不同，对于企业战略的作用也有所差异。公司级高层管理者对企业战略的实施、监控起主要领导作用，他们制定和实施企业的战略，对企业战略实施的效果负责。为此，他们对企业战略中的宏观指标更为关注，关心企业未来发展的走势和目前存在的不足，也只有他们才能全面推进企业的战略规划并对其进行必要修正。事业部级经营管理者负责将公司级战略转化为事业部级战略，在战略实施过程中关注的内容与公司级高层管理者所关注的内容相似，但范围仅局限于所在事业部经营的范围内。职能部门管理者关注的是由事业部战略分解到各个职能部门中所涉及的工作内容、要求，采用相应的控制标准使所在部门顺畅运营，完成部门战略任务，支持高层级战略的实施。基层管理者更关注业务处理的具体方法和结果，是战略实施的基础单元。根据不同层级管理者在战略实施过程中的地位和作用，可以对战略控制体系进行层级构筑。

企业战略的顺利实施不仅需要完善的体系，同时还应避免注重规划而轻视实施、重视整体而轻视局部。在战略管理过程中有很多企业都是虎头蛇尾：企业为了制定战略投入了大量的人力、物力及财力，但后期整个战略的实施、控制阶段由于周期漫长，参与的热情度就会慢慢下降，有时甚至是草草了事，不能做到有始有终，在这种情况下，战略的实施效果就会大打折扣。此外，公司的战略是由不同层级、不同方面的局部战略构成的，每一个部分都发挥相应作用，战略执行既要从整体出发统筹调配企业资源，也要从局部考虑提高各战略组成部分的运行效率，避免出现重视整体而轻视局部的情况发生，降低企业各战略组成部分的协调性和整合性。

本章小结

如果将企业看作一个人，那么发展规划部就是人的大脑，可以思考未来、制定方略、指挥身体。制定企业发展战略是发展规划部的重要任务之一。企业战略是企业对自身的一种认知和定位，是发展的观念，是实施的计谋和规划，是企业的成长模式。在战略理论发展历程中产生了不同的学派，它们关注的重点有所不同，并以不同的视角去认知企业战略。亨利·明茨伯格等学者将战略管理理论划分为十大学派，分别为设计学派、计划学派、定位学派、企业家学派、认知学派、学习学派、权力学派、文化学派、环境学派及结构学派。企业战略管理的目的就是获取竞争优势，通常可以从企业经营系统和市场两个角度进行比较分析，进而合理调配企业资源。企业战略管理由高至低分为三个层次，即公司层、经营层、职能层，分别对应相应的战略管理内容。整体管理过程分为战略制定、实施、评价与控制三个阶段。在战略制定阶段最重要的是对企业经营过程中所处的内外部环境进行分析，对外部宏观环境分析常用的方法有 PEST 分析法，即政治/法律因素（P）、经济因素（E）、社会/文化因素（S）、技术因素（T）；对外部产业环境分析就要使用迈克尔·波特的“五力分析模型”，它清晰地展现了企业在经营过程中面临的五种竞争力量，即行业竞争对手、潜在进入者、替代产品、供应商及购买方。在不同的行业中，这五种力量显示的特征、对企业的威胁有所不同，企业一方面要认清五种力量对企业的影响方面和影响力，同时也要摒弃传统的“零和博弈”思想，寻求广泛的合作，整合资源，实现共赢。市场竞争的基础是企业具备的资源及核心能力，这就构成了企业的内部环境。对企业的价值链进行分析可以识别企业具有何种资源、具备何种核心能力，以及组织存在哪些需要改进的缺陷。在明晰内外部环境要素后，就要对战略进行分析和选择，这时候可以借助SWOT分析法和BCG矩阵（波士顿矩阵）等工具，从诸多战略方案中找寻一种最适合企业发展的；接着根据选定的战略方案分步进行实施，遵循统一领导指挥、锲而不舍、审时度势的原则。企业经营的环境是实时变化的，这就需要对既定战略实施效果进行评估和控制，及时做出调整。根据战略控制方式的不同，可设置不同类别的指标进行评估，如根据管控内容可分为生产指标控制、财务指标控制、采购指标控制及质量指标控制等，根据组织层级监控的内容可分为公司级、事业部级、职能部门级、基层级等。

实训项目

某品牌手机的企业战略分析

以已经构建的企业模拟运营小组为单位，通过小组讨论的方式确定分析对象，收集相关信息。以小组中扮演CSO角色的同学为主导，进行企业战略分析。从企业内部、外部环境入手，给企业制定发展战略，在这一过程中要运用价值链分析法、PEST分析法、SWOT分析法等相关战略分析工具，参照下表样式将分析结论制成战略分析报告，并与其他组同学进行分享。

表1　　PEST分析

政治/法律	经济
1. 2.	1. 2.
社会/文化	技术
1. 2.	1. 2.

表 2　　SWOT 分析

优势（S）	劣势（W）
1. 2.	1. 2.
机会（O）	**威胁（T）**
1. 2.	1. 2.

表 3　　企业战略环境分析

区分	分析结论
企业内部环境	
企业外部环境	

同步测试

一、单项选择

1. 战略管理是企业（　　）管理理论。

A. 市场营销　　B. 职能管理　　C. 最高层次　　D. 经营管理

2. 处于战略结构第二层次的是（　　）。

A. 公司战略　　B. 职能战略　　C. 市场战略　　D. 经营战略

3. 战略管理的目的是（　　）。

A. 加强内部管理　　B. 拓展市场空间

C. 提高企业的环境适应能力　　D. 保证计划的落实

4. 在成熟产业中选择竞争战略时，如果是大批量生产，采用（　　）战略较好。

A. 差异化战略　　B. 集中战略

C. 总成本领先战略　　D. 市场开发战略

5. 环境分析技术主要有战略要素评估矩阵和（　　）两种。

A. 核心能力分析　　B. SWOT 分析法

C. 财务分析　　D. 生命周期分析法

6. 宏观环境分析常用的模型是（　　）。

A. SWOT 分析模型　　B. PEST 模型

C. 五力分析模型　　D. 生命周期分析模型

7. 在市场增长率-相对市场份额矩阵中，市场增长率低、相对市场份额高的产品属于（　　）产品。

A. 问题类　　B. 明星类　　C. 现金牛类　　D. 瘦狗类

8. 一家经营婴儿奶粉的公司正准备进行多元化经营，你建议它优先考虑的业务领域是（　　）。

A. 婴儿服装　　B. 青少年奶粉　　C. 孕妇装　　D. 鲜奶

二、多项选择

1. 竞争对手分析包括（　　）。

A. 竞争者的目标　　B. 竞争者的能力

C. 竞争者的想法　　D. 竞争者的替代品

E. 竞争者的声誉

2. 企业核心能力的判断标准有（　　）。

A. 有价值的能力　　B. 特殊的能力

C. 难于模仿的能力　　D. 领先能力

E. 不可替代的能力

3. 企业宏观环境主要包括（　　）等因素。

A. 政治/法律　　B. 经济

C. 财政货币政策　　D. 技术

E. 社会/文化

4. 优秀的战略就是适应的战略，具体讲就是战略要与（　　）相适应。

A. 竞争对手　　B. 环境　　C. 资源　　D. 文化　　E. 组织

三、分析说明

1. 试用波士顿矩阵对熟悉的企业产品进行描述并分析。

2. 试说明分析企业内外部环境的方法。

第三章

走进市场营销部

知识目标

掌握市场调查和预测方法；

了解市场营销主要学派的思想内容；

掌握影响消费者购买行为要素的主要内容及购买决策过程；

了解产品生命周期各个阶段的营销策略；

掌握市场细分的标准和方法，以及目标市场及市场定位的策略方法；

掌握营销组合及设计促销策略设计。

技能目标

能够对特定企业生产的产品进行市场细分、目标市场选择和市场定位；

能够根据资料运用所学知识进行营销组合及设计促销策略。

开篇案例

张裕苦心培育市场

烟台张裕集团有限公司（以下简称“张裕”）的前身烟台张裕葡萄酿酒公司创办于1892年，至今已有126年历史，主要产品有白兰地、葡萄酒、香槟酒、保健酒、中成药酒和粮食白酒六大系列数十个品种，产品畅销全国并远销世界多个国家和地区。

1915年，在旧金山世博会上，张裕的可雅白兰地、红玫瑰、雷司令、琼瑶浆（味美思）葡萄酒一举荣获四枚金质奖章，中国葡萄酒从此为世界所公认。改革开放后，社会经济环境为其提供了前所未有的发展机遇。张裕产品凭借其卓越的品质，多次在国际、国内获得大奖，成为家喻户晓的名牌产品。然而，名牌不等于市场，金字招牌对于张裕来说是一个极大的优势，但是，这个优势却不足以使张裕在市场上所向披靡。由于市场观念差，企业缺乏适应市场竞争的能力，盲目生产，等客上门，1989年，张裕的产值较上一年下降了2.5%，产量下降了26.2%，6条生产线停了4条，1/4的职工没有活干，近一半的酒积压在仓库里，累计亏损400多万元，生存和发展都面临着严峻的挑战。为扭转局面，企业的经营开始以市场为导向，在满足消费者利益的同时为企业创造最佳效益。在正确营销观念的指导下，张裕连续几年产销量、销售收入和市场占有率均高居同行业榜首；在全国产品市场竞争力调查中，荣获消费者心目中的理想品牌、实际购买品牌和购物首选品牌。

在企业发展过程中，市场调研部在分析全国各地反馈回来的市场信息时发现，沿海地区和中西部城市的葡萄酒的终端消费者结构存在较大差异：沿海地区葡萄酒个人消费比例很高，市场销量比较稳定；内地城市市场销量起伏较大。同时对终端消费者的心理调查表明：沿海地区消费者看重的是葡萄酒的保健功能及文化品位，而内地消费者则看重的是身份标志和时尚。这表明沿海地区的葡萄酒进入理性消费阶段，步入市场成熟期；而内地城市则处在感性消费阶段，处在市场上升期。公司必须相应调整营销的策略，加大市场培育和开发的力度。

为了培养消费者，张裕着力于“沟通”。受价格因素限制，经常性的葡萄酒消费者主要是中高收入阶层，是不可忽视的主流消费群；偶尔性的葡萄酒消费者则以年轻人为主。张裕沟通的主要对象就是这些人，即将经常性消费者巩固下来，让偶尔性消费者逐渐转向经常性消费者，同时开拓新的大量新生性消费者。针对不同的消费层次，他们采用了不同的沟通方式。

对经常性消费者，张裕通过多种传播手段，展示了葡萄酒的健康、自然及其文化内涵——葡萄酒的品位和格调。

对偶尔性消费者，张裕则侧重于展示葡萄酒本身的时尚色彩，通过对大众传媒的控制性传播，传达各种葡萄酒的时尚资讯，营造出一种氛围，即把葡萄酒作为一种身份的象征进行推广，使其成为时尚潮流的一部分。如在报纸上开辟醒目的葡萄酒消费专栏，在电视台黄金时间插播关于葡萄酒的各类专题，举办各种葡萄酒知识讲座等。

通过日积月累的渗透式传播，让消费者树立这样一种心态：选择葡萄酒就是在选择一种更好的生活方式。后续调查表明：很多消费者都受到了这种传播的影响，并逐渐喜欢上了葡萄酒。

张裕对市场的预测逐步得到了印证，葡萄酒开始进入消费平台期。整个张裕保持了很好的发展势头。在张裕多年的营销策略中，最核心的部分仍然是培育市场、培养消费者。张裕表示：这种培育市场的工作会一直做下去。

思考：张裕“培育市场”的战略是企业持续健康发展的根本，它是如何有条不紊地推进其市场战略的呢？

职场情境导入

一、市场营销部的职能

在当今市场为先的竞争环境中，企业的市场营销部可以说掌握着企业的现在、影响着企业的未来，市场营销部的业绩直接影响着企业的营业收入。对于大企业来说，市场营销部可能会分为两个部门，一个是市场部，一个是销售部。市场部制订公司的营销计划，建立完善的市场信息收集及调查系统，通过对消费者购买心理和行为的调查明确产品的市场定位，制定产品营销策略，拉近产品与目标消费者的心理距离，获得消费者的认可。销售部主要负责通过渠道将产品销售给消费者，拉近产品与消费者的空间距离。对于中小企业来说，市场营销部一般不会一分为二，这样可减少因业务量少而造成的企业资源浪费。本书将以具备双重功能的市场营销部为基础进行业务内容的介绍。

市场营销部的主要业务如下：

（1）负责制定并完成公司下达的月、季、年度的市场销售目标。

（2）进行市场调研，并根据市场调研结果结合公司发展战略，主导制定公司营销战略。

（3）负责编制营销计划并组织实施。

（4）负责客户关系管理和信用风险管理。

（5）负责品牌建设及维护。

（6）参与公司新产品研发工作，提供必要的市场信息及对未来市场的预测。

（7）销售渠道网络建设、维护管理。

（8）进行客户售前技术支持，提供客户服务。

（9）管理货款的催收、回款及结算。

二、市场营销部的组织结构

市场营销部由企业的市场总监（chief marketing officer，CMO）负责，处理市场及销售相关事务。市场总监是企业中市场营销工作的最高决策者。市场总监下设分管市场和销售的组织，涉及的岗位有市场调研、信息管理、营销企划、广告、促销、销售、客户管理、渠道管理等。

第一节　市场营销概述

一、市场营销概念

“市场营销”（marketing）一词对于我们来说并不陌生，在 21 世纪它几乎影响了我们生活的各个方面。早晨，你的三星手机上的闹钟叫你起床，听着德生收音机播放的新闻，穿上李维斯的牛仔裤、李宁的 T 恤，还有你的耐克鞋。你习惯的早餐也许是台北豆浆的油条，或是麦当劳的汉堡，年轻人喜欢在吃早饭的空隙更新一下个人微博、关注一下微信的朋友圈，看看别人都在干什么。在去公司的路上，无论是乘公交还是地铁，到处都有推销产品的广告。而这些宣传的产品都在我们日常的衣食住行中潜移默化地成为了我们的选择。这就是市场营销的结果，特别是对于生活在人口密集、节奏快速的大城市的人们来说，营销更是无处不在。营销为我们的生活提供了便利，可以在需要的时候，轻松获得想要得到的东西。从另一个角度讲，企业的发展也离不开营销，通过营销手段可以使企业生产的产品或服务得到更为广泛的认知，进而提升销售量。这对于非营利性组织也适用，人们通过营销可以更清楚地了解政府部门的职能和服务内容，获取展览馆的活动信息，等等。

对于营销，许多学者从不同的角度给出了定义。其中美国北卡罗来纳大学的小威廉·D. 佩罗、科罗拉多州立大学的约瑟夫·P. 坎农及哈佛商学院的 E. 杰罗姆·麦卡锡三位著名的市场营销学教授给出的定义是：市场营销是实施一系列行动，通过预测消费者或客户需求，并引导满足需求的商品和服务从生产商流向消费者或客户，从而实现组织目标的过程。市场营销学大师美国西北大学国际营销学教授菲利普·科特勒给出的定义是：市场营销是个人和群体通过创造并同他人交换产品和价值以满足需求和欲望的一种社会和管理过程。本书倾向于采用菲利普·科特勒教授给出的定义，具体可以从以下几个方面去理解。

（1）市场营销的过程是以营销者提供的产品或服务能够满足消费的需求和欲望为前提的。

（2）市场营销的最终目的是“满足消费的需求和欲望”。

（3）交换产品和价值是市场营销的途径和手段，是一个主动的过程。

菲利普·科特勒同时认为“市场营销学是一门建立在经济科学、行为科学、现代管理理论之上的应用科学”。如同管理学一样，市场营销学既是一门科学又是一门艺术，只是有时表现出科学性有时表现出艺术性：当进行资料收集调研时，会使用科学方法来完成收集和分析，这时偏向于科学性；而当在资料分析基础上做出最后决定时，这时依据企业领导者的经验和主观判断就需要一些感性的想法和个人的直觉，艺术性成分就多了一点。这就是市场营销学双重性的体现。

市场营销学的研究均是围绕寻找并提供相关理论、方法来实现产品适销对路，扩大市场销售展开的。其归结起来包含三个问题：

（1）消费行为模式。消费者的需求和欲望形成过程、影响因素及满足方式等。

（2）营销商行为。如何通过相应活动来满足并影响消费者的购买欲望和行为。

（3）辅助完成交易的市场中介行为。

二、市场营销学的发展

市场营销学于20世纪初期诞生于美国，后来的几十年，流传到欧洲、日本等地区和国家，并随着社会经济及市场经济的发展，发生了巨大的变化。从传统市场营销学演变为现代市场营销学，其应用的领域也从营利组织扩展到非营利组织。当今，市场营销学已成为同企业管理、经济学、行为科学、管理学、数学等学科相结合的应用型学科。市场营销学的产生与发展同商品经济的发展、企业经营哲学的演变是密切相关的。具体而言，其发展经历了四个阶段。

（一）萌芽阶段（1900—1920年）

19世纪末20世纪初，美国等各主要资本主义国家相继完成了工业革命，从手工化生产过渡到机械化生产阶段，生产力大幅提高，城市经济迅猛发展。但商品生产的增长速度超过了市场需求的增长速度，虽然是卖方市场，但市场竞争日趋激烈，如何快速销售产品成为企业关注的热点问题，与此相对应开始出现了一些市场营销活动，市场营销学也随之产生。早在1902年，美国密执安大学、加州大学和伊利诺伊大学的经济系就开设了相关课程。1904年，克鲁西（W. E. Kreusi）在宾夕法尼亚大学开设了讲授产品的市场营销课程，从此“市场营销”一词走上历史舞台。在这一时期，出现了一些市场营销研究的先驱，其中最著名的有阿切·W. 肖（Arch W. Shaw）、巴特勒（Ralph Star. Bulter）、约翰·B. 斯威尼（John B. Swirniy）及赫杰特齐（J. E. Hagerty）。1910年，巴特勒在威斯康星大学开设了“市场营销方法”课程。哈佛大学教授赫杰特齐在此期间走访了许多大企业主，目的是了解这些企业如何进行有效的市场营销活动，并于1912年出版了第一本销售学教科书，它标志着市场营销学作为一门独立学科出现了。

这一阶段的市场营销的研究与现代的市场营销原理不同，不仅研究的内容面比较狭窄，同时也没有形成完整的市场营销理论体系，只是认为它是生产过程的一部分，要同生产观念相适应。它没有引起公众的重视，也没有人将研究的成果充分运用到实际的营销活动中。

（二）初步应用阶段（1921—1945 年）

1920 年后，随着生产力的高速发展，商品生产的数量逐渐超过了市场的需求量，出现了严重过剩的情况，而资本主义社会中资本家对工人的严酷剥削，也造成了市场购买力的不足，社会矛盾日益尖锐，最终导致 1929 开始的持续 4 年的世界性经济危机。这一时期生产的产品大量积压，导致很多企业难以为继，失业率大幅上升，市场需求进一步下降，社会经济进入到恶性循环之中。企业主不再热衷于扩大生产，而是将注意力转移到如何将积压的产品销售出去。基于此，企业开始注重市场调查，积极扩大销路。这一阶段以营销功能研究为重点，最著名的代表有克拉克（F. E. Clerk）、韦尔达（L. D. H. Weld）、亚历山大（Alexander）、瑟菲斯（Sarfare）、埃尔德（Ilder）及奥尔德逊（Alderson）。在此期间也产生了一些新的市场营销原理。1932 年，克拉克和韦尔达出版了《美国农产品营销》一书，对美国农产品营销进行了全面论述，以农产品为例指出市场营销的目的是“使产品从种植者那儿顺利地转到使用者手中。这一过程包括 3 个重要且相互关联的内容：集中（购买剩余农产品）、平衡（调节供需）、分散（ 把农产品化整为零）”。这一过程包括 7 种市场营销功能：集中、储藏、财务、承担风险、标准化、推销和运输。1942 年，克拉克出版了《市场营销学原理》一书，在市场营销功能研究上有所创新，把其归结为交换功能、实体分配功能、辅助功能等，并提出了推销是创造需求的观点。1937 年，美国的一些从事经济理论研究的学者及各方面的经营管理者参与的各种市场研究机构联合组建了“美国市场营销协会”（american marketing association，AMA），共同研究和探讨市场营销学的理论及其应用。

（三）快速发展阶段（1946—1980 年）

1945 年，第二次世界大战结束，战争给人类社会带来了空前的破坏，人们的物质文化水平严重倒退。战争期间迅速扩张的军事工业在战后由于需求减少面临着转型，其中很大一部分转向了民用生产领域，同时一些新的技术成果也被应用到民用领域，这就极大地提升了社会劳动生产力。随着战后生产、经济的恢复，市场出现了复苏景象。由于当时还是买方市场阶段，生产者吸取了 20 世纪 30 年代经济危机的教训，更关注于市场的需求，期间许多学者也提出了新的营销观点。

1952 年，范利、格雷斯和考克斯联合出版的《美国经济中的市场营销》，全面地阐述了在市场营销过程中如何合理有效分配资源、合理使用资源，特别是对于那些稀缺资源的使用，以及营销活动如何影响个人收入，进而如何又制约营销等内容。1957 年，霍华德在其出版的《市场营销管理：分析和决策》一书中，提出从管理角度来研究市场营销理论及应用，强调市场营销的过程是企业适应外部实时变化的环境的过程。1960 年，美国学者麦卡锡在《基础市场营销学》一书中，提出了“市场营销管理导向”的观点，新的见解把消费者视为目标市场，并提出了著名的 4P 理论——产品（product）、价格（price）、地点（place）和促销（promotion）。

1967 年，美国著名市场营销学教授菲利浦·科特勒（Philip Kotler）出版了《市场营销管理：分析、计划与控制》一书，该书展现了更全面、更系统的现代市场营销理论。他对营销管理下了一个影响深远的定义：营销管理就是通过创造、建立和保持与目标市场之间的有益交换和联系，为达到组织的各种目标而进行的分析、计划、执行和控制过程。他提出，在营利性和非营利性组织运营过程中，市场营销均适用。这大大扩展了市场营销的应用及研究范围。菲利浦·科特勒打破了认为营销管理的任务只是为了刺激消费者需求的传统市场营销学观点，指出营销管理还会影响需求的水平、时机及其构成。至此，市场营销学涉及的范畴就包含了流通领域、生产领域和消费领域，涵盖了企业生产经营的全过程。

（四）扩展创新阶段（1981 年至今）

从 20 世纪 80 年代开始，市场营销理论进入到蓬勃发展的创新期。当时，随着全球经济的不断融合，国际竞争日趋激烈，营销环境也日趋复杂。1983 年，西奥多·莱维特提出了“全球市场营销”的概念，提出不应过于强调对各个当地市场的适应性，而应向全世界各个市场提供一种统一的产品，并采用协调统一的营销手段。1985 年，巴巴拉·本德·杰克逊提出了“关系营销”“协商推销”等新观点。1986 年，科特勒提出了“大市场营销”理论，将麦卡锡的“4P”扩展到“6P”，增加了权力（power）和公共关系（public relations）要素，提出了企业如何打进被保护市场的问题；接下来又将“6P”发展到“10P”，增加了探索（probing）、市场细分（partitioning）、目标优选（prioritizing）及市场定位（positioning）四个要素，从战术营销过渡到战略营销阶段。同时在这一阶段，管理学家针对研究对象的不同又提出了绿色营销、品牌营销、知识营销、文化营销、质量营销、关系营销及网络营销等概念。

延伸阅读

在越来越多的成长型组织中，营销正在扮演更重要的新角色——从企业战略的执行层面，升级为企业战略的制定层面。当这些成长型企业重新定义营销功能时，它们需要锁定四个核心问题。

消费者预期的改变影响之深远，在经济下滑的诸多后果中，鲜有可与之比拟者。

在埃森哲近期进行的一项调研中，绝大部分被调研者认可消费者对价值的需求（花更少的钱，获得更好的产品和服务）保持不变；同时，超过半数的被调研者预测，在今后 5 年，升级的消费者需求将彻底改变营销功能。这次调研针对的是全球各行各业的市场营销人员。

简而言之，在经济复苏期，消费者让营销站到了舞台中央。

在很多成长型组织中，营销已经对业绩增长起到了决定性作用。比如，英国燃气公司首席执行官 Phil Bentley 就表示，他的营销总监是公司的“首席业绩增长官”。而恰恰是这样的态度赋予了营销部门更多权力。

然而在很多组织里，营销部门还没有做好准备承担这样的重任。有不到 12%的被调研者说，他们接下来计划投入更多资源给营销机会。调查显示，会得到更多资源的领域是：简化营销流程（11%），投资数字广告或其他在线功能（9%），建设、培训销售团队（9%）。

事实上，大部分被调研者表示，他们根本没指望针对营销投资的增长，有少于1/5的人信心满满地表示，他们拥有必要的资源让营销功能有效运转。

但是，在经济复苏时期，用更少的资源做更多的事是必要之举。领先的成长型企业（那些在上一个财年中成功应对挑战、实现了销售增长的企业）对此很清楚。他们的定位就是通过更有效率的操作来驱动利润增长。更重要的是，这些领先企业对他们的营销能力更具信心。营销能力的四个核心领域分别是：运营、顾客信息分析、创新、顾客参与。

以下事实值得考虑：和去年销售额下降的公司相比，领先的成长型企业在营销功能上的投资更多，比如简化营销流程等，他们中的大部分企业还有效使用了数字化营销手段。59%的来自成长型企业的被调研者说，他们在制定企业战略时参考了来自消费者和市场营销的数据。相比之下，来自销售额下降企业的被调研者中，只有48%给出了同样的答复。

换句话说，成长型企业对营销更重视。它们已经意识到，数字科技、社交媒体、互动用户体验，所有这些赋予了营销更大的影响力，这种营销方式被称为科学化营销。通过对消费者数据管理的投资，这些企业正在改善它们的营销效果。通过优化数据驱动型分析，它们成功地与今天的消费者互动。可能最重要的是，通过使用这些科学化的工具和技术，它们正在将营销功能解放出来做它们本来最擅长做的事：创意思考。

第二节　市场营销调研

一、市场营销调研含义

市场营销调研（marketing research）是指运用科学的方法，有目的地、系统地设计、收集、分析、整理有关某一问题的市场信息和资料，为企业掌握市场情况及其发展趋势，进而为市场预测和营销决策作出客观的、正确的判断提供重要依据的过程。市场营销调研对于企业经营有以下两方面作用：第一，通过调研可以在辨识关键顾客群的基础上进行相应的分析；第二，可以认知不同顾客群的顾客价值，认知这些价值是如何在被创造、被让渡及被转化的过程中，成为在竞争中更具优势的顾客可以感知的价值的。市场营销调研运用数理统计的方法，通过缜密分析得出更有效服务于企业战略的结论。

市场营销调研包括市场环境调研、市场基本状况调研、消费者调研、价格调研、销售渠道调研等。市场环境调研，包含政策环境、经济环境、社会文化环境的调研；市场基本状况的调研，主要包括市场规范、总体需求量、市场的动向、同行业的市场分布占有率等；消费者调研，包括现有和潜在消费者的人数及需求量、个人偏好及市场需求变化趋势等；价格调研，包含企业及市场竞争者生产的产品特点、产品价格现状、影响因素等；销售渠道调研，包括各个环节组成情况和复杂程度、销售及促销方式等。

二、市场营销调研程序

同一般性的调研过程相似，市场营销调研主要分为四个步骤：明确调研目的及定义调研问题；制定调研计划；实施调研计划；分析采集的信息、得出结论。

(一) 明确调研目的及定义调研问题

明确调研目的及定义调研问题是整个调研阶段最重要的一步，也是最困难的一步。由于一些调研人员对问题多数情况下只是停留在表面认知阶段，没有对根本问题进行清晰、深入剖析。这就需要管理者参与到研究和定义的过程中，从客观的角度对问题进行定义，既不能太过宽泛，也不能太片面狭窄。在明确问题后，接下来要确定有针对性的调研目的。在确定目的前要弄清楚几个问题：为什么要进行市场调研？通过市场调研想得到什么？如何运用调研结果？谁对调研结果做出判断？

在确定调研目的时要尽可能遵循具体性、可操作性、时效性以及预算的可承受性。此外，有的市场调研并不具备这样要求的调研目的：有一些是探索性的调研，通过收集一些基础数据，对找寻真正的实质问题起到启示作用。有一些则是定量的描述性调研，弄清消费者对某一消费行为的倾向性。还有就是一些因果性调研，去验证相关因子的因果关系。例如：自动售货机放置在靠近休息区座位的地方，顾客的购买频率是不是会增加。

(二) 制订调研计划

在明确调研目的基础上要制订一个有效的调研计划，这是指导调研工作的总纲。调研计划中主要包含以下内容：调研目的、资料来源、调研方法、调研工具、抽样计划、费用预算、调研进度、相关培训等。具体调研计划内容见表 3－1。

表 3－1　　调研计划内容

调研目的	根据具体内容描述
资料来源	第一手资料、第二手资料（来源出处详细描述）
调研方法	观察法、询问法、实验法等
调研工具	调查问卷（表）、仪器设备等
抽样计划	概率抽样（简单随机抽样、分层随机抽样）、非概率抽样
费用预算	调研方案设计费、实施费（如培训费、交通费、劳务费、礼品费等）、数据分析费、资料费、印刷费、咨询费、通信费等
调研进度	根据具体内容制定
相关培训	根据具体内容制定

(三) 实施调研计划

调研计划的实施阶段要求调研人员按照计划内容，有步骤地进行信息收集、结果整理、结果分析等工作。资料收集过程是最费时费力且极易出错的，有些被调查者不配合，有些则出于偏见，回答问题不客观，有时还会有不诚实的回答。在现代化的通信技术影响下，数据收集的方法也在发生着变化，高效的通信网络为信息收集工作带来了便捷。在信息收集方面，我们遵循由内而外、从现有资料到实地调查、由第二手资料到第一手资料进行收集的原则。在通过调查问卷收集信息时，调研人员要精心设计问题，因为问题的形式对于被调查者的回答会造成影响。一般问题会分为两种形式，分别是封闭式和开放式。封闭式问题中包含了所有可能的答案，需要被调查者从中进行选择，阐释相对比较容易。开放式问题要求被调查者使用自己的语言来回答问题，不受约束限制，往往能获取更多的信息。采用哪一种方式需要调研人员调研之前进行充分研究，慎重选择。

（四）分析采集的信息、得出结论

调研所得的资料内容比较分散，不易直接分析，需要加以筛选。通过甄别去伪存真、去粗取精，将采集的信息归类汇总。在整理过程中，要检查是否有因为选择调查方式或设计调查表内容不当之处造成资料错误的情况。一经发现，必须将其去除，必要时进行资料补充。对信息的分析工作主要分为三个步骤：一是审核整理，对收集的资料进行检查，确认正确度；二是分类编号，参照预先设定的标准对资料进行分类编号，便于分析和查找；三是制表统计，根据收集数据的因果关系及相关性，以图表的形式展现出来，并进一步分析说明。待问题分析清晰得出结论后，由调研人员编写调研报告。调研报告主要包含：摘要、序言、调查说明、结果分析、结论及建议等，必要时可添加相关附件说明资料。

三、市场营销调研方法

选取合适的调研方法是调研结果准确性的重要保证。因此，需要根据不同的调研目的选择适当的调研方法。依据信息来源的方式对调研方法进行划分，一般分为实地调研法、资料调研法及网络调研法。

（一）实地调研法

实地调研法是由调研人员收集一手资料的调研方法，主要有访问法、观察法及实验法。

1. 访问法

访问法是指将拟调研的事项，以当面、电话或书面的方式向被调研者提出询问，以获得所需资料的调研方法。它是最常用的一种实地调研方法。访问法的特点在于整个访谈过程是调研者与被调研者相互影响、相互作用的过程，也是人际沟通的过程。它包括面谈、电话访问、信函调研、会议调研和网上调研等。

2. 观察法

观察法是指调研者在现场对具体事务和现象进行观察、记录，以收集市场情况的一种方法。调研人员可耳闻目睹顾客对市场的反应，或利用仪器（如照相机、录音机、摄影机等）直接记录所需资料。它与访问法的不同之处在于观察法是从侧面观测被调研者的言行，是在被调研者不知情的状况下进行的，获取资料的真实性、可信性较高。常用的观察法有直接观察调研和实际痕迹测量法等。

3. 实验法

实验法又称为市场营销实验，是最为正式的一种方法。它是指在影响所研究对象的诸多因素中，选取一个或多个因素进行控制，以测定这些因素间的关系。它的目的是通过排除观察结果中的带有竞争性的解释来捕捉因果关系。在因果性的调研中，实验法是一种非常重要的工具。它主要有产品试销和市场实验等方法。尽管实验法是一种较为有效的调研方式，但由于市场上不可控因素太多，对于限定以外的因素对实验结果的影响是不可控的，也会产生一定误差。

（二）资料调研法

资料调研法又称为文案调研法，是针对二手资料的调研方法。它是利用企业内部和外部现有的各种信息、情报，对调研内容进行分析研究的一种调研方法。资料调研法要求调研人员具备更丰富的专业知识、实践经验和技巧。此种调研方法具备省时、省力、省费用等优点，以收集文献性信息为主。在市场营销调研过程中，应首先考虑使用资料调研法，如发现现有资料无法满足调研需要时，可进一步采用实地调研法。

（三）网络调研法

网络调研法是建立在计算机技术及互联网技术基础上的市场调研活动。网络调研具有方法简单、查询速度快、数据容量大、调研费用低、同其他资源链接方便等特点。它是一种传统调研方法在新技术平台下的扩展和延续。网络调研采用的方法主要有 E-mail 法、web 站点法、Net-meeting 法、视频会议法、Internet phone 法，或在聊天室选择网民进行调查、在 BBS 电子公告牌上发布调查信息等方式。特别是在社交网络快速发展的当今社会，如 QQ、微博、微信及推特账户等，通过网络调查可以获取更多调研对象的反馈信息，调研效率也大幅提升。

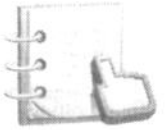

延伸阅读

市场调研的信息来源可分为两种情况，分别是一手资料（原始资料）和二手资料（间接资料）。

一手资料：又称为原始资料，是指调研人员通过现场实地调研所收集的资料。

二手资料：又称为间接资料，是他人为某种目的已经加工整理好的资料。

1. 一手资料

在前文中介绍的观察法、访问法、实验法等均是进行市场调研的一手资料来源方式。其所得到的信息直接、及时、准确、针对性强且可靠程度高，但中间过程成本较高、风险较大，需要付出较大努力。

2. 二手资料

二手资料由于其采用间接的获取方式，调查难度较低，适用性差，但耗用的时间较短。二手资料获取的途径是：①企业内部资料（包括内部各有关部门的记录、统计表、报告以及财务决算、用户来函等）；②政府机关、金融机构公布的统计资料；③公开出版的期刊、文献、书籍、研究报告等；④市场研究机构、咨询机构、广告公司所公布的资料；⑤行业协会公布的行业资料，竞争企业的产品目录、样本、产品说明书及公开的宣传资料；⑥政府公开发布的有关政策、法规、条例规定以及规划、计划等；⑦推销员提供的情报资料；⑧供应商、分销商以及企业情报网提供的信息情报；⑨展览会、展销会公开发送的资料。

第三节　市场细分与目标市场选择

一、市场细分的含义

市场细分（market segmentation）也被称作“市场区隔”或“市场分割”，是由美国市场营销学家温德尔·史密斯（Wendell R. Smith）于 20 世纪 50 年代中期提出来的。当时美国的产品市场处于由“卖方市场”转向“买方市场”的阶段，顾客的需求逐渐多样化。只有满足不同顾客的需求，才能够在激烈的市场竞争中占有一席之地，由此市场细分便诞生了。市场细分是指营销者通过市场调研，依据总体市场的不同消费者的需要和欲望、购买行为和购买习惯等方面的差异，把某一产品的市场划分为若干消费者群体市场的分类过程。每一个消费者群被称为一个细分市场，而每一个细分市场也都是由具有相似需求的消费者所构成的群体。作为企业来讲，由于经营资源所限，不可能满足每一位消费者的需求，这就需要对企业能够满足的主要顾客群体进行清晰的定位，明确现有顾客和潜在顾客所求。在进行市场细分前，先要弄清楚所说的顾客和消费者之间的角色差异。消费者（consumer）是指企业产品、服务的最终使用者和受益者，而顾客（customer）则是指与企业直接进行商业交往的人或群体。在很多情况下，消费者和顾客的身份是重叠的，也正是基于此，我们对两者不加区分。但有的时候两者的身份是分开的，比如在市场中购买食品蔬菜的家庭主妇是我们所说的产品顾客，而可能最终消费者则是其家庭成员。对于食品营销者来说应该去了解最终的消费者需要的是什么。在我们能够识别消费者和顾客之间的差别性的前提下，还要能够对消费类型和最终消费者需求之间的变化有清醒的认知，下一步我们就要明确谁是我们的顾客、影响顾客购买行为的因素有哪些。

案例分析

小贩的营销智慧

老太太离开家门，拎着篮子去楼下的菜市场买水果。她来到第一个小贩的水果摊前，问道：“这李子怎么样？”“我的李子又大又甜，特别好吃。”小贩答。老太太摇了摇头，向另外一个小贩走去，问道：“你的李子好吃吗?”“我这里有好多种李子，有大的，有小的，有国产的，还有进口的。您要什么样的李子?”“我要买酸一点儿的。”“我这篮李子又酸又大，咬一口就流口水，您要多少?”“来一斤吧。”老太太买完水果，继续在市场中逛。这时她又看到一个小贩的摊上也有李子，又大又圆，非常抢眼，便问水果摊后的小贩：“你的李子多少钱一斤?”“老太太，您好。您问哪种李子?”“我要酸一点儿的。”“其他人买李子都要又大又甜的，您为什么要酸的李子呢?”“我儿媳妇要生孩子了，想吃酸的。”“老太太，您对儿媳妇真体贴，她想吃酸的，证明她一定能给你生个大胖孙子。您要多少?”“我再来一斤吧。”老太太被小贩说得很高兴，便又买了一斤李子。小贩一边称李子，一边问老太太：“您知道孕妇最需要什么营养吗?”“不知道。”“孕妇特别需要补充维生素。您知道什么水果含维生素最丰富吗?”“不清楚。”“猕猴桃有多种维生素，特别适合孕妇。您要给您儿媳妇天天吃猕猴桃，她一高兴，说不定能一下生出双胞胎。”“是吗？好，那我就再来一斤猕猴桃。”“您人真好，谁摊上您这样的婆婆，一定有福气。”小贩开始给老太太称猕猴桃，嘴里也不闲着。“我每天都在这摆摊，水果都是当天从批发市场找新鲜的批发来的，您儿媳妇要是吃好了，您再来。”“行。”老太太被小贩夸得高兴，提了水果，一边付账一边应承着。

思考：谁是最终的消费者，消费者的真正需求是什么？

二、市场细分的作用

市场细分为企业在市场营销中进行市场分析、研究进而选择目标市场提供了充分的依据，同时，也可以提升企业的经营效益、合理配置资源，增强市场竞争力。进行合理科学的市场细分对企业的成功发展有重要作用，从以下几个方面得到体现：

（1）通过市场细分可以使企业对市场进行充分分析，寻找更多的市场机会。

合理的市场细分，可以使企业对市场各部分的购买能力、购买潜力、市场需求的满足程度以及市场竞争状况有一个清晰认知。对于消费者需求满足程度低的市场，通常会存在更好的市场机会，市场中竞争者也相对较少，为企业开发新产品、新市场提供了重要的途径。

（2）通过市场细分可以提升企业的竞争力。

企业可以根据自身经营的特点针对细分市场采取差异化战略，针对目标客户群展开营销活动，在市场竞争中领先竞争对手。通过充分发挥自身的优势，且避开竞争对手的强有力竞争，来提升企业的核心竞争力。

（3）通过市场细分可以提升企业的经济效益。

企业针对细分市场总的目标市场，研发、生产适销对路的产品，既可以满足市场需求，又可以使企业的营业收入增加，进而进一步降低生产销售成本、提升产品质量、提高企业的综合经济效益。

三、市场细分的要素

（一）消费者市场的细分标准

进行市场细分首先要明确影响购买者购买行为的要素，其中可参照购买者的特征划分为消费者和生产者。按照影响消费者市场的细分标准可以概括为地理要素、人口要素、心理要素和行为要素四个方面，每个方面又包括一系列的细分变量，如表 3 - 2 所示。

表 3 - 2　　消费者市场细分标准及变量一览表

细分标准	细分变量
地理要素	地理位置、城乡状况、自然条件（地形、地貌、气候）、交通状况、人口密度等
人口要素	年龄、性别、民族、宗教、职业、收入、教育、家庭人口、家庭生命周期等
心理要素	生活方式、性格特征、购买动机、个人偏好等
行为要素	购买时间、购买数量、购买频率、购买习惯（品牌忠诚度），对服务、价格、渠道、广告的敏感程度等

1. 按地理要素细分

按地理要素细分，就是按消费者所在的地理位置、地理环境等影响消费需求的要素来细分市场。因为不同地理环境下的消费者，对于同类产品往往会有不同的需要与偏好，例如，在饮食习惯方面，全国不同地区的消费者表现出明显的差异性，北方人喜欢口味较重的菜肴，而东南地区喜欢清淡的菜肴，西南地区更喜欢辛辣口味等。因此，对消费品市场进行地理细分是非常必要的。

（1）地理位置。

可以按照国家地区的行政区划来进行细分，如在我国，可以划分为东北、华北、西北、西南、华东和华南等地区；也可以按照地理区域来进行细分，如划分为省、自治区、市、县等，或内地、沿海、城市、农村等。

（2）城乡状况。

按城乡状况可划分为大城市、中等城市、小城市和乡镇。处在不同规模城镇的消费者，在消费习惯和消费结构方面存在着较大差异。

（3）自然条件。

按地形可划分为平原、丘陵、山区、沙漠地带等；按气候可分为热带、亚热带、温带、寒带等。自然条件对于人们的消费模式影响也比较大。

2. 按人口要素细分

按人口要素细分，就是按年龄、性别、民族、宗教、职业、收入、家庭人口、家庭生命周期等细分变量，进行市场划分。由于人口要素比其他要素更容易测量，且适用范围广，为此按人口要素细分一直是进行消费者市场细分的重要判断依据。

（1）年龄细分。

对于不同年龄段的消费者，在生理、性格、爱好、经济收入等方面状况不同，消费需求往往存在比较大的差别。因此，可按年龄进行市场细分，每个细分市场都各具特色，如儿童市场、青年市场、中年市场、老年市场等。对于日用消费品常常采用以年龄的方式来进行市场细分。

（2）性别细分。

许多产品在使用方面存在性别差异性，可将市场划分为男性市场和女性市场，如男装和女装。同时在购买行为、购买动机等方面，男女之间也存在较大差异，如女性是服装、化妆品、家庭用具等市场的主要消费者，而男士则对香烟、酒类、体育用品等更感兴趣。

（3）民族细分。

世界上大部分国家都是多种民族国家，而我国更是民族众多，有56个民族。每个民族都有各自的传统习俗、生活方式，在商品需求方面也呈现出多元化。所以，按民族进行市场细分非常必要，只有这样才能满足各族人民的不同需求。

（4）收入细分。

随着国民经济的发展，人们的收入水平在发生着变化，而这将直接影响消费者的需求欲望和支出模式。根据平均收入水平的高低，可将消费者划分为高收入、中高收入、中等收入、中低收入、低收入等不同群体。收入高的消费者对比收入低的消费者在消费模式方面存在较大差异。收入高的消费者追求更高的生活品质，一般喜欢到大百货公司或品牌专卖店购物，而收入低的消费者更关注购物的便利性和实惠性，通常在住地附近的商店、超市购物。因此，日用品行业也多采用收入细分的方式。

（5）职业细分。

不同职业的消费者，知识水平、工作条件和生活方式等存在差异，消费需求也不同。如文艺工作者比较注重美容、服装等方面的需求。

（6）教育状况。

受教育程度直接影响人们的志趣、生活方式、文化素养、价值观念等方面，进而会对他们的购买种类、购买行为、购买习惯产生影响。

（7）家庭人口数量。

据此可分为单身家庭（1 人）、小家庭（2～4 人）、大家庭（5 人以上）。家庭人口数量不同，在生活的各个方面会存在差异，如住宅大小、家用电器规格、日用消费品的包装大小等。

3. 按心理要素细分

按心理要素细分，就是将消费者按其生活方式、性格、购买动机、个人偏好等要素细分成不同的群体。

（1）生活方式。

生活方式是人们在生活中花费金钱和时间的模式，不同的消费者生活方式会存在差异。越来越多的企业，特别是与人们生活关联度较高的行业，如服装、化妆品、娱乐等行业，更注重按人们的生活方式来细分市场。生活方式是人们工作、消费、娱乐的特定习惯和模式，不同的生活方式会产生不同的需求偏好，如“传统型”“新潮型”“节俭型”“奢侈型”等。这种细分方法能显示出不同群体对同种商品在心理需求方面的差异性，如美国有的服装公司就把妇女划分为“朴素型妇女”“时髦型妇女”“中性气质型妇女”三种类型，朴素型注重的是舒适性，时髦型注重的是款式和搭配，中性气质型更注重表现干练、职业的一面。

（2）性格特征。

消费者的性格特征对产品的选择有很大的影响。性格可分为外向与内向、乐观与悲观、自信与顺从、保守与激进等。性格外向、易感情用事的消费者往往喜好表现自己，因而他们对凸显个性的商品情有独钟，而性格内向的消费者则喜欢大众化的商品，富于冒险精神的消费者则对新奇、刺激性强的商品更感兴趣。

（3）购买动机。

即按照消费者对购买的商品所追求的不同利益来进行细分。首先要明确消费者对所购商品追求的利益是什么，按照人群进行划分，如追求实惠、追求新奇、追求美观、追求品牌、追求安全等，都可以作为细分市场的变量。

4. 按行为要素细分

按行为要素细分，就是按照消费者购买或使用某种商品的时间、购买数量、购买频率、购买习惯（品牌的忠诚度）等变数来细分市场。

（1）购买时间。

许多产品的消费具有时间性，如春节期间的礼品消费、中秋节以前的月饼消费、黄金周的旅游消费等。因此，企业可以根据消费者需求的时间性差异进行市场细分。如旅行社在黄金周、寒暑假期间扩大广告宣传，推出优惠产品，可以吸引更多的消费者。商家也可利用相关节日进行产品促销，如情人节、母亲节、儿童节、圣诞节等。时令性的产品按照时间进行细分，适时加大促销力度，可以有效促进产品的销售。

（2）购买数量。

根据消费者购买产品的数量可将其分为大量用户、中量用户和少量用户。一般情况下大量用户人数较少但消费量大，多数企业以此类消费者为主要目标。但也不应忽略中小用户的需求，此类用户数量较多且可能是潜在的大量用户。

（3）购买频率。

根据单位时间购买的次数可分为经常购买、一般购买、偶尔购买（潜在消费者）。

（4）购买习惯（品牌忠诚度）。

品牌忠诚度是指某些购买者必须购买某一品牌商品的一种持续性的约束和信仰。据此可将消费者划分为坚定品牌忠诚者、多品牌忠诚者、转移的忠诚者、无品牌忠诚者等。例如，有的消费者忠诚于某些产品，如可口可乐、苹果手机、中华牙膏等；有的消费者忠诚于某些特定服务，如航空公司、酒店或快餐等。为此，企业必须辨别忠诚于其产品的顾客及相应特征，以便更好地满足其需求、为其提供满意的服务。多数情况下企业会给予忠诚顾客以某种形式的回报或鼓励，如折扣、赠品、体验活动等。

（二）生产者市场的细分标准

生产者市场一般包含生产资料市场和产业市场。上述的消费品市场细分标准在生产者市场细分中同样适用，如地理要素、人口要素等。但由于生产者市场具有其自身特点，同时存在其他一些标准和要素来进行细分，最常用的有最终使用者、用户经营规模、用户地理位置等要素。

1. 按最终使用者的要求细分

生产者市场中的用户对同一产品有不同的需求，如轮胎的需求就存在多样性，汽车、农机、飞机等制造公司对所需轮胎要求就存在很大差异，飞机厂商对轮胎的安全性等要求比一般汽车生产厂商要高许多；而对于钢材用途不同要求也各异，有的用作生产机械，有的用作造船，有的用作建筑等。为此，产品企业应针对不同用户的需求，提供各异的产品，采用不同的市场营销组合策略。

2. 按用户经营规模细分

用户经营规模也是细分生产者市场的重要标准。用户经营规模一般与其购买能力的大小成正比。和消费者市场按照用户购买数量划分相似，按照用户经营规模可分为大用户、中用户、小用户。大用户数量虽少，但其生产规模、购买数量大，更为注重质量、交货时间等。小用户数量多、分散面广、购买数量有限，注重性价比、信贷条件等。企业一般按照用户经营规模建立相应的销售机制。

3. 按用户地理位置细分

生产者市场会受自然资源、气候条件和历史传统等因素影响，呈现出区域性特点，例如山西的煤炭、江浙的五金小商品、东南沿海的加工工业区等。这就决定了生产者市场往往比消费者市场在区域上更为集中，地理位置因此成为细分生产资料市场的重要标准。企业按用户的地理位置细分市场，选择客户较为集中的地区作为目标，有利于节省推销人员往返于不同客户之间的时间，而且可以合理规划运输路线、节约运输费用，也能更加充分地利用销售力量降低推销成本。

四、目标市场选择

（一）选择目标市场

在市场细分的基础之上，对各个细分市场进行评估，结合企业经营的资源优势，选择一个或多个子市场作为营销经营的主要市场，即目标市场，进而制定相应的营销战略。在整体 STP（市场细分、目标市场、市场定位）战略中，选择目标市场尤为重要。在进行目标市场选择过程中，企业对于细分市场中顾客需求差异要明确定位，以获取较大的经济效益。企业对市场细分中的市场选择应遵循以下要求：

（1）可测量性。

可测量性指各个细分市场的范围和规模必须是可以识别并能被衡量的。如果细分变数很难衡量的话，就无法明确界定市场，市场细分也就失去了意义。

（2）可盈利性。

可盈利性指企业新选定的细分市场容量和规模足以使企业实现获利的目标。在选择目标市场时，企业必须考虑细分市场中消费者的购买力、数量、购买频率等特性，以使企业在营销过程中能够获取目标利润；否则就无法满足选择目标市场的要求。

（3）可进入性。

可进入性指所选定的细分市场必须是企业的市场营销活动可以到达和影响的，企业有资源条件和竞争优势去占领这一市场，企业的产品信息通过传播途径可以使细分市场内的消费者获取，而且企业生产的产品在一定时期内可以通过分销渠道输送给细分市场。所以可进入性具体表现在竞争进入、信息进入和产品进入等方面。

（4）差异性。

差异性指细分市场的消费者需求应存在差异性，并且细分市场对不同的营销组合因素和方案有不同的反应。差异性是进行市场细分的前提条件，如果没有差异性就是同质市场，也就没有必要进行市场细分了。差异性也是采取不同营销策略的前提。

（5）相对稳定性。

相对稳定性指细分后的市场基本特征有相对的稳定性。细分市场的相对稳定性，直接关系企业生产营销策略的稳定性。如果目标市场变化过快、变化程度过大，对于企业特别是大中型企业以及投资周期长、转产慢的企业极易造成经营风险，严重的会影响企业的经营效益。

根据市场对应战略的不同，目标市场的选择可以分为五种主要模式，参见图 3-1，分别是市场集中化战略、产品专业化战略、选择专业化战略、市场专业化战略、全覆盖市场战略。

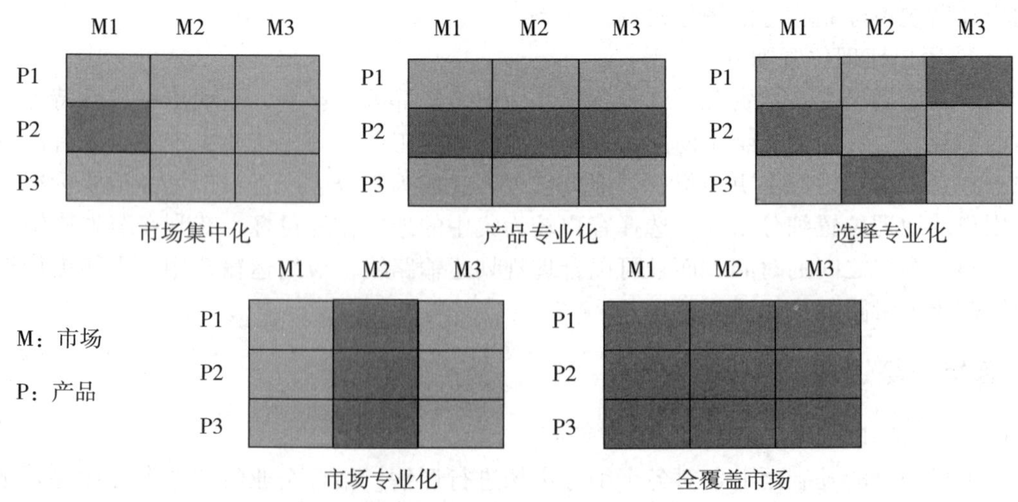

图 3-1　目标市场选择战略

（1）市场集中化战略。

市场集中化战略指企业只选择一个细分市场，采用一类产品进行销售，集中所有力量为该市场服务。这种方式使企业能够深刻了解该细分市场的需求特点，设计有针对性的产品，并通过合适的价格、渠道和促销策略进行营销，以获得优势的市场地位。但同时由于经营产品较为单一，经营中也隐含着较大的风险。

（2）产品专业化战略。

产品专业化战略指企业集中生产一种产品，并向所有顾客销售同种产品。例如食品厂向各类消费者销售统一的主食产品。实行产品专业化战略，由于企业采用同一产品对应市场需求，有助于企业发展技术形成生产规模，从而树立竞争优势及良好的企业声誉。但同时如果生产的产品被新技术或是新产品所替代，则会存在较大的经营风险。

（3）选择专业化战略。

选择专业化战略指企业选择几个符合企业发展方向且具有良好市场潜力的细分市场，每一个细分市场对于企业的经营目标和资源的利用都具备一定的吸引力。各细分市场之间市场特点各异，且相互之间的关联性较小。这种战略最大的优势在于能分散企业经营风险，即使其中某个细分市场经营不善，至少企业还可以在其他细分市场中盈利。这种战略对企业的营销能力和资源配置能力有较高的要求。

（4）市场专业化战略。

采用市场专业化战略需要企业服务于某一特定客户群体，尽全力满足其各种不同需求。例如食品企业专门为患有糖尿病的消费者提供各种相关的食品，包含各类主食和副食。通过市场专业化的服务，企业可以建立起良好的声誉，但同时受到顾客群的需求变化的影响，企业经营中要承担比较大的风险。

（5）全覆盖市场战略。

全覆盖市场战略指对于市场中各种顾客群体的需求企业均以不同的产品全力满足，将全部市场作为企业经营的目标市场。采用此战略的企业在行业内具备较强的实力，甚至处于行业的垄断地位。例如饮料行业中的可口可乐公司，在软饮料市场中，针对顾客的各种需求，有众多的产品进行对应，在行业内处于绝对领先地位。

（二）目标市场营销策略

企业在选择确定目标市场后，下一步要确定在目标市场中如何进行营销，制定相应的营销策略。能否选择正确的营销策略决定了企业能否在目标市场中立足发展。下面介绍三种基本的营销策略。

1. 无差异性市场营销策略

无差异性市场营销策略，就是企业把整个市场作为自己的目标市场，从市场需求的共性出发，忽略其差异，用同一种产品、统一的价格、同种市场营销方式，吸引消费者并满足其需求。美国可口可乐公司出品的可口可乐饮料自 1886 年问世以来，始终采用无差异市场营销策略，以相同的口味、相同的外包装来满足世界各地消费者的需要，已经成为饮料界的传奇。采用无差异性市场营销策略，企业的产品必须在质量和外在风格方面独树一帜，且符合消费者的要求，这样才能得到多数消费者的认可，从而在经营中保持相对的稳定性。

这种策略最大的优点是产品种类单一，能形成规模生产优势，产品质量方面过硬，可以降低生产和销售成本，获取竞争优势。但这种策略对于大多数产品来说并不适合，消费者的需求日益呈现出多样性的特征，而多数产品并不具备不可替代的优势，单一品种的产品始终受到市场欢迎的情况是很少的。即使是可口可乐也受到了像百事可乐等品牌的挑战，为此，在选择无差异性市场营销策略时应慎之又慎，避免在多变的激烈的市场竞争中败下阵来。

2. 差异性市场营销策略

差异性市场营销策略就是把整个市场细分为若干子市场，针对不同的子市场，设计不同的产品，制定不同的营销策略，满足不同的消费需求。如汽车企业可根据地理位置、年龄、性别细分为几个子市场：农村市场，因主要从事货物运输，对汽车的耐用性和载重量有一定要求；城市市场，主要作为人们代步的工具，追求舒适性和美观性。针对不同子市场的特点，制定不同的市场营销组合策略。

采用这种策略的优势在于能够针对不同消费者的不同要求制定产品营销策略，极大地满足不同消费者个性化的需求，有利于提升细分市场份额、提高品牌知名度和企业声誉。其劣势是差异化的营销策略增加了管理难度，产品的生产和销售费用也大幅增加。

3. 集中性市场营销策略

集中性市场营销策略就是细分市场后，企业选择少数几个细分市场作为目标市场，实施专业化生产和销售。这种策略又称为聚焦策略，集中优势在个别少数市场上得以发挥，进而提升市场占有率。采用这种策略的企业一般是资源相对有限的中小企业，在激烈的竞争中可以发挥其技术、资源优势获取相对有利的竞争地位。该策略不足之处主要体现在：目标市场需求的稳定性决定了企业经营风险的大小，如果消费者的兴趣需求突然发生变化或是出现强有力的竞争对手，并且目标市场范围小、品种单一，企业容易陷入经营困境之中。

三种目标市场营销策略各有其利与弊。企业在选择营销策略时，必须考虑自身面临的各种条件，选择符合本企业发展目标的市场营销策略。这一过程是复杂且多变的。

（三）目标市场策略选择的影响因素

1. 企业经营资源

企业经营资源包含产品技术、销售渠道、组织管理、生产资源以及资金等方面。实力雄厚的企业，拥有诸多方面的优势，如规模化生产能力、完善的分销渠道、标准化的产品等，可以选择实施无差异性市场营销策略；而如果企业还拥有强大的设计能力和高效的管理组织，还可以考虑采用差异性市场营销策略。如果企业实力较弱，特别是中小企业，则比较适合集中性营销策略。在企业初次进入某领域市场时，通常也会采用集中性市场营销策略；由于在该市场中竞争能力有限，需要积累一定的成功经验，巩固市场地位后再进一步采用无差异性市场营销策略或者差异性市场营销策略，以获取更多的市场份额。

2. 产品同质性

产品同质性主要是指产品的性能特点、使用等方面展现出的差异性大小，是企业选择目标市场策略过程中必须考虑的因素之一。对于同质性高的产品，如粮食、石油、电力等，用户一般不加区分或区分较为困难，企业宜施行无差异性营销策略，在市场竞争中主要是通过价格、服务等方面来体现产品的竞争性。对于同质性较低或异质性的产品，采取差异性营销策略或者集中性营销策略是较好的选择。

3. 产品生命周期

产品在其不同的生命周期阶段，展现出的特点也有所不同。产品生命周期一般可以分成四个阶段，即引入期、成长期、成熟期和衰退期。每个周期阶段采取的市场策略均有所不同。如产品处于引入期和成长初期，消费者对于新产品有初步了解，市场竞争者较少，企业重点放在对市场需求的挖掘上，宜采用无差异性营销策略；而在产品进入到成长期和成熟期时，市场竞争程度激烈，消费者对产品较为熟悉，需求也向深层次多元化发展，这时企业应采取差异性市场营销或者集中性市场营销策略。产品生命周期特点见表 3－3。

表 3－3　　产品生命周期特点

阶段		引入期	成长期	成熟期	衰退期
特征	销售额	低	快速增长	缓慢增长	衰退
	利润	易变动	顶峰	下降	低或无
	现金流量	负数	适度	高	低
	顾客	创新使用者	大多数人	大多数人	落后者
	竞争者	稀少	渐多	最多	渐少
策略	策略重心	扩张市场	渗透市场	保持市场占有率	提高生产率
	营销支出	高	高（但百分比下降）	下降	低
	营销重点	产品知晓	品牌偏好	品牌忠诚度	选择性
	分销方式	选择性的分销	密集式	更加密集式	排除不合适、效率差的渠道
策略	价格	成本加成法策略	渗透性价格策略	竞争性价格策略	削价策略
	产品	基本型为主	改进产品，增加产品种类及服务保证	差异化，多样化的产品及品牌	剔除弱势产品项目
	广告	争取早期使用者，建立产品知名度	大量营销	建立品牌差异及利益	维持品牌忠诚度
	销售追踪	大量促销及产品试用	利用消费者需求增加	鼓励改变采用公司品牌	将支出降至最低

4. 市场特征

市场通过供与求来调节资源配给：在处于供不应求条件下，企业为获取更多经营收益，注重扩大生产供给，较少考虑需求差异性，所以采用无差异市场营销策略；在处于供过于求条件下，企业需要刺激新需求以获取市场份额，多采用差异性市场营销策略或集中性市场营销策略。

从消费者需求的方面来看，如果市场对产品的需求偏好相似，则可采用无差异性市场营销策略；反之，则采用差异性市场营销策略和集中性市场营销策略更为合适。

5. 对应竞争者的营销策略

军事上常用“知己知彼，百战不殆”来说明对竞争对手和自身的了解在军事战略制定方面的重要性，商战亦是如此。应根据竞争者采用的市场营销策略，有针对性地进行己方策略的制定。例如：竞争者采用无差异性市场营销策略时，己方可以选用差异性市场营销策略或集中性市场营销策略，以区别竞争对手，发挥己方优势。

在市场策略应用过程中，要注重相对的稳定性，但也应具备灵活性，时刻关注市场需求的变化和竞争对手的动态，以做出及时应对。

延伸阅读

“韩剧”为何如此火？

王岐山同志曾与北京人艺院长张和平有一段“闲聊”，引起演艺和文化产业界人士的深思。王岐山说：“我在考虑一个问题，韩剧为什么在中国有市场？”尽管有评论认为，韩剧进入中国大陆二十年来，在剧情设计上无非“癌症、车祸、医不好”的“三大法宝”，外加外星人、半兽人、长腿花美男、卖萌大叔等角色变化，如今虽有了穿越、灵异、超能力等题材突破，但“灰姑娘与王子”的内核始终没变。包括许多圈里的编导们也对韩剧掀起的热浪不以为然。但毋庸置疑，一波接一波的“韩流”确实威力不小，对中国观众和文化娱乐业冲击巨大，这也让我们不能不深入地分析和思考——让人“爱恨交加”的韩剧，为什么在中国这么有市场？

从当年火爆亚洲的《蓝色生死恋》，再到红极一时的《继承者们》，直到《来自星星的你》，韩剧反复成为褒贬不一的讨论对象。然而不争的事实是，韩剧明星们正是由此迅速聚敛人气、成为中国少男少女们的新偶像的。《继承者们》的主角“长腿欧巴”李敏镐不仅在韩国一夜成名，也在中国积累了海量的粉丝群体，为此他被邀请参加了 2014 年央视春晚，成为韩国明星登陆中国春晚第一人。此外，如今大红大紫的“都敏俊”金秀贤也被视作这一辈韩国男星的代表人物，其定鼎之作就是引发全民追剧风潮的《来自星星的你》。韩国本土的一项研究则从对韩剧的喜好与观众的教育程度和收入角度作了相关分析。首尔大学教授姜明求的研究小组发表的《中国电视观众的电视剧消费品位指导》的论文称，青睐韩国与中国台湾地区电视剧的中国观众趋向于中下阶层，而这些观众之所以爱看韩剧，一方面是因为部分韩剧情节较简单，易于接受，同时可以进行单纯的“感情发泄”。而韩剧中最为经典的“白马王子和灰姑娘”的叙事模式，满足了平民观众最朴素的期待视野和最原始的审美欲望，因此也更容易引起共鸣，达到娱乐大众的目的。

现代题材的韩剧无非围绕爱情、家庭展开，多是些家长里短的故事，涉猎历史、商业、事业的“正剧”则很少，如果从剧情和故事推进的设计角度看，都存在着显眼的“瞎编滥造”成分。再看中国大陆电视剧，无论历史题材、商业题材，还是刑侦题材、军事题材，编导们都有坚实的专业知识背景为后盾，可以说无论是选题立意还是专业程度，都远在韩剧之上。但为什么韩剧却风头旺盛、打压了国产电视剧的收视率呢？一方面，韩剧剧情以东方式的伦理观念为内核，信义为本，珍惜亲情，主角的吃苦耐劳、坚韧乐观、纯美善良在受众定位上尽力迎合“矮穷挫”人群心理，正好符合中国观众舒缓心理焦虑的需要。另一方面，商业文化的渗透也是韩剧的致命武器之一，从演员包装到场景与服饰、从电视剧的拍摄手法到运行机制，韩剧日新月异的现代感一直是年轻人热衷的时尚。

著名导演尤小刚曾分析指出：韩剧的基本模式是日本的故事结构＋中国的儒家文化底蕴＋人造的俊男美女＋先进的技术成就。我们认为，最重要的是韩剧抓住了目标受众的心理需求和感官需求，做了准确的市场细分和定位，才最终逐步走向成功的。

第四节　市场定位

一、市场定位概念

市场定位概念是20世纪70年代由美国营销学家艾·里斯和杰克·特劳特提出的，指企业根据行业内的竞争者经营的现有产品在市场上的位置，针对潜在顾客的心理进行的创造性活动，以顾客对与产品的某些特性展现出的关注程度作为企业将其产品在市场中塑造出不同于竞争者的鲜明形象的依据，并将相应的信息生动地、准确地传递给顾客，以使产品在市场上占有适当的位置。例如，在汽车行业中奔驰、宝马代表着豪华、高贵，沃尔沃代表着安全，丰田代表着高性价比等，每个品牌在市场中均有其独特的产品特征。

市场定位可分为对现有产品的再定位和对潜在产品的预定位。其目的是将本企业的产品与其他竞争企业区分开来，并能够使顾客明显感觉和认识到这种差异性，一方面要明确本企业产品和竞争对手产品的特点，另一方面要研究分析顾客对于产品的各种属性的重视程度。

二、市场定位实施步骤

市场定位的关键是企业要明确自己的产品对比竞争者的产品所具有的独特的竞争优势。

竞争优势可分为两种基本类型：一是获取价格竞争优势，即在同等的市场条件下本企业的产品比竞争者价格更低。采取价格竞争优势要求企业的产品拥有更好的成本竞争力，降低产品的成本是企业关注的焦点。二是获取偏好竞争优势，即能提供满足顾客的特定偏好的产品。这就需要企业对产品的特征特点求新求异，且能够满足顾客的特定需求。由此可将企业市场定位的全过程分为三个步骤来实施。

（一）目标市场分析，明确本企业潜在的竞争优势

第一步中重要的是明确企业经营的内外部环境条件，从三个方面考虑：一是市场中主要竞争对手的产品如何进行定位的；二是在目标市场中顾客需求的满足程度如何，有无未满足的潜在需求；三是从市场中竞争者的市场定位和潜在顾客的需求出发，考虑企业如何应对。这些内容需要企业的市场营销人员运用适合的调研方法，系统地设计、搜索、分析并报告有关上述问题的资料和研究结果。

（二）明确竞争优势，初步定位目标市场

竞争优势是指本企业对比竞争对手具备优势的能力，其中包括现有的竞争优势，以及

潜在的竞争优势。明确竞争优势这一过程就是通过比较本企业与竞争者各方面实力，从中选择具备竞争优势的方面的过程。在比较过程中，评价通过完整的指标体系来实现，这样可以做到准确、客观。通常的过程是首先分析比较企业与竞争者在相关领域中能力的差异性，其中包括企业经营管理、产品技术、生产采购、市场营销、财务管理等方面，从中选择具备最大竞争优势的领域。在此基础上选出最适合本企业发展的优势领域，以此来初步定位目标市场及其所处的位置。

（三）选定独特的竞争优势

企业具备的独特竞争优势需要通过一系列的宣传促销活动来准确地传递给潜在顾客，并且能够给其留下深刻印象。这一过程需要从三个方面来实施：首先要让目标顾客了解、熟悉企业产品的市场定位，并产生认同感，进而产生心理上的愉悦、喜欢和偏爱，最终在顾客心目中建立与企业产品定位相一致的形象。其次，企业在获得顾客认可基础上，通过各种努力来强化目标顾客的印象，同时始终保持目标顾客对企业定位的了解和认知，稳定目标顾客对企业和产品的态度。这需要不断向顾客提供相应的论据、观点，强化目标顾客的感情来巩固与市场相一致的形象。最后，企业应关注目标顾客对企业及其市场定位理解过程中出现的偏差，多数情况是由企业宣传上的失误而造成的，如定位高低的偏差，定位目标模糊、混乱等，这些都会影响顾客的消费行为，应及时纠正，保持与市场定位一致的形象。

此外，企业的产品定位在下列情况下，还应考虑重新定位：一是竞争者的新产品与本企业现有产品定位相近或重合，本企业损失了部分市场份额，市场占有率下降，需要重新定位来挽回损失。二是市场上顾客的需求或消费偏好发生了变化，本企业产品不再能满足目标市场需求。通过重新定位可以使企业在已有的市场中重新确定形象，进而改变顾客对企业及产品的原有认知，以获取更为有利的市场地位。

三、市场定位的策略

市场定位的策略是与企业的竞争战略结合在一起的，是以企业的定位为基础，为达到顾客的认可而选择的实施策略，可分为以下四种类型：

（一）避强定位

在市场竞争中，如果存在最强或较强的竞争者，企业应力图避免与其直接发生竞争，避其锋芒，而将自己的产品定位于另一市场区域内，使自己的产品表现出与竞争对手不同的形象。这种策略的优点表现在能使企业迅速在市场上站稳脚跟，并能在消费者或用户心目中树立形象，且市场风险较小，成功率也较高。但其同样存在着缺点：市场中的最佳位置可能被竞争对手占据，而本企业可能处于较为不利的市场位置，市场竞争力较弱。

（二）迎头定位

这是一种与市场上最强竞争对手面对面较量的策略，企业根据自身具备的实力，以占据较佳的市场位置为目标，与市场上占统治地位的、实力最强或较强的竞争对手进行直接竞争，从而使自己的产品进入到对手占据的较好市场位置。这种竞争策略的优点体现在竞争过程中引人注目，甚至产生轰动效应，企业及其产品可以快速地被顾客了解，树立市场形象。其同样也存在较大的缺点：在与强手竞争中存在较大的风险性，一着不慎可能会全军覆没。在餐饮领域企业较多采用此类竞争策略，如“汉堡王”与“麦当劳”之争、“咖世家”与“星巴克”之争、“彤德莱”与“呷哺”之争等。

（三）创新定位

企业通过寻找新的尚未被占领且具备潜在市场需求的市场，进而填补市场空缺，获取竞争优势。如美国苹果公司的一系列新产品，开创了个人电子产品市场全新领域，引领并填补了市场上消费者对于个性化电子产品的需求，开创了一个电子产品的新时代，一跃成为世界顶尖的电子产品企业。

（四）重新定位

企业的产品出现在市场中销路不畅、市场占有率下降时，应考虑是否由于定位不准确、市场需求发生变化或是强有力的竞争对手等原因造成的。为摆脱目前困境，获取新的增长活力，企业可以考虑重新定位。重新定位是以退为进的策略，是调整顾客对于企业和产品的认知，目的是能够实施更有效的定位。重新定位策略的风险和收益并存。可口可乐在 20 世纪 80 年代为应对百事可乐的有力竞争，曾经尝试调整可口可乐的定位，而新口味的可乐却没有得到消费者的认可，以失败告终。

案例分析

“小米”的营销奇迹

小米公司正式成立于 2010 年 4 月，是一家专注于智能手机自主研发的移动互联网公司，其产品定位于高性能发烧手机。小米手机、MIUI、米聊是小米公司旗下三大核心业务。“为发烧而生”是小米的产品理念。小米公司首创了用互联网模式开发手机操作系统、发烧友参与开发改进的模式。

用户群体定位：喜欢玩智能手机的用户基本上不超过 40 岁，大部分是 80 后、90 后。市场定位：网上购物是 80 后、90 后一个共同的特性，他们喜欢新事物特别是代表时尚生活的智能手机，对其追求非常强烈。相对于 60 后、70 后追求智能手机大部分是追求一个身份的象征，但 80 后、90 后不同，他们需要的是便宜、实用的产品。产品想便宜又实用就要从减少成本做起。在传统的生产销售过程中，主要成本的增长来自销售渠道。出厂价 100 元的产品通过各种渠道加价后到用户手里就得 400～500 元以上，否则中间环节可能会没有利润。如果要大幅度降低成本，减少销售渠道环节是最好的办法。为此，小米选择的是网购，这就使用户买到的产品价格要便宜不止一半。

品牌定位：在目标顾客和目标市场确定后，根据顾客和市场的特点以及智能手机的产品特点，新品种手机的品牌定位最好是配置高、价格低，顾客用国产手机的较低价格能体验到如 iphone5 一样的智能手机的快感。而小米提出的“为发烧而生”的产品理念，其中发烧机就有这样的产品定位，而且把用户群体又缩小了一部分，但是其用户定位更为精准。

产品定位：从个人感觉上来说小米手机像 iphone。而且小米手机针对其目标客户群的需求进行精准产品定位，使其产品还没出来就好评如潮，营造了良好的销售氛围。

产品宣传：小米的营销宣传方法可以说是运用了目标客户群最熟悉和喜欢的方式，如软文、论坛、微博。反正就是顾客能看到的地方基本都会出现小米的身影。今天进行一款小米的性能测评，结果如何，明天通过一个小米的转载新闻就知道了，可以说是层出不穷，给人一种购买小米手机时不我待的感觉，而真正的主角却还没出来。

饥渴营销：千呼万唤始出来的小米上市后，忽然有人告诉你，小米总共只销售 10 万台，数量有限，先到先得。这时万千米民们在水军的作用下再也按捺不住了，据说产生了一日被抢完的热潮。

2016 年，小米手机出货量达到 580 万台，同时小米开始在智能家电领域扩展业务，小米电视、手表等产品陆续推出，创造了小米神话。

思考：“小米”是如何通过准确的市场定位创造营销奇迹的?

本章小结

营销职能是企业的三大职能之一，有效的市场营销活动也是企业实现其经营目标的重要保障。企业在秉承其营销哲学的基础上，兼顾企业、顾客及社会三者利益，进行营销决策。企业中的市场营销部门主要通过对市场进行细分，选择目标市场，进而进行准确的市场定位以使产品能够快速为消费者认可，占据一定市场份额。在市场细分过程中，针对产品特点，结合市场细分要素对整体市场进行细分。其中市场细分的要素要根据产品的特点进行选择，遵循差异性、可测量性、可进入性、可盈利性及相对稳定性原则。由于企业无法满足市场上所有顾客的需求，为此要进行目标市场的选择，可以采用五种主要模式：市场集中化战略、产品专业化战略、选择专业化战略、市场专业化战略、全覆盖市场战略。在选定目标市场后选择进入战略，主要有无差异性营销战略、差异性营销战略及集中性营销战略等。企业应根据自身面临的各种条件因素，选择符合本企业发展目标的市场营销策略。同时，这一过程也是复杂多变的。确定目标市场及对应战略后，要对产品进行市场定位。这一过程中既要了解顾客对产品的认知程度，也要了解竞争对手产品的特点，知己知彼，进行产品市场定位。可以选择避强定位、迎头定位、创新定位等战略。如果是改善现有产品市场占有率、扩宽销路，亦可采用重新定位战略。通过 STP（市场细分、目标市场、市场定位）分析，企业可以掌握市场需求，制定满足市场需求的产品计划，进而可以进一步实施具体的营销方案。

实训项目

某品牌食品的 STP 分析

实训以企业模拟运营小组为单位，以 CMO 为项目主管，确定某品牌食品（种类不限），设计市场营销调研问卷，收集相关资料（包括该产品及同类竞争品牌产品信息、市场需求等）。对资料汇总后，进行 STP 分析，得出结论。制作 STP 分析报告，以 PPT 形式进行共享。

表 1　　调研问卷示例

市场调研问卷

1. 您的性别？　A. 男　B. 女
2. 您的年龄？　A. 大于 20　B. 20～30　C. 大于 30
3. 您是否喜欢休闲食品？A. 是　B. 否　C. 一般
4. 您什么时候购买休闲食品？
A. 闲时　B. 看电影等娱乐时　C. 送人时
5. 您一般在哪里购买？
A. 超市　B. 便利店　C. 路边摊　D. 网上
6. 您喜欢什么口味的食品？
A. 甜　B. 酸　C. 多味
7. 您喜欢什么种类的食品？
A. 膨化　B. 饼干　C. 糖果
8. 您购买时更倾向于哪类包装？
A. 盒装　B. 袋装　C. 散装

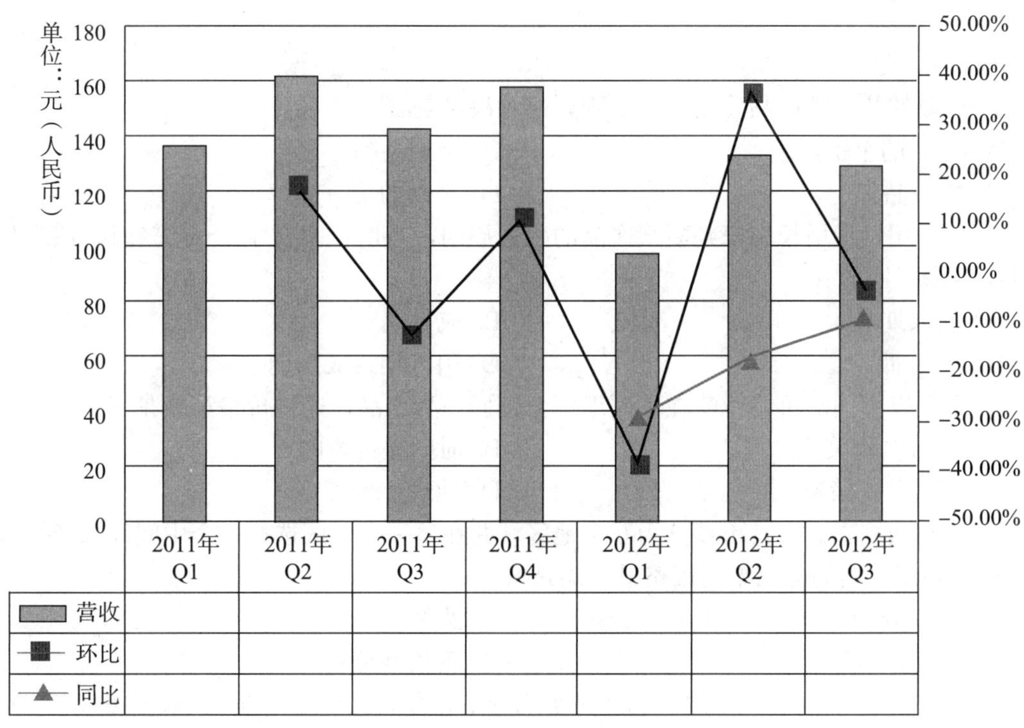

图 1　某产品经营状况分析

表 2　　市场分析报告

企业名称		CMO	
主要成员			
企业市场环境分析			
整体环境综述			
市场细分			
市场分析及定位			
营销战略选择			

同步测试

一、单项选择

1. 企业的几大类产品使用同一品牌，这种决策是（　　）。

A. 统一的个别品牌　　B. 个别品牌

C. 统一品牌　　D. 个别的统一品牌

2. 如果用销量增长率来判断某产品的生命周期，当增长率在1%～10%时，该产品可能处于生命周期的（　　）。

A. 引入期　　B. 成长期

C. 成熟期　　D. 引入期或成熟期

3. 企业以不同的价格策略在不同地区营销同一种产品，这种价格策略是（　　）。

A. 质量差价策略　　B. 时间差价策略

C. 用途差价策略　　D. 地理差价策略

4. 某电脑制造商把其市场分为6个地区，并在每一个地区选择一个中间商来经销该产品。该电脑制造商的分销渠道策略最可能是（　　）。

A. 独家分销　　B. 选择性分销

C. 广泛分销　　D. 密集性分销

5. 企业用收入和职业作为细分变量来细分某一市场，这种细分的方式属于按（　　）。

A. 地理细分　　B. 人口细分　　C. 心理细分　　D. 行为细分

二、多项选择

1. 企业新增业务规划主要有（　　）。

A. 密集式增长　　B. 一体化增长
C. 风险性增长　　D. 多角化增长
E. 全方位增长
2. 企业选择目标市场要考虑的基本条件是（　　）。
A. 市场有一定数量的潜在需求　　B. 市场有一定的购买力
C. 企业有很强的竞争实力　　D. 符合企业的目标和能力
E. 有很少的竞争者
3. 市场领导者为保持自己的领导地位，可供选择的策略有（　　）。
A. 提高竞争能力　　B. 扩大市场需求量
C. 开发新产品　　D. 保护市场占有率
E. 提高市场占有率
4. 影响营销定价的因素有（　　）。
A. 营销商品成本　　B. 市场需求
C. 消费者心理和习惯　　D. 国家的方针政策
E. 人口因素

第四章

走进生产品质部

知识目标

了解生产运作管理的内容及运作系统构成；
掌握企业生产组织过程的基本形式及内容；
了解生产计划制定与控制的方法；
了解现场管理方法：5S、看板管理等；
了解准时制生产（JIT）、精益生产内容；
掌握全面质量管理的概念；
了解六西格玛管理概念。

技能目标

能够运用相关理论进行生产过程组织；
能够掌握生产计划编排方法，并通过案例实施；
能够对流水线的空间、时间组织条件进行简单分析。

开篇案例

东风小康：私人订制

2014年11月1日，东风小康汽车有限公司举行东风小康首批150台C36宣传车交车仪式，拉开了东风小康汽车有限公司为大客户开展“私人订制”业务的序幕。多年来，东风小康秉承着“东风小康，大众生活”的发展理念，潜心开发每一款车型的实用需求和独特功能。如今，东风小康C36就有着超强的物流功能和属性，在性价比方面更是有着突出的表现。“物流全城通”“物流能手”是消费者给予东风小康C36的一致评价。

据了解，当天首批交接的东风小康C36是在东风小康C37车型的基础上，特别为派丽中国德高（广州）建材有限公司等客户量身打造的“物流全城通”汽车。东风小康C36准确的市场定位，完善的性能配置，简单务实的功能设计，同时在内饰配置、外观色彩等细节上可以根据客户需求开展“私人订制”服务，以其极高的性价比，最终让这款中短途物流业客车成为市场的佼佼者。

公司拥有湖北十堰、重庆两大生产基地，四个拥有冲压、焊装、涂装、总装四大工艺的整车制造工厂。四个工厂均拥有装备精良、工艺先进的冲压、焊装、涂装、总装生产车间及先进的整车检测线。当天首批交接的150台C36，是该公司根据德高建材公司的要求，在配置方面进行特殊改装的订制车。“今后我们将深化类似德高建材公司这样的集团客户对订制车的需求，重点推出更加完善的订制服务。”

资料来源：http：//syrb.10yan.com/，http：//www.dfyuan.com/等网站，经编者整理。

思考：为何“私人订制”的汽车会受到如此欢迎？企业生产模式如何进行对应？

职场情境导入

一、生产、品质部职能简介

生产管理是企业的三大职能（生产、销售和财务）之一，其中生产是在企业中负责计划、协调企业资源，并将其通过生产活动转换为产出的过程。特别是对于制造型企业来说，其核心就是生产、质量管理。多数企业将生产和质量管理分为两个部门主要出于操作和监管分离的目的，而一些小企业将生产和品质职能归为一个部门进行管理也无不可。生产过程和质量管理是相辅相成的，相互制约和影响。生产职能是将人力、物料、资金、设备、技术及信息等生产要素投入生产过程并将其转换为有形产品和服务的过程，即生产运作（production and operations management）。由生产部门负责对生产计划进行编制、具体实施、协调和控制，以保证按时、按质、按量来完成生产任务。品质职能是指在产品质量（quality）形成和实现的过程中相关部门应承担的责任和任务。由质量部门负责按照企业相关业务流程及工作要求，构筑质量管理体系，并监管相关部门按照要求完成相关任务。在企业的经营过程中，生产品质部门是制造产品价值的核心部门，也是直接影响企业经营效益的重要部门。在生产制造型企业中，生产质量部门的工作效率直接影响着企业生产运营的成本（cost）。一般情况下，生产、品质业务由生产总监统一管理，下设两个部门。下面分别从生产管理和质量管理两个方面说明主要业务领域。

生产部主要业务：

（1）负责制定生产计划。

①对企业产能、设备负荷及人员进行安排。

②制定综合生产计划及设定生产指标。

③制定产品生产周期、生产标准。

（2）负责实施制定的生产计划。

①对生产过程中所需的资源进行调配，如生产设备的购置、生产人员的安排、生产资料的准备、生产工艺的保障等。

②对生产资料进行管理。

③对生产作业流水线进行编排并配备所需人员、材料、设备等资源。

（3）负责生产现场作业环境管理。

（4）负责新产品上市前生产验证工作。

（5）负责维护生产的安全性。

（6）主导生产关联的质量改进工作。

（7）维护并有效实施生产质量管理体系管理。

（8）对供应商（外协）进行管理。

①选择并考核外协厂家，不定期进行质量评估。

②统计外协供应信息，根据实际情况对外协计划进行必要调整。

二、生产、品质部组织结构

生产、品质部由企业的生产总监负责，处理企业生产过程中相关事务，参与企业的战略制订、战略组织及控制，配合企业其他职能部门如营销、财务等的工作。生产总监下设分管生产和质量的组织，涉及的岗位有生产计划、生产调度、生产工艺、生产安全、来料质量、过程质量、成品质量、生产设备维护等。生产、品质部门组织结构如图 4－1 所示。

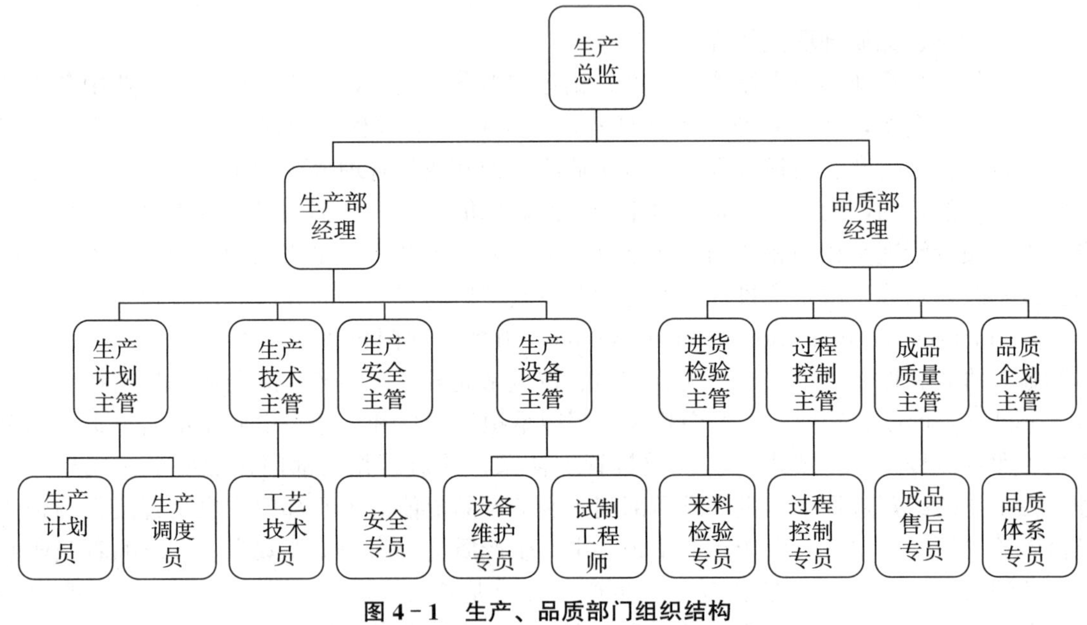

图 4－1　生产、品质部门组织结构

第一节　生产运作管理概述

一、生产运作概念

众所周知，传统的生产概念是将原材料转化为特定产品的过程。随着社会化大分工的扩展，服务行业兴起，于是生产的概念也随之进行了扩展。现代观念认为，生产运作是指企业等社会组织投入生产要素，通过一系列的转化过程，最终产出有形产品和无形服务的过程。生产运作是企业经营的三大基本职能之一，生产运作的关键是人、财、物、信息以及时间等要素投入到生产环节并将其结合好，使之产生一种有目的的产出。无论是企业生产的汽车、机械、日用品，还是餐馆服务员提供的热情周到的服务、快递员及时将邮件送达客户等服务过程，都是提供价值的生产过程。生产运作是各类组织创造价值的主要环节，企业和企业之间的竞争是有形和无形产品的竞争，最终体现在具体产品和服务上。生产运作作为企业核心竞争能力的一个重要方面，直接影响着企业经营的绩效。

由此我们给生产下一个定义：生产是一切社会组织将输入资源增值转化为输出产品或服务的过程。输入资源包括原材料、资金、信息、劳动力、能源等。生产运作过程如图4－2所示。

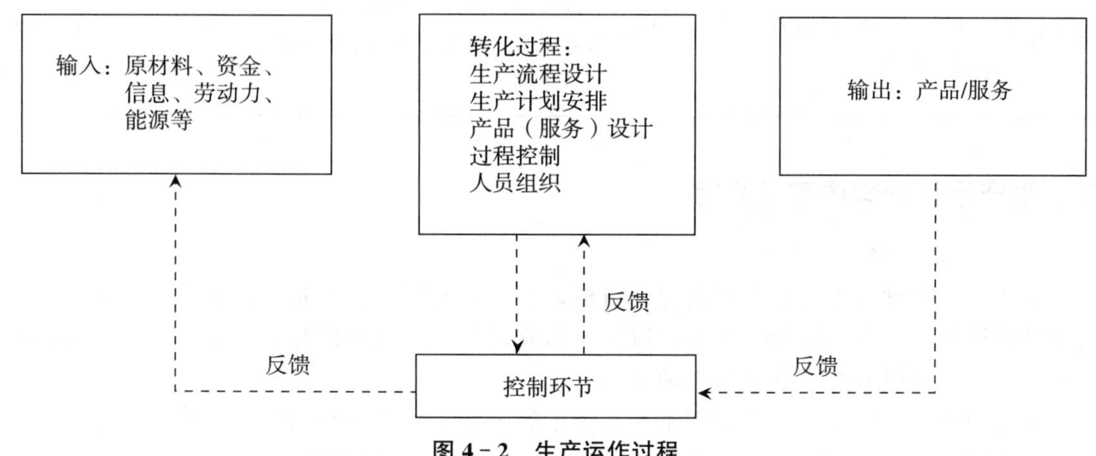

图4－2　生产运作过程

不同的组织由于其性质不同，输出的产品或服务也有所差异。工厂企业输入的是原材料，产出的是有形产品；运输公司输入的是起运地物资，输出的是产销地物资；大学输入的是学生，产出的是符合社会要求的高级人才。生产型组织生产和消费是相互独立的两个过程，而服务型组织两个过程是同时进行、不可分离的。同时，输入、转化与输出是和社会组织的三项基本活动（即供应、生产运作和销售）相对应的。不同类型企业生产运作构成见表4－1。

表4－1　不同类型企业生产运作构成

企业	主要输入	转化过程构成	主要输出
制造企业	土地、设备、劳动力、原（辅）材料、能源、动力、时间、信息等	制造技术：设备、工具、工装、工艺 制造设施：厂房、布置、运输、服务 制造规模：能力安排；加工深度；任务安排、协调；物资、物流控制；质量检验保证；人员作业规定与培训	产品及售后服务
零售企业	土地、房屋、劳力、货物、能源、动力、时间、资金、信息	商业技术：货架布置、营销及作业规范 设施：运输、仓储 商品规模：服务深度、工作时间安排、货物与服务质量控制、员工素质培养、激励、选点与布局策略	商品与服务；使用指导宣传；选择咨询、导购

续前表

企业	主要输入	转化过程构成	主要输出
咨询企业	人员、时间、资金、信息、能源、设备	咨询技术：理论、方法、技巧 服务内容：规模、进度、效果控制、咨询人员培训	咨询意见、方案、战略、改进措施

二、生产运作管理内容及目标

（一）生产运作管理内容

生产运作管理是指组织为实现经营目标，有效地利用其生产资源，在生产过程中有目的地进行计划、组织、领导、控制，以生产出满足社会需求的产品的一系列管理活动。其中根据涉及范围可分为广义和狭义两种。

狭义的生产运作管理指以组织生产系统中的生产过程为管理对象，其中包括生产能力的设计核定、生产计划的编排、生产过程的组织、生产调度及控制等活动。

广义的生产运作管理指对生产系统中全部活动进行管理，从生产系统设计、运行到控制维护等一系列过程。广义的生产运作管理除了包括狭义概念内容外，还包括工厂选址、生产方向及规模确定、车间布置、质量管理、物流管理、设备管理、生产成本管理、安全及环境管理等环节。

以广义的生产运作管理为例，如果开办一家服装生产厂需要做些什么呢？首先，要进行产品决策，确定是生产儿童服装、成年服装还是老年服装。如果生产成年服装，是生产男性服装还是女性服装，在产品生产过程中是采用模块化结构还是采用一体化结构。模块化结构适用于分散制造过程，便于大批量生产管理，一体化结构则可以使产品更为精细。在确定生产的产品后，要进行生产能力设计，不同的生产规模对于制造流程的影响会很大。接下来要明确供给模式，如选择高效供应链还是敏捷供应链。期间厂址的选择也必须确定下来，此外还有工厂、车间及办公室的布置。在生产系统设计环节最重要的是岗位设计，如何体现岗位的合理性、高效性尤为重要。在生产系统运行过程中，生产计划的编排，人力、物力及财力的合理调配，库存的控制，进度的监控，都是顺利生产的保证。这一切活动都是为能够快速满足市场需求，高效率、低成本、高质量地生产产品，且过程的每一环节还需要持续改进完善。对于服务型行业也是如此。

生产运作管理相关的活动大体可以分为三类：生产运作系统设计、生产运作系统运行、生产运作过程改进。每一方面都包含具体内容。

生产运作系统设计是其根本，对后期的运行及改进有先天性影响。如果产品选择不当可能会造成企业运营方向错误，前期投入的一切人力、物力资源均会付之东流。而厂址及设施选择不当则可能会造成生产流程不畅、成本上升，对产品及服务的价格竞争力和经营效果产生影响。

生产运作系统运行主要是从现行系统框架下进行规划，适应市场需求，满足市场变化，提供合格的产品和满意的服务。其主要涉及生产计划的制定、生产过程的组织及生产控制等方面。有效性是生产运作系统运行的核心，需求预测的准确性、生产计划的合理性、计划实施的充分性是其考虑的重点内容。

生产运作过程改进则是对现有系统的再优化，通过改进使生产运作系统更适应企业的发展要求，能够为企业的经营带来收益，实现企业长久经营、持续发展的目标。

（二）生产运作管理目标

生产运作管理的目标简单说就是在高效、低耗、环保、准时、灵活的前提下为市场提供合格的产品和优质的服务。

生产运作管理的高效率体现在用最少的资源投入，即人力、物力、财力等，生产出顾客所需的产品和服务。高效率主要体现在成本方面，成本竞争力是企业在市场竞争中获取优势的主要途径，产品和服务的质量保证是前提。企业的竞争力归结起来可以从质量、成本、交货期、服务等方面具体体现。当然，现代企业在发展过程中也更多注重环境的保护，所以环境也越来越受到重视。这些都和生产运作管理的效率密不可分。为此，在进行生产运作管理过程中，应从上述几个方面去审视系统设计、运行和改进过程，尽可能减少不合理、不符合管理目标的内容。

三、生产运作分类

随着社会的高速发展，社会活动也呈现出多样性和复杂性，虽然生产运作原理相近，但由于不同生产类型的特点各异，管理规律也就不尽相同。根据生产活动性质可分为产品生产和劳动服务两大类型。

（一）产品生产类型划分

产品生产也可称为物质生产，是通过物理或化学作用或者两者兼有的方式将有形的输入生产资料转换为有形的输出资料的过程。

产品生产可以按照生产连续性、生产专业化程度、组织生产特点等方面进行分类，如图 4-3 所示。

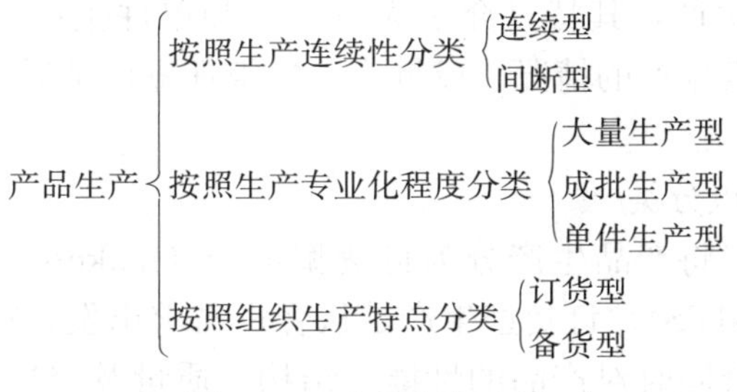

图 4-3　产品生产分类

1. 按照生产连续性分类

从生产的连续性进行分类，可将产品生产分为连续型生产和间断型生产（也称离散型生产）。

连续型生产特点是生产物料以均匀的速度，连续地按照工艺顺序流动，在流动过程中通过生产作业不断改变其形态和性能，最终形成产品的生产过程。连续型生产就是流程式生产，在诸多产品领域适用，如食品、冶金等。

间断型生产或离散型生产是指生产物料以离散型的状态按照一定的工艺顺序流动，在流动过程中通过生产作业不断改变其形态和性能，最终形成产品的生产过程。其典型地应用在汽车制造领域。汽车由多种零部件构成，通过离散型生产模式，将所需的零部件生产完毕后，将其装配成最终产品，所以此类生产方式也可称为加工装配式生产。对于大型、复杂的产品多采用间断型生产模式。而对于像飞机等大型产品，其零部件可能在不同地区或国家生产，生产过程复杂多样，需要各方协调配合，也是现今生产管理研究的重点内容。

由于两种类型的生产特点迥异，导致其采取的生产管理手段也有所不同。对于连续型生产而言，生产过程的自动化程度较高，生产设备可集中安置，设备维护正常情况下，生产的产品质量稳定，生产过程中需要组织间协作的工作较少，管理工作的难度相对较低，对生产系统的稳定性、可靠性和安全性要求较高。对于间断型生产而言，生产设备的分布较为分散，零部件加工及产品装配过程可在不同地区或国家进行，零部件的种类多，工艺复杂多样，对生产的协作性要求高。为此，生产管理过程中的计划、组织和协调任务重、复杂性大，需要具备较好的沟通协调机制。

2. 按照生产专业化程度分类

按照生产专业化程度对产品生产分类可以划分为三种，分别是大量生产（mass production）、成批生产（batch production）和单件生产（simplex production）。大量生产一般产品的种类单一，每个种类的产量大，生产专业化程度高，具有生产过程稳定、效率高、成本低、管理工作内容简单等特点。但其初期投资较大，一般需要专用的夹具和设备，生产的柔性差。对大量生产型产品管理的重点主要集中在保障生产线平衡性、材料管理、质量控制以及生产设备维护等方面。单件生产型特点是产品品种多样、生产重复率较低、设备的专业化程度低，因此其生产能力及效率低、生产稳定性差、成本高、管理过程复杂。对于单件生产管理主要应做好前期作业准备、作业合理分配、作业进度计划、控制和调整等工作，关注于解决生产的瓶颈，以尽量缩短产品生产周期。可以通过零部件标准化和提高生产系统柔性来达到缩短产品生产周期的目的。成批生产根据其产量大小又可以分为大批、中批和小批生产，其特点介于大量生产和单件生产特点之间。其产品种类较多、产量较大，存在重复生产的情况。成批生产的管理重点是对批量的合理安排，做好质量控制和成本控制。

3. 按照组织生产特点分类

从组织生产角度可以将产品生产分为订货型生产（make-to-order，MTO）和备货型生产（make-to-stock，MTS）。订货型生产是从客户需求出发，按照用户特定的要求进行生产；在买卖双方签订合同时对产品的性能、结构、质量及交货期等方面进行明确规定，然后按照要求组织生产。如铁路机车、船舶等产品均采用订货型生产模式，以满足特定客户需求。备货型生产与之不同，是在没有接到顾客订单前，根据市场需求预测按照已生产的标准产品进行生产，目的是补充现有的成品库存，保持一定的库存量，以及时满足顾客的需要。此类生产模式多用于标准化程度比较高的产品，如家用电器、设备通用部件等。

多数情况下，生产运作管理以备货型生产为主要研究对象，备货型生产模式也是企业进行生产管理的主要选择。但随着社会生产力的发展，顾客的个性化需求特征日趋明显，企业在产品生产过程中也更多关注于顾客需求的差异性，订货型的生产模式适用的产品也从满足工业需求向满足民用需求转变。特别是在现今以买方市场为主导的市场竞争模式下，订货型生产对于降低产品积压风险作用明显，也是未来产品生产发展趋势。

（二）劳动服务类型划分

服务的特点是提供劳务，有时是单独提供给顾客，有时是与物质产品销售一起提供的，为此可以分为专业性服务和派生性服务。此外，按照与顾客直接接触程度进行划分，它可以分为纯服务型、准制造型及混合型；也可以参照产品生产类型中以生产专业化程度进行分类的方式，分为大量生产、成批生产及单件生产方式。如教育行业中，中、小学教育都可以归为大量生产模式，采用相同的课程及教材，培养的目标也一致；大学教育或研究生教育属于成批生产模式，根据不同的专业方向培养特定的人才；而博士生教育则是单件生产模式，针对特定的个体制定教育培养计划。

劳动服务与产品生产相比具备其自身的特点，即无形性、不可分割性、异质性、易逝性及所有权无法转让等。这些特性也决定了劳动服务管理方式与产品生产管理方式的不同。

（1）无形性。无形性是指服务非实物，看不见摸不着，只是一种“消费体验”而非具体的一件物品。课堂上学生通过老师的讲授学习到相应的知识，使自身意识产生变化，受益终身，但却没有获得具体实物。

（2）不可分割性。不可分割性也称为服务的同步性，指服务过程中生产和消费活动是同时发生的，顾客既是服务的享受者也是整个过程的参与者。只有服务的提供者和顾客同时存在时，劳动服务才能够顺利完成。这与产品生产不同，产品的生产、运输及消费等环节可以相互分离，而服务的这些过程却是同时发生的。

（3）异质性。异质性是指在服务过程中由于不同顾客、不同时间、不同地点等因素致使服务的内容和水平存在差异的特性。由于个体差异的原因对服务质量判断的标准不尽相同，其取决于顾客个体的预期和实际感知，而这些都是无法准确度量的。为此会出现同样是上一堂课，不同的学生对其评价存在差异的情况。

（4）易逝性。由于服务和消费的过程是同步进行的，服务不像产品一样具备可储存性。如果顾客无法按时履约，预期的服务则会消失，顾客也不可能再享受到预期的服务。如顾客预订的飞机座位会因顾客的迟到误机而消失。

（5）所有权无法转让。服务的消费是一种过程体验，而非实物所有权的转让，这也是其自身特点决定的。

第二节　生产过程组织

一、生产过程概述

生产过程是企业基本的经营过程，所有的产品在投入市场前都是经过一定的生产过程完成的。广义的生产过程涉及从产品生产的技术准备阶段到成品生产完成的全部过程。而狭义的生产过程特指从原材料投入生产到成品生产完成检验合格入库的全部过程。这一过程中，劳动者利用劳动工具，按照生产工艺要求，运用恰当的方法，直接或间接地作用于劳动对象，完成加工生产，使其具备使用价值。

一般生产过程由多部分组成，即基本生产过程、辅助生产过程和生产服务过程。各个部分在整体过程中的作用不同，其中基本生产过程是主导，其他均是围绕其进行的。合理有效的生产组织可以保证生产过程保持在最佳状态，保障产品的质量、成本及交货期，以使企业获取市场竞争力，取得良好的经营效果。下面介绍各个部分的主要内容。

（1）基本生产过程。基本生产过程是指对劳动对象进行直接加工并使其成为企业基本产品的过程，即产品生产的工艺加工过程。企业的基本生产过程，按照工艺加工性质不同，可分为若干相互联系的工艺阶段。工艺阶段是按照使用的生产手段的不同和工艺加工性质的差别而划分的局部生产过程。每个工艺阶段，又由若干工序组成。这一过程为产品生产的基础，表现出企业的基本生产特征和生产技术水平。

（2）辅助生产过程。辅助生产过程是指为保证基本生产过程的正常进行而进行的必需的各种辅助性生产活动的过程，如生产供应、为基本生产提供动力、模具制造、工具供应和维修工作等。

（3）生产服务过程。生产服务过程是指为保证基本和辅助生产过程中相关活动的顺利进行而提供的各种服务性工作，如原材料供应、运输、保管工作、技术质量检验工作等。

生产过程组织的合理性体现在生产过程中空间上和时间上的安排，目的是使产品以最快的速度、最短的生产路线顺利通过生产过程的各个阶段。期间企业投入的人力、物力和财力可以得到充分利用，以达到高产、低耗、质优的目标。

合理组织生产过程需要从以下方面考虑：

（1）生产过程的连续性。

生产过程的连续性是指产品和零部件在生产过程各个工艺阶段或工序上通过时，始终保持连续状态，不发生或少发生中断、停顿及等待等现象。这就要求对象产品不是处在加工中就是处在质量检验或运输过程中，时刻保持流转作业状态。通过保持生产过程的连续性，可以充分地利用机器设备和劳动力，可以缩短生产周期、加速资金周转、提升经营业绩。

（2）生产过程的比例性。

生产过程的比例性是指生产过程中的各个工艺、各道工序之间，在其生产能力上要保持相应的比例关系，表现在人员、设备、空间及工艺流程安排等方面的相互协调、相互适应，避免因某些环节的“瓶颈”现象造成劳动生产率和设备利用率低下、知识资源浪费、运营成本上升的情况发生。为了保持生产过程中各要素的比例性，应在生产设计及建设时期，根据产品性能、结构以及生产规模、协作关系等要素进行统筹规划，此外还应在日常生产组织和管理工作中做好计划、控制、平衡工作。

（3）生产过程的节奏性。

生产过程的节奏性是指产品在生产过程的各个阶段，从原材料投入到产成品验收入库，都能按照合适的节奏进行。其主要体现在生产节拍的控制上，要求在相同的时间间隔内生产出数量大致相同的产品，避免前松后紧或前紧后松的现象。

生产过程的节奏性应当体现在投入、生产和产出三个方面。其中后者的节奏性是前序环节的节奏性所决定的。只有投入和生产都保持节奏性的要求，产出节奏性才有可能实现。同时，生产的节奏性又取决于投入的节奏性。因此，实现生产过程的节奏性必须将三个方面统筹管理。

保持生产过程的节奏性，不仅有利于劳动资源的合理利用、减少不必要的浪费和损失，同时还有利于生产设备的正常运转和维护保养，避免因超负荷运转产生的损坏。此外，合适的生产节奏性有利于产品质量的保证、较少废品的产生，对交货期的控制也是有利的，对安全生产也有积极效应。

（4）生产过程的适应性。

生产过程的适应性是指生产过程的组织设计形式能够适应多变的市场需要。随着市场经济的发展、科学技术的进步，人们的生活水平进一步提高，消费者对产品的需要也日趋多样化。这就给企业的生产过程组织提出了新的挑战，如何灵活快速、多品种、小批量生产产品对应顾客需求，提高生产过程组织的适应性是必要的方法，可通过建立“柔性制造系统”来实现。

上述组织生产过程中考虑的四个方面既是衡量生产过程是否合理的标准，也是进行生产过程组织的指导性原则。

二、生产过程组织基本内容

（一）基本概念

1. 流程

流程（flow process）是生产运作管理中核心概念之一，生产运作管理体现出的就是流程的管理，从狭义概念讲是从原材料投入到生产出成品或服务的整个过程。产品或服务在流程过程中是不断增值的，最终满足顾客的需求。在流程中的各个环节为满足生产需要，需投入相应的人力、物力、财力等资源，也是生产成本的体现。为此，对流程的设计、分析和改进是生产运作管理内容的核心。其中涉及流程的时间、空间的设计规划内容。流程分析和改善工作一般在流程图的设计基础上实施。流程图通过将投入的物料和产出的产品作为流程单位，关注于其经过的整个过程，举例参见图 4-4。

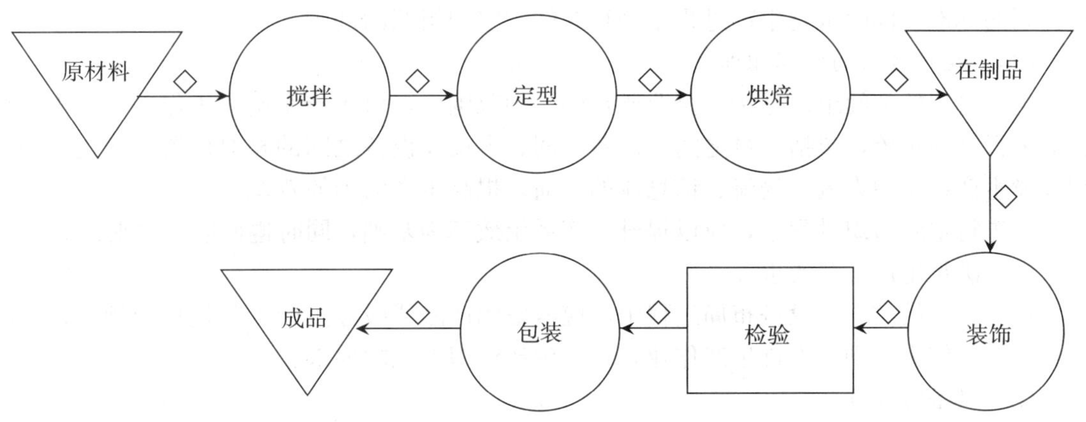

图 4-4　蛋糕生产线工艺流程图

图 4-4 的每个环节均可用相应的符号来表示，具体内容如下：

“▽”：表示库存，如原材料、在制品及产成品的存储。

“□”：表示检验，确认活动是否有效执行。

“◇”：表示决策，对内容进行判断，决定后续流程的不同路径，存在于每个环节中。

“○”：表示活动，构成流程的基本要素，原材料向产成品转化的活动。

“→”：表示物流方向。

2. 流程主要参数

一个流程内容可以通过一些主要参数来描述：

（1）流程能力（process capacity）是指流程在处于稳定状态下，表现出的实际生产加工能力。流程能力展现出的是在单位时间内能够生产多少产品或提供多少服务给顾客的能力，既可以用于衡量整体流程，也可以衡量个别生产工序。流程能力的表达公式如下：

流程能力＝min（生产设施 1 的能力……生产设施 n 的能力）

流程能力的大小取决于流程中生产能力最小的生产设施，其对生产供应满足需求的程度有制约影响。

（2）生产节拍是指连续生产两个相同产品（或提供两次相同服务）之间的时间间隔，也就是完成一个产品所需的平均生产时间。生产线整体的生产节拍取决于最慢工序的节拍。

（3）瓶颈工序（bottle neck）是指在生产流程中生产能力最小的生产工序或设施。

（4）空闲时间（idle time）是指在正常工作时间内，操作人员或生产设备没有进行有效工作而耗费的时间。空闲时间可以看作是资源浪费。

（5）生产线平衡（line balance）也称为流程平衡，依照生产线作业的工序顺序，在生产过程中计算出单位产品在该工序使用的时间，通过将作业工序分割或者结合的方式，使各个工序操作所用时间基本相同，使生产负荷均匀、生产效率提高。

（6）生产周期（cycle time）是指产品从原材料状态通过一系列生产运作流程最终变换为完成品所需的全部时间。

以上所列参数均为生产运营过程中进行生产流程设计、优化等工作并对其实施效果进行评判的标准，同时也是生产过程中进行时间和空间组织的基础。

（二）生产过程的空间组织

生产过程的空间组织是指在企业所在的空间范围内，对生产车间、工作中心、生产设备等进行合理布置，包括人员之间、设备之间、人员及设备之间的相对位置，通过空间组织保障生产系统中人流、物流、信息流的畅通，提高生产活动的效率。

在进行空间组织过程中，应以提升生产系统效率为基础，同时遵循以下原则：

（1）满足生产工艺要求。

在进行人员及生产设备布局过程中，应考虑到产品或服务生产工艺过程的顺序，空间设置应能够较为合理地安排生产作业，符合生产组织形式的要求。

（2）具备应变性。

生产运营活动是一个动态的过程，生产系统的空间布局也应具备这一特点。企业生产的产品结构和制造方法在经营过程中可能会发生变化，为此初期进行生产过程空间组织时，应考虑后期可能的变化需要，特别是产能的增加造成的对于公用工程（水、电、气等）的调整，在空间设计时应留有余地。

（3）有利于现场管理。

在生产过程中，现场管理的效率直接影响到生产效率和产品质量水平，为此在进行空间组织设计过程中应本着有利于现场管理的原则，人员、设备、物料等应尽可能放置于明处，通过可视化（visibility）提高管理效率。此外，空间组织设计还应有利于现场物流的调配，避免造成生产现场混乱。

（4）注重利用效率。

任何生产经营活动的空间都是有限的，在空间组织过程中应充分考虑空间的利用率，避免造成浪费。特别应注意空间是立体的，布局过程中不应只考虑平面布局的合理性，还应注重不同高度情况下空间的立体布局的合理性。

（5）安全性及舒适性。

良好的、安全的空间环境是保障员工工作效率的重要因素。在空间组织布局过程中，应妥善处理好生产废气、废水等废物排放，减少工作环境噪声、振动，要有充足的照明和通风，以及消防安全设施的合理布置。

生产过程的空间组织与其生产系统的类型有直接关联性，这里主要介绍以下几种类型。

（1）工艺导向型。

按照生产工艺性质组织及划分生产单元，进行设备布局。工艺导向的特点是将同类工艺或相似性能的生产设备集中放置，统一管理，通常也被称作“机群式”生产。这种模式可以完成不同产品中具备相同工艺要求的生产过程，如制造型企业中的车工工段、锻造工段等。此种方式的优点是对产品品种变化的适应性较强，有利于充分利用机械设备及生产空间，生产系统的专业化、可靠性较高，不会因为某些设备故障出现生产停滞，易于有效管理，有利于提高人员操作的熟练程度。其缺点表现在整个生产过程涉及的生产单位较多，工艺路线、物流运输路线较长，产品的生产周期也较长，协调组织难度较大，如需要变换生产产品品种时设备调整耗时较长、生产效率低。工艺导向型示意图见图 4-5。

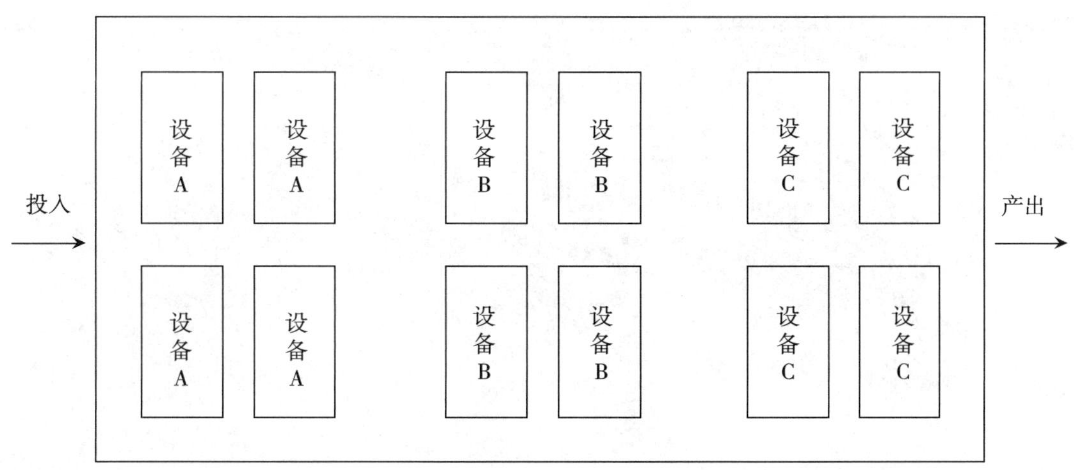

图 4-5 工艺导向型示意图

（2）产品导向型。

此种空间组织形式主要应用于流水线作业，按照产品（或其组件）生产加工的工艺路线建立生产单位，连续进行生产。在产品导向型的生产单位中，加工同种类产品所需的不同机械设备、人员集中在一起，生产特点表现为同产品、不同设备、不同工种、不同工艺，如图 4-6 所示，如汽车工厂的涂装车间、总装车间等。此种形式的优点在于高效利用专用设备、生产组织连续性较好，适用于流水作业方式，既缩短了物流运输路线、降低了物流费用，又提高了生产效率，缩短了生产周期。其缺点主要体现在对生产产品品种变化的应变性差，甚至只能生产一种或几种产品，生产转型成本较高，且某一环节出现问题会影响整体生产的正常进行。产品导向型与工艺导向型特点具有互补性。产品导向型生产空间布局涉及的生产流程一般较长，同时存在不同的空间布局形式，考虑空间利用率与生产效率的平衡。

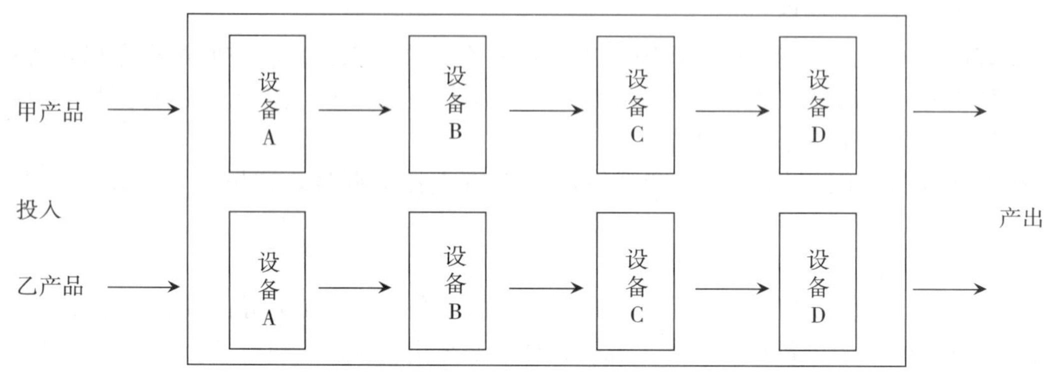

图 4-6　产品导向型示意图

（3）定位型。

在生产过程中有部分产品由于体积庞大、不宜挪动等条件所限，需要把生产物料、设备、人员等投送到产品所在区域进行生产活动，如飞机组装、大型船舶建造等，如图 4-7 所示。此类需要以产品放置为中心，合理安排生产布局，应用范围比较小。

图 4-7　定位型示意图

上述三种是生产型企业常用的空间组织形式，各自有其优势和劣势。对于较大规模的企业来说，生产过程复杂，也很少采用单一的形式进行生产空间组织，多数情况下是结合自身生产特点，将三者综合运用，如汽车制造企业在小型零部件生产方面多采用工艺导向型，在组装过程中采用产品导向型。采用何种方式应根据产品特点结合生产过程空间组织原则确定。

（三）生产过程的时间组织

在正常的生产过程中，除了要具备合理的生产流程及空间组织安排外，还要求流程中的各个工序前后衔接紧密。体现在作业时间的组织方面，通过对人员、设备、物料的合理组织、有效运转以实现有节奏的连续生产，进而实现生产设备的高效利用、缩短生产周期、提高资金利用运转效率、降低单位产品成本、提高经营效益的目标。

生产过程的时间组织主要是指产品在生产过程中对各制造工序之间流转移动方式的设计。工业产品的生产过程，均需要耗费一定的时间；时间越短，企业获得的经济效益就越高。为此，对产品生产过程中各个环节在时间上进行合理安排和组织，就尤为重要。一般根据物料在工序间移动的方式可以分为顺序移动、平行移动、平行顺序移动三种。

（1）顺序移动式。

顺序移动式是指一批物料在上道工序全部加工完成以后，再整批送到下道工序进行加工。此种方式一般适用于生产批量较少的产品，工序时间一般较短。其优点是生产组织工作比较简单，设备空闲时间少，利用率高。其缺点是物料一般整批运送，生产周期长，资金周转流动较慢，经济效益较差。顺序移动式示意图见图 4－8。

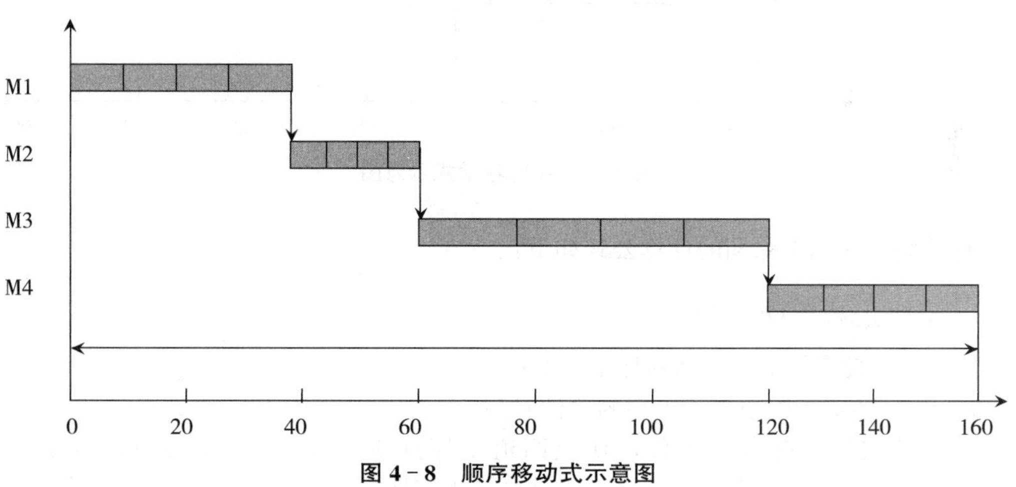

图 4－8　顺序移动式示意图

顺序移动式产品生产加工周期计算：

$$T=n\sum_{i=1}^{m}t_i$$

式中：T——一批零件顺序移动的加工周期；

n——零件批量；

m——零件加工工序数目；

t_i——第 i 道工序的加工时间。

例：一批制品，批量为 4 件，须经四道工序加工，各工序时间分别为：$t_1=10$，$t_2=5$，$t_3=15$，$t_4=10$。采用顺序移动方式计算加工周期。

解：采用顺序移动方式计算其加工周期：

$$T=4\times(10+5+15+10)=160\text{（分钟）}$$

（2）平行移动式。

平行移动式是指一批物料在上道工序加工过程中，每加工完成一个即转入下道工序，而无须等待整批加工完后才向下道工序移动的一种组织生产方式。此方式的优点是生产周期短，由于物料加工移动快速，在制品库存数量少，流动资金占用也就相应减少，经济效益较好。其缺点是如果不同工序间耗时不均，特别是下道工序所需的加工时间小于上道工序的加工时间时，会有停工待料现象，运输工作量也会因相对频繁而加大。平等移动式示意图见图 4－9。

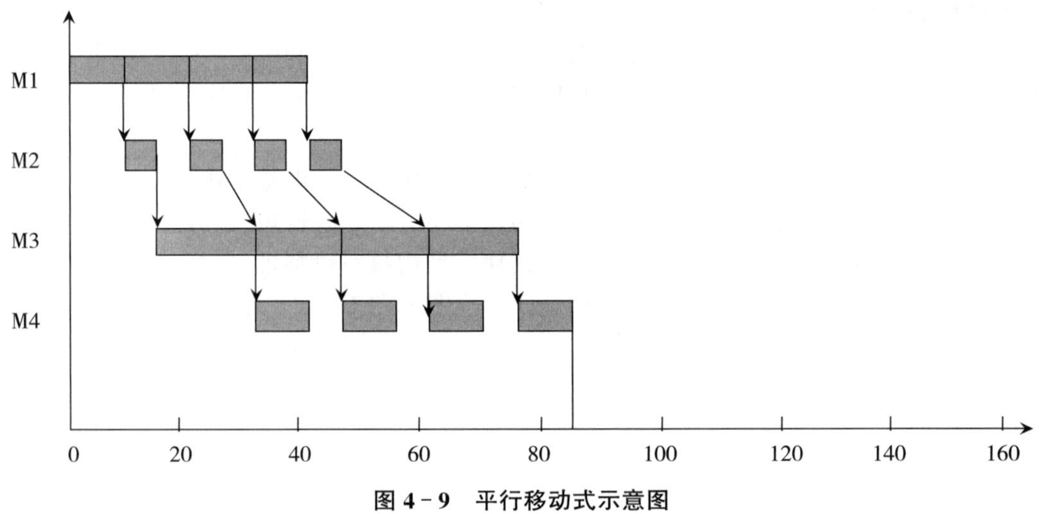

图 4－9　平行移动式示意图

这种移动方式加工周期的计算公式如下：

$$T=\sum_{i=1}^{m}t_i+(n-1)t_{\max}$$

式中：T——一批零件平行移动的加工周期；

$t_{\max}$——各道工序中最长工序的单件时间。

例：一批制品，批量为 4 件，须经四道工序加工，各工序时间分别为：$t_1=10$，$t_2=5$，$t_3=15$，$t_4=10$。采用平行移动式计算加工周期。

解：采用平行移动式计算其加工周期：

$$T=(10+5+15+10)+(4-1)\times 15=85\text{（小时）}$$

（3）平行顺序移动式。

平行顺序移动式结合了平行移动式和顺序移动式的特点，是指一批物料在前一道工序加工过程中已经完成的一部分零件先转送到下一道工序进行加工。采用这种移动方式，当前道工序加工时间小于或等于后道工序加工时间时，按平行移动的方式移送；当前道工序加工时间大于后道工序时间时，后道工序开始加工第一件物料的时间比前道工序加工完第一件物料的时间要往后移，而后移时间的长短是以保证该道工序能够连续加工该批物料为原则。如此，既可以防止下道工序时开时停的现象，又可以把空闲时间集中起来加以利用，使设备和工人都有较充足的负荷，对质量控制也有益。但此种方式生产组织工作比较复杂，需要多方协调。平行顺序移动式示意图见图 4－10。

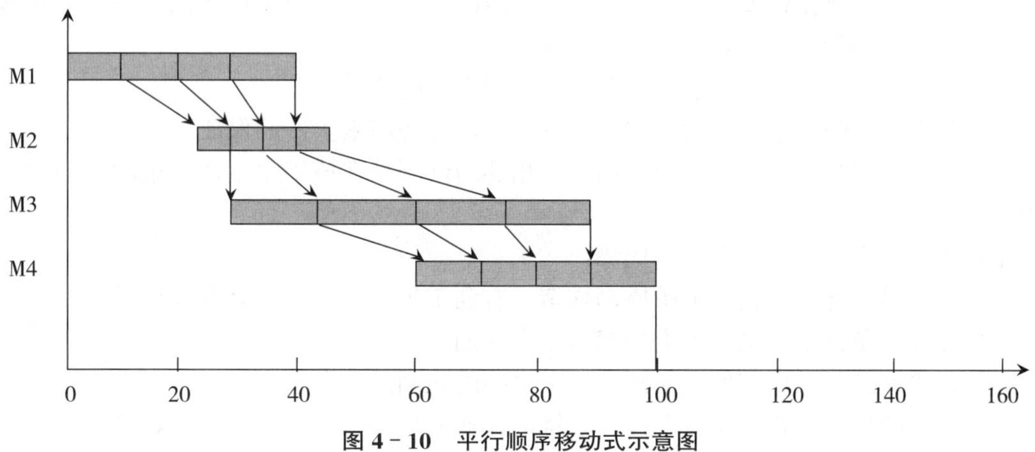

图 4－10　平行顺序移动式示意图

平行顺序移动式的周期计算公式如下：

$$T_{po}=\sum_{i=1}^{m}t_i+(n-1)(\sum t_i-\sum t_s)$$

式中：n——零件批量（件）；

m——工序总数；

T_{po}——平行顺序移动式下一批零件的生产周期；

$\sum t_i$——所有较大工序单件作业时间之和；

$\sum t_s$——所有较小工序单件作业时间之和。

例：一批制品，批量为 4 件，须经四道工序加工，各工序时间分别为：$t_1=10$，$t_2=5$，$t_3=5$，$t_4=10$。采用平行顺序移动方式计算加工周期。

解：采用平行移动式计算其加工周期：

$$T=4\times(10+5+15+10)-(4-1)\times(5+5+10)=100\text{（小时）}$$

综合上述三种生产过程时间组织方式，只有顺序移动式每批次物料集中加工，在时间上各个工序之间没有交叉，因而生产周期也是最长的，但生产管理比较简单。平行移动式物料在各工序之间平行交叉传递，生产周期最短，但由于各工序所需时间不同，在后道工序单件加工时间较前道工序短的情况下，会出现停工待料的情况，部分时间被浪费，且生产连续性会受影响。平行顺序移动式则吸收了前两者的优点，生产周期处于两者之间，且空闲时间可以集中利用，生产连续性较好。实际生产过程模式选择过程中，可以根据生产条件，结合各式特点进行选择。如生产批量小、工序的单件生产时间短，则可选择顺序移动式；如生产批量大、工序的单件生产时间长，则可选择平行移动式或平行顺序移动式。

（四）流水生产线组织

流水生产的模式从 20 世纪初诞生以来，在世界范围内广泛被传播，也极大地提升了工业生产效率，现今已经成为最常见的且较为先进的生产组织模式。它是按照产品的生产工艺流程进行工作地的排列，在生产过程中通过各种传递方式将产品连续、有节奏地按照一定速度传递到各个工作地依次加工，直至生产出完成品。

流水线生产组织形式具有以下特点：

（1）工作地专业化程度高。一般流水生产线固定生产一种或几种产品，各个工作地也只完成一项或几项相关工序，作业的专业性较高。

（2）产品根据工艺顺序由前至后在作业过程中单向流动。

（3）各个工序间的生产能力要求具备平衡性，这是高效生产的保证。

（4）每道工序具有统一的生产节拍，即相邻两件制品在该工序生产结束的时间间隔相对固定。

流水线生产组织形式具有以下优势：

（1）各工序间连接顺畅，节拍协调均衡，有利于生产资源的充分有效利用。

（2）在现有条件下可最大限度地缩短生产周期。

（3）减少产品在工序间的运送距离，工序间的在制品库存较少。

（4）专用的生产设备、工具及操作熟练的作业人员均有利于提升生产效率。

流水生产线在实际应用中形式多样，可以根据不同标准进行种类划分。

（1）按生产对象的移动方式，可分为固定流水生产线和移动流水生产线。

固定流水生产线是指生产对象在生产过程中位置固定，作业人员携带工具顺次对生产对象进行加工操作，即空间组织的定位式，主要应用于大型制品的生产，如飞机、船舶、大型设备等。移动流水生产线是指在生产过程中生产对象移动，而作业人员、设备及工具位置固定的流水生产线。这是常见的流水线生产组织方式。

（2）按生产对象的品种数量，可分为单一品种流水生产线和多品种流水生产线。

单一品种流水生产线是指该流水线上只固定生产一种制品。一般此类制品的生产数量大，即大批量生产方式，可以保证流水线的生产设备有足够的负荷。多品种流水生产线是指将生产结构、工艺相似的两种以上制品，统一组织到一条流水线上生产。

（3）按产品的轮换方式，可分为可变流水生产线、成组流水生产线和混合流水生产线。

可变流水生产线：集中轮番地生产固定在流水线上的几个对象。当某一制品的成批制造任务完成后，相应地调整设备和工艺装备，然后再开始另一种制品的生产。

成组流水生产线：固定在流水线上的几种制品不是成批轮番地生产，而是在一定时间内同时或顺序地进行生产，在变换品种时基本上不需要重新调整设备和工艺装备。

混合流水生产线：是在流水线上同时生产多个品种，各品种均匀混合流送，组织相间性的投产。它一般多用于装配阶段生产。

（4）按连续程度，可分为连续流水生产线和间断流水生产线。

连续流水生产线：制品从投入到产出在工序间是连续进行的，没有等待和间断时间。

间断流水生产线：由于各道工序的劳动量不等或不成整数倍关系，生产对象在工序间会出现等待停歇现象，生产过程是不完全连续的。

（5）按节奏性程度，可分为强制节拍流水生产线、自由节拍流水生产线和粗略节拍流水生产线。

强制节拍流水生产线：要求准确地按节拍出产制品。

自由节拍流水生产线：不严格要求按节拍出产制品，但要求工作地在规定的时间间隔内的生产率应符合节拍要求。

粗略节拍流水生产线：各个工序的加工时间与节拍相差很大，为充分地利用人力、物力，只要求流水线每经过一个合理的时间间隔生产等量的制品，而每道工序并不按节拍进行生产。

(6) 按机械化程度，可分为手工流水生产线、机械化流水生产线和自动生产线。

这方面内容不难理解，通过运用电脑、机械控制等，无须人工或减少人工使用。

第三节　生产计划制订与管理

一、生产计划制订

生产计划是生产运营系统的核心，其主要作用是根据确定的生产目标制订相应的生产作业计划，同时对实际执行情况进行动态控制，保障生产体系的有效运营，实现生产目标。生产计划的制订过程相对比较复杂，需要平衡一系列生产相关的资源配置。每位操作人员、每台设备一天的工作内容有哪些，何时开始、何时结束，生产作业所需的物流如何保证等许多问题的解决均依赖于高效准确的生产计划。此外，生产运营的成本、生产技术、产品质量、交货期等也都与生产计划关系紧密。一个科学合理的生产计划可以充分调动生产企业的产能，快速应对市场需求，同时，合理的编排可以充分利用企业资源，减少资源的浪费和闲置，从而降低生产成本，实现企业经营利益的最大化。

（一）生产计划体系

生产计划是对生产活动的事先安排。如果没有生产计划，企业的生产活动将会陷入混乱之中。现代企业的生产运作系统社会化程度较高，岗位分工十分明确，相互间协作关系紧密，而生产计划起到的就是协调一致、统一指挥的作用。生产计划体系的建立和运营是一个过程，包括计划的编制、计划的执行、计划的检查、计划的评价及改进四个阶段。同时，在计划制定和实施管理过程中，涉及企业经营的多个方面，包括生产过程、人力资源、生产技术、供应配给、产品销售、设备保全、财务成本管理等多个环节。为此，生产计划管理需要企业中多部门共同实施。

生产计划如同前文介绍的企业战略计划一样具备层次性，一般可以分为战略层计划、战术层计划和作业层计划三个层次。三个层次由高到低，时间由长到短，由笼统到详细，涉及范围由大到小。

1. 战略层计划

战略层计划又称为长期生产计划，计划时间一般在5年以上，主要是从企业的长期发展战略出发，对产品生产发展方向、生产能力、技术发展水平、新生产设施的选址规划等方面制定计划。战略层计划是企业在生产领域未来发展的方向和指引，由企业的经营层或高层领导制定。

2. 战术层计划

战术层计划又称为中期生产计划或生产计划大纲，计划时间一般为1年，有时也称为年度生产计划，主要是在现有的资源条件下应对市场需求预测，对产品品种、生产效率、库存水平及人员规模等进行规划。战术层计划对企业来讲十分重要，是企业近期生产经营活动顺利进行和企业获利的保证，同时也为作业层计划制定了管理边界。

3. 作业层计划

作业层计划又称为短期生产计划或生产作业计划，计划时间较短，一般以天或作业小时来计算。作业层计划涉及的内容非常具体，针对每一个生产环节都要有相应详细的计划内容，如如何进行班组的生产任务分配、人员的调度、作业负荷的安排、生产进度的控制、原材料及零部件的供给等，通过详细可行的计划内容，从产品的数量、质量和交货期等方面满足客户的需求。

三个层次的生产计划特点如表 4－2 所示。

表 4－2　　不同层次计划的特点

项　目	战略层计划	战术层计划	作业层计划
计划期	长（5 年）	中（1 年）	短（月、旬、周）
计划的时间单位	粗（年）	中（月、季）	细（工作日、班次、小时、分）
空间范围	企业、公司	工厂	车间、工段、班组
详细程度	高度综合	综合	详细
不确定性	高	中	低
管理层次	企业高层领导	中层、部门领导	低层、车间领导
特点	涉及资源获取	资源利用	日常活动处理

（二）编制生产计划的方法

1. 一般生产计划的编制

生产计划的编制一般遵循制订整体目标、评估生产资源条件、制订生产计划方案、实施并评价结果进行改进等四个步骤。值得一提的是，在生产计划编制前进行资料收集及必要的调查研究是基础。调查过程中收集的资料包括市场销售信息、库存信息（成品、在制品及原材料）、现有生产能力、新产品研发状态、生产技术准备、生产人员及能源供应等信息。在综合各类信息基础上，明确生产计划整体目标，进行生产资源评估，通过各个要素的权衡制订生产计划方案。初步方案制订后通过实施监控进行方案评价，如未达到预期目标，则需寻找原因，制订补救计划或进行计划调整。

2. 滚动生产计划的编制

滚动生产计划是现代企业编制生产计划常用的方法，这种方法可以应用于各个层次的计划编制过程中。在滚动生产计划编制过程中，可以将整个计划期分为若干时间段，其中第一个时间段的计划为执行计划，后期计划为预计计划。执行计划内容较为具体，按照内容逐步实施。预计计划内容较为粗略，可以根据后期企业生产经营过程中的发展变化进行必要调整。随着当期执行计划实施完毕，预计计划中的第一个时间段的计划就转换为执行计划，依此类推。例如：某企业 2013 年编制的五年计划，计划期从 2014 年到 2018 年，若将其按照年别分为 5 个时间段，则 2014 年的生产计划为执行计划，后期的 4 个时间段的生产计划为预计计划；待 2014 年结束后，当期的执行计划实施完毕，则会根据当期的情况编制 2015 年到 2019 年的五年计划，2015 年计划为执行计划，2016 年至 2019 年的计划为预计计划。依此类推，循环往复。修订计划的间隔时间为滚动期，通常等同于执行计划的计划期。图 4－11 是滚动计划示例。

图 4－11 滚动计划示例

滚动计划现已作为多数企业制定计划的首选方法，相对其他方法其具备独特的优势：

（1）可以保障计划制定的严肃性和应变性。企业计划的制定首要问题是和内外部经营环境相适应。在滚动计划的过程中，执行计划涉及的时间范围内，由于时间较短，企业的经营环境相对稳定，可以保证执行计划的顺利实施，体现了计划的严肃性；而从长期看，环境又是在动态变化中，预计计划可以根据变化趋势进行调整，这又体现了计划的应变性。

（2）可以提高计划的连续性。企业的生产经营过程是连续的，制定的生产经营计划也应具备连续性。通过滚动计划的制定模式，可以保障企业短期计划和长期计划的连续性和一致性。

（三）生产计划的内容结构体系

根据生产过程中计划涉及的内容，生产计划可以分为四种类型。

（1）总生产计划：一般情况下计划期为一年，可等同于执行计划，涉及的内容包括计划期内的生产目标、产量及进度等信息。

（2）主生产计划：以最终产品和项目为对象，具体到产品的品种、型号。计划中的具体时间段，通常是以周为单位，也可以是日、旬、月。主生产计划详细规定生产什么、什么时段应该产出。

（3）物料需求计划：是将主生产计划中的最终产品进行分解，确定各级零部件的生产制造和外部采购的数量、开始时间和完成时间。物料需求计划是主生产计划完成的保障。

（4）生产作业计划：对生产过程中每个班组、岗位所承担的工作任务进行安排，确定每种零部件投入生产及加工制造完成的时间以及生产的顺序等。

二、生产计划管理

在编制完生产计划后，各部门根据职责逐步实施相应计划内容，同时在实施过程中对产品的质量、数量及生产时间等相应指标进行管理，如发现异常情况，如原材料供给不足，及时解决，没有出现问题，遵照原计划安排生产经营活动。

在计划执行过程中可能会出现市场需求对比原定计划发生改变的情况，且发生的概率极大。这是由于市场需求变化是绝对的，而企业一定时期内对应的生产能力是相对稳定的，这两者之间会存在矛盾。这就需要调和产能与需求之间的不平衡性，一般可根据具体情况选择从需求和产能两个方面考虑调整，必要时调整生产计划。

（一）市场需求调节方法

1. 价格调节转移需求

在市场需求高峰期可以通过价格差别化的方式将现有需求转移到低峰期。此种方式在服务类行业中广泛使用：航班的票价在白天时较高，夜晚时较低，节假日较高，平日较低；在生产产品领域可以根据需求价格弹性来调整，弹性大的产品可通过提升价格的方式降低市场需求。

2. 延迟交货

由于现有的生产能力有限，在市场需求大于生产能力的情况下，必然会有部分顾客的需求无法及时满足，企业可采取延迟交货的方式来解决。采用这一方式可能会引起顾客的不满，这就需要对顾客的态度进行评估，否则会有失去顾客的危险。

3. 刺激需求

在市场需求低谷期，市场环境恶化，顾客需求减少，预期的生产能力过剩，造成生产浪费。在此情况下可以通过低价战略刺激需求，减少因外部市场环境的变化对企业过剩产能造成的影响。

4. 预订管理

为调节市场需求与产能之间的不平衡性，可通过预订管理的方式合理安排顾客需求，通过合理编排计划，既可以使企业产能得到充分发挥，也能降低随机需求对生产计划的影响，通过计划需求降低顾客的不满。

（二）生产产能调节方法

1. 合理安排人力资源

在企业经营过程中，无论是生产还是管理环节，均需要相应人员完成，而人员的利用效率也直接影响了企业的生产产能。企业的生产计划也会随市场需求的变化做相应调整，在计划产量大时可考虑增加生产人员，在计划产量少时可适当减少生产人员。在一天的工作中，劳动负荷可能也会产生变化，如果存在时忙时闲的情况，企业可考虑减少固定人员，根据劳动负荷情况临时招募雇工。这一般适用于技能要求不高的岗位。对于需要长时间培训才能掌握相应技能的岗位则必须采用固定人员，否则会影响产能。

2. 工作时间安排

一般情况下，企业的工作时间为每天 8 小时，如遇到产能不足的情况，则需要安排人员加班工作。在加班过程中要关注人员精神状态，如工作人员出现厌倦、效率低下等情况导致生产产品质量下降时则应安排轮岗或休息，避免出现生产安全事故。每日工作班次的安排既要考虑适应产能的需求，也要运用科学合理的方法。

3. 储备库存

通过储备相应产品库存，可以应对市场需求波动、弥补产能和需求间存在的缺口。企业的生产能力在一定时期是相对稳定的，而市场需求却存在波动。在市场需求大于企业生产能力的情况下，企业可以通过库存储备来应对产能不足。通过对库存的合理调度，可以维持企业相对稳定的生产率。市场需求低时，增加库存量；市场需求高时，减少库存量。但这种调节方式也存在缺点：企业保有一定库存，会增加库存成本；如果产品生命周期较短，还会增加产品滞销风险。另外，用储备库存应对市场需求变化，会掩盖一部分企业经营管理问题，这在本书“准时制生产”内容中会加以详细介绍。

4. 生产外包

为应对短期产能不足，一些企业将生产任务转交给外部其他具备优质资源的企业生产，以达到满足市场需求、降低生产成本、分散经营风险、提高生产效率的目的。一般情况下，转交的是企业的非核心业务，或是企业自身不具备竞争优势的业务领域。虽然生产外包会降低企业一部分收益且会损失部分控制权，但整体看既避免了为满足市场波动高峰期需求扩大产能而增加的投资，也降低了库存储备带来的风险。生产外包是一种增强自身竞争能力的策略。

5. 产能共享

与生产外包相对应，如果出现产能过剩的情况，则可考虑为外部企业进行代工生产，或将多余的生产设施出租他人经营，以减少企业经营负担。

第四节　生产现场管理

一、生产现场管理要素

现场管理是企业生产管理工作的重要组成部分，生产现场管理效率一定程度上决定了企业生产管理的水平。所谓生产现场是生产相关部门从事产品加工、制造相关活动的场所。生产现场管理就是运用科学的方法和标准对生产现场中各个生产要素进行合理有效的计划、组织、协调和控制的过程，使各要素均处于良好的运转状态，实现企业高效、优质、均衡、安全、低耗的生产目标。其中生产管理要素包括人（生产和管理人员）、机（生产设备、工具等）、料（投入的原材料、辅料等）、法（生产工艺、检测方法）、环（生产环境、安全等），又称为4M1E（man，machine，material，method，environments）。

（一）人

人在这里指生产现场所有相关人员，包括生产人员和管理人员。人员管理是生产管理中最重要的也是最大的难点，是管理工作的重点。相关工作都是由人直接或间接完成，如何高效管理人员，不同类型的企业有不同的方式。人员在生产劳动的过程中具备主观能动性，这就需要在管理的过程中对人员的性格情绪、工作能力等方面要有所了解，合理安排岗位。同时，还要通过人事管理制度加以约束和激励，提升自身的工作积极性和工作效率。生产现场的各级管理者对所辖人员情况要了解，做到知人善任、人尽其才。如果想提高生产效率，首先要从现有的人员中去挖掘潜能，发挥其特点，激发其工作热情，提高其工作积极性，同时还要对不同岗位的人员提供必要的技能培训。可以说，人员管理是生产管理中最复杂、最困难的，需要灵活运用。

（二）机

机是指生产过程中所使用的机械设备、工具及辅助生产用具等。生产过程中生产设备的正常运作是保障生产效率、满足生产进度的基础，也是保证产品质量的关键要素。欲善其事，必先利器。良好的生产设备既能提升生产效率，也可提高产品质量。从工业化大生产开始，生产管理的进步都伴随着生产工艺、生产设备的更新换代。为此，在日常生产现场管理工作中，对生产设备的管理是基础工作之一。这不仅需要作业人员合理操作，还要求维护人员对设备进行有效管理和保养。

（三）料

料是指物料，包括原材料、半成品、配件等。现代工业生产过程中，产品构成复杂、生产分工细化，产品一般都包含几种、几十种甚至上百种的部件，同时需要多个部门分工作业。任一部件的生产延误，均会造成整个产品无法组装，后续工序停工待料，生产效率降低。不论你在哪一个部门，工作的结果都会影响到其他部门的生产运作。当然，这就需要相关部门合作协调，实现生产运作的整体平衡，储存得当，配送及时。对物料的质量水准也要实时监控，避免出现大批残次品，致使无法生产、停工待料的情况发生。

（四）法

法指生产过程中运用的方法技术、作业标准等。现代的生产过程需要标准化的管理，通过生产工艺指导书、标准工序流程、产品生产图纸、生产计划、人员作业标准、产品检验标准及各种操作规程等实现。这些内容为作业者及管理者在生产过程中如何有效开展相应工作提供了参考依据，对提升作业者熟练程度、提升及保障生产效率、保证产品质量都起着积极作用。生产中运用的方法技术、作业标准也会随着生产水平的提升不断更新。

（五）环

环在这里特指生产作业环境，即生产作业场所的环境条件。作业的环境条件会影响生产作业者的健康、情绪及工作效率，某些产品（高科技产品、医药产品等）对生产环境还有特殊要求，环境条件也会影响产品的质量。过高的噪声、有毒有害的气体、强光等都是环境管理的重点。为此在进行生产现场管理工作中，应重视对环境要素的管理。现在多数企业，特别是工业制造企业，均引进了 ISO14000 环境管理体系进行环境的评估管理。此外，现场作业的秩序环境也是影响生产管理效率的因素，其中 5S 的管理理念就是企业对其管理的具体方法。

上述五种要素均是生产现场管理的着眼点，相应的管理措施均是围绕这些要素展开。下面介绍两种现代生产企业普遍使用的现场管理方法：5S 管理和看板管理。

二、5S 管理

5S 管理源于日本，是生产过程中在生产现场对人员、设备、材料等生产管理要素开展的整理、整顿、清扫、清洁、素养（习惯化）等活动，为整体的生产管理活动奠定良好的基础，也是日本企业生产高质量产品的保证。由于其对现场管理效果显著，已经成为各国生产企业普遍采用的管理方式。其中“整理、整顿、清扫、清洁、素养”的日语外来词汇在罗马文拼写时，第一个字母都为“S”，为此又称之为“5S 管理”。

在日常的生产管理工作中，由于生产现场的人员多、生产设备复杂、空间有限，时常会出现生产急需的东西无法及时找到的情况。没有用的东西堆了很多，占用了大量空间，整理无从下手，办公室里杂乱的空间给人一种压抑感，脏乱的环境使得员工情绪不佳，影响工作效率，甚至制定好的计划也延误了。这些现象可以说都是由于工作现场环境管理不善造成的。为此，要想做到高效管理，就需要一个整洁的环境。

通过5S管理可以提高生产率，消除生产故障，提高产品质量，降低不合格品率，保障安全生产，降低生产成本，提高企业效益，改善员工的精神面貌，提高员工满意度，进而改善和提高企业形象。

推行5S管理方法，应从五个方面分步骤进行，每一阶段有不同的要求内容。

（一）整理（SEIRI）

在这一阶段主要针对工作现场的物品进行区分，划分出需要与不需要的东西，保留所需的，去除不需要的。其主要目的在于清理现场被无效用物品占用的空间，清除现场物品零乱根源，防止生产过程中的误用、误送的现象，创造一个清净的工作环境。

整理的对象包括文件、档案、记录等办公资料，模具、夹具等生产工具，原材料、辅料、半成品、废品等生产材料，以及生产现场的标识牌等。

（二）整顿（SEITON）

把整理出的有用物品，按规定位置摆放整齐，并做好标识进行管理。通过整顿减少在工作场所中浪费的空间，通过整齐的定置存放实现随时取用的目的。

通过整顿使工作场所内经整理所留下的物品定位存放，同时根据使用频率来决定放置场所和位置，以节省拿取时间，用不同颜色划分通道与作业区域，保证通道畅通，物品按规定摆放，并限定堆高高度。规定生产中的不合格品、危险品等放置区域，可设置临时存放区域。物品放置的方法可选用框架、箱柜、塑料盒、袋子等方式，放置时尽可能安排物品位置满足先进先出的原则，同类物品集中放置，尽可能保证框架、箱柜等容器内部可见，必要时注明物品的管理者，悬挂“每日点检表”便于日常管理。

（三）清扫（SEISO）

将工作现场不需要的东西清除掉，保持无垃圾、无污秽状态。主要对工作现场各处在生产过程中产生的“脏污”进行清理，保持工作环境的整洁干净，维持整理、整顿的成果。在这一阶段对现场污物要彻底扫除、清理，并定时维护，强调全员参与，管理者以身作则带头参与清扫。

（四）清洁（SEIKETSU）

这一阶段维持以上整理、整顿、清扫后的现场状态，使工作人员觉得整洁、舒适。通过整洁美化的工作区域环境，使现场人员感到身心愉悦、精力充沛。整理、整顿、清扫注重的是“行为动作”，清洁则注重的是“结果”。在工作现场彻底执行整理、整顿、清扫之后，所呈现的状态便是“清洁”。通过清净整洁的现场环境使所有人员能够认同管理的有效性，与此同时，通过目视化的管理措施来进行检查，使出现的异常现象能够立刻被发现并消除，使工作现场一直保持在正常状态。这一阶段是从行为到意识的转变，并强调管理者在日常环境维护工作中的作用。

（五）素养（SHITSUKE）

通过进行上述四个步骤的活动，全体员工对现场管理的方法、效果有了较为清晰的认知，逐步形成自觉遵守各项规章制度以及维护工作环境的良好习惯、提升企业凝聚力，这也是5S管理活动的根本目标。

养成“素养”是5S管理的重心。在形成良好的习惯之后，员工不仅都能遵守规章制度，使现场工作井然有序，而且有益于推动其他各项管理工作并取得成效。一般而言，5S管理活动推动6～8个月即可达到习惯化的目标，但后续必须认真落实，定期进行检查总结，建立5S管理的相关标准和制度。

5S管理图示见图4-12。

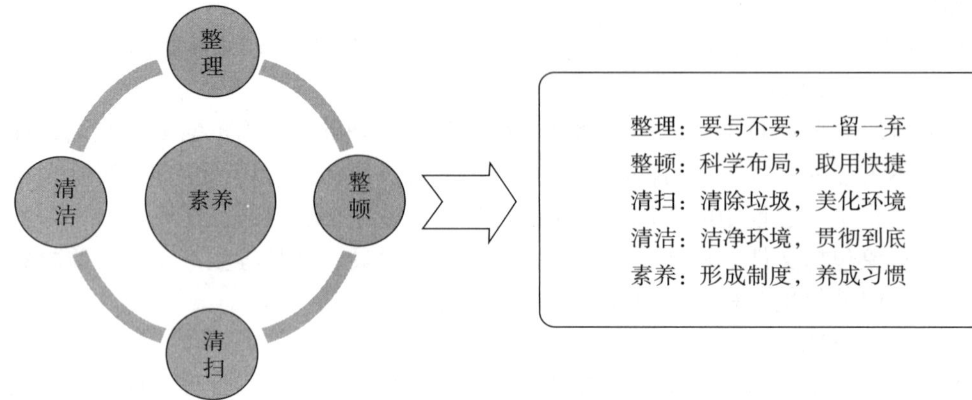

图4-12　5S管理图示

三、看板管理

看板管理方法是准时制生产系统中进行现场作业管理的重要方法之一。看板又称为传票卡，作为在同一道工序或者前、后工序之间进行物流或信息流传递的工具。传统的生产管理方式是为保证生产的连续性，前置工序需准备一定数量的库存，不管后续工序是否需要，前序工序仍然按照计划生产，然后送往下道工序，这时就会造成一定的生产浪费，产生的库存如长期存放可能会导致无法使用而废弃掉。上述是典型的推动式生产方式。准时制生产模式（JIT模式）是一种拉动式的管理方式，将最后一道工序的生产需求通过信息流向上一道工序传递，以需定产，这种传递信息的载体就是看板。没有看板，准时制生产是无法实现的。

看板按照其功能可分为生产看板和传送看板（或称取货看板）两种形式。“生产看板”的作用是传递生产指令，上面标有前工序生产需求的内容、数量等信息，当前工序接到“生产看板”后，即按照看板内容进行生产安排。“传送看板”是用于指挥零部件在工序间的调动，又可细分为工序间看板和外协看板（供应商看板）。下文以工序间看板为例，“传送看板”随放置零件的容器一起从上一道工序的出口移动到下一道工序的入口处。当下一道工序开始使用入口处存放的零件时，“传送看板”则被取下，临时放置在看板盒中，待下一道工序生产中需要补充零件时，“传送看板”就被送往上一道工序的出口存放处的容器中。如此往复。

看板流程如图4-13所示。以产品加工、装配和总装三步工序为例，每道工序均设有出口和入口，分别作为物料存放点，每个存放点均存放规定数量较少的在制品。当生产指令根据客户信息从总装工序发出时，向第Ⅲ道工序入口存放点发出传送看板信息，该存放点接到看板后，根据看板指令的数量发货，传送看板随货物返回，总装工序开始生产；如发生第Ⅲ道工序入口存放点需补充库存时，则向第Ⅱ道工序出口存放点发出传送看板信息，该存放点应根据信息发货，传送看板也随货物送回到第Ⅲ道工序入口存放点，第Ⅱ道工序出口存放点为补充库存则向本工序发出生产看板，这时装配工序会向该工序入口存放点发出传送看板，取货后进行生产，并将装配后的组件送到第Ⅱ道工序出口存放点。依次由后向前类推，在看板的拉动下，生产流程连续运转，以需定产实现准时制生产的目标。在实际生产过程中，根据生产特点的不同，看板发送的方式和流程也各异。如果一条生产线生产多种产品时，则需要设计不同的看板。

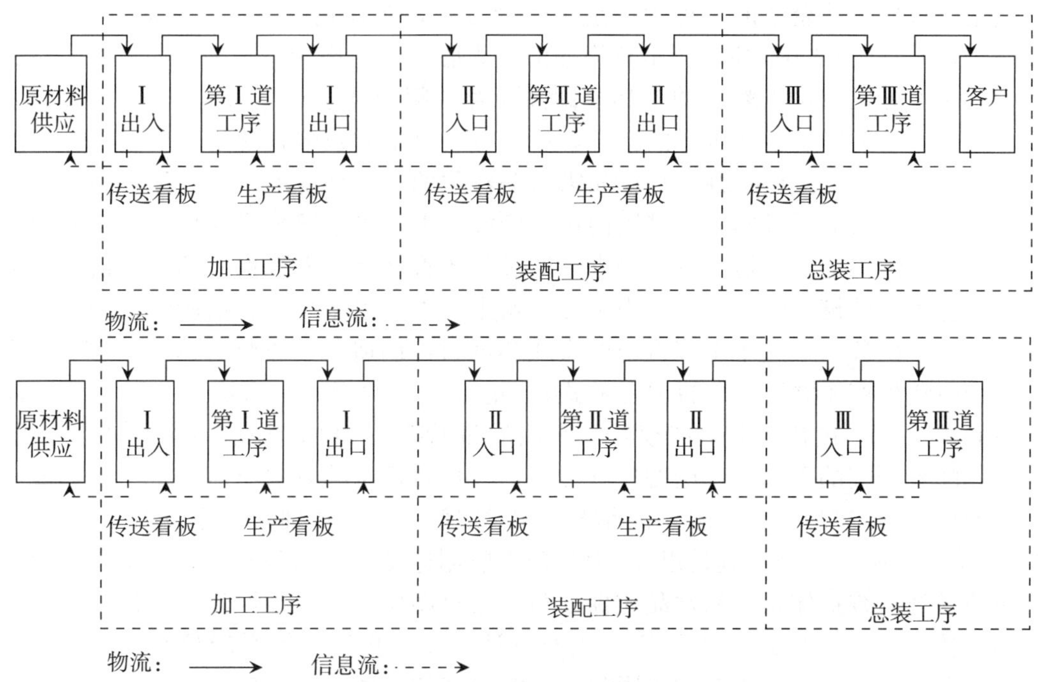

图 4-13 看板流程示意图

看板管理在实际操作过程中遵循以下相应的规则：

（1）任何种类的看板信息均放置在装有相应零件的容器上，随之一起流动。

（2）根据看板信息传送、生产零部件，没有看板指令不可实施相应工作。

（3）在使用看板管理方式进行零部件生产、传递过程中，必须使用标准的容器，放置标准的数量，既便于管理也可以防止零部件损伤。

（4）零部件在生产、传递过程中，如存在不合格品，则其不能按照正常程序进行相应操作，应将其与合格品进行区分，避免传递到下一工序。

按照上述规则，可以使看板系统有效运转。每道工序的出口存放处和下一道工序的入口存放处保存的在制品数量越少，则表明该工序的生产准时性就越好。通过改进在制品库存数量可有效促进生产管理效率的改善，这都需要多方面的努力才能实现。

第五节 精益生产

一、精益生产的理念

精益生产（lean production）又称精细生产，即精益求精的生产模式。精益生产就是通过周密计划和严格控制，尽可能减少一切浪费，使生产效益最大化，同时追求零缺陷、零库存。它是美国麻省理工学院在一项名为“国际汽车计划”的研究项目中提出来的。研究期间，在做了大量的调查和对比后，研究者认为日本丰田汽车公司的生产方式是最适用于现代制造企业的一种生产组织管理方式，叫作精益生产或准时制生产（just in time，JIT）。在英文中“lean”本意为瘦的、无脂肪，引申为精干的、简洁的。与其相对应的是生产方式中过于臃肿的弊病，即高库存“粗放式生产”。以美国为代表的大量生产方式极大地促进了工业水平的提升，但其有一个本质缺陷，就是缺少适应生产品质变化的能力，即缺乏生产柔性，在产品需求多样化的市场环境中，生产经营容易遇到困难。第二次世界大战后日本由于其国内可用资源有限，以丰田公司为代表的企业发现美国的大批量生产不适合它们的发展要求，通过生产管理专家大野耐一的十年研究，他们创立了精益生产的模型。精益生产力求在大量生产中实现多品种、高质量、低成本的产品生产。后丰田公司经过半个多世纪的实践和创新，创造出了影响力巨大的JIT生产模式，即准时制生产（精益生产的主要模式）。精益生产的理论和方法也是随着环境的变化而不断发展的，包括JIT生产模式、全面质量管理、TPM以及5S等，特别是在20世纪末，随着研究的深入和理论的广泛传播，各种新理论的方法应运而生，如大规模定制、单元生产等。精益生产体系的结构可以简述为一个基础、七个支撑和追求七个“零”的极限目标。一个基础是以5S为管理手段创造良好现场基础。七个支撑是建立生产的快速转换与维护体系、精益品质保证与防错自动化体系、柔性化生产体系、均衡化和同步化体系、场作业IE研究体系、生产设计与高效物流体系、产品开发设计体系七大生产运营体系。七个“零”的极限目标是零生产切换调整、零库存、零浪费、零缺陷品、零装备故障、零生产停滞、零安全事故。精益生产管理思想的核心是“消除浪费”“持续改进”，下面对其进行阐述。

（一）消除浪费

这里浪费的概念是指在生产过程中对各种资源最少占用之外的消耗。在生产过程中对于人员、物料、设备、时间等资源存在最小需求量，超出最小需求量的资源投入均可视为浪费。这就需要在生产过程中提高资源利用率，以最少的投入换取最多的产出，为顾客创造最多的价值。其中有两层含义：一是不能为顾客创造价值的活动均为浪费；二是虽然活动创造价值，但投入资源超过最小界限时，超出部分也是浪费。在生产过程中，可以通过价值分析检验每个环节的工作内容：生产、加工零件，创造价值；外部涂装，创造价值；产品包装，创造价值；库存管理，不创造价值；货物搬运，不创造价值；停工等待，不创造价值。其中不创造价值的活动会产生相应成本，从经营角度看是浪费。

丰田公司归结了七大浪费活动，分别是：

（1）过度生产，指超过必要数量的生产和提前生产。造成过度生产的主要原因是对需求了解不准确，鼓励提前生产、强调生产任务的数量，生产人员过剩，生产设备能力过剩，按照主观意愿和个人经验安排生产计划等。应建立以需定产的拉动式生产系统，以及准时化生产的方法进行改进。

（2）等待，生产人员或设备处于闲置状态，未正常生产。造成的主要原因是人员懒散致使生产效率低，生产作业计划安排不当，生产作业能力过剩，设备配置不当或故障，材料供应不足，工序间生产能力不平衡，品质不良等。通过实行均衡化生产，实现工序同期化，同时合理安排生产计划可以减少等待浪费。

（3）不必要的搬运，生产过程中搬运距离过长，搬运批量较少，工序间多次反复搬运，造成产品破损。造成的主要原因是生产线空间设置不合理、缺乏协调，固定位置管理缺失，操作动作不合理等。优化生产过程中物料存储位置，设置流水生产单元，做好现场5S管理，可以减少此种浪费。

（4）过度加工，因技术（设计、加工）不足造成加工过程的浪费，如作业中超过必要的加工距离、一步加工分多步完成、加工后的修正动作。造成的原因主要是加工作业工艺不合理，加工用模具、夹具存在缺陷，技术人员操作不熟练，工作未实现标准化等。减少此种浪费需要提升员工操作水平、进行必要培训、完善工艺设计、加强使用工具管理。

（5）库存浪费，包括不合格品库存、原材料库存、半成品库存、完成品库存。造成的主要原因是管理中对库存的漠视、视库存为当然，为保障大批量生产中设备的使用率，物流效率低，生产计划安排不当等。通过准时制采购、准时制生产可减少原材料和半成品库存，通过标准化生产可降低完成品库存水平，同时还能提升管理者的库存管理意识。

（6）多余动作，在作业中存在的不必要的动作、无价值的动作等，如工作中操作者不时换手作业、操作动作顺序不当造成返工、操作中需要零部件及工具等。造成的主要原因是作业流程安排不当，人员岗位培训不足、操作不熟练，作业标准设置不合理等。可通过物品固定位置、有效的现场5S管理等减少此种浪费。

（7）产品瑕疵，原材料瑕疵、加工作业瑕疵、过程检查、维修，以及市场售后服务不良等。造成的主要原因是标准作业欠缺，人员技能欠缺，质量控制过于严格，检查方法及维修作业方法不当等。减少此种浪费需要实施全面质量管理，从根本上保证产品质量。

消除浪费的根本目的在于提升企业的市场竞争力。在现有的市场竞争环境中，企业想获得更高的收益就要从控制成本入手，即采用总成本领先战略。影响利润的因素主要是价格和成本。在现有市场竞争机制下，价格主要由市场影响，企业要想获取更高的利润必须降低成本，而上述的各种浪费均会造成企业成本不必要的上升，不利于企业的长久经营。所以无论何种浪费均要严格控制、管理。

（二）持续改进

追求精益生产不是一蹴而就的，特别是在消除浪费的过程中，需要不断挖掘、不断完善，这就需要有持续改进的精神。在这一过程中，要保持不满足现状的心态，发现问题、寻找原因、提出改进方法，改变工作方式，提升工作质量。整个改进的过程是连续的、渐进的，需要日积月累才能产生质变。其中改进与创新是并存的，创新是跨越式的改进，一般是在日常的改进中寻求创新的方法，这一过程需要全员参与、共同努力实现。为此，应将持续改进的精神注入每一位企业员工的思想中，成为日常工作的一部分。这里要强调的是改进和创新的过程应遵循客观规律，不能盲目追求速度，特别是在生产管理环节，各个生产关联的组织和个人对改进和创新的内容都需要一个从了解到接受的过程。养成持续改进的思想需要生产相关人员在日常工作中注意观察，借鉴丰田公司提出的“五个为什么”的思维方式，工作中发现问题时通过寻根究源的方式找到症结所在并进行改进。例如管理人员在生产过程中发现设备下方有一个容器，观察发现是为接设备不时滴下的油滴而准备的。于是管理人员通过询问操作者了解情况：为什么设备漏油？是密封圈老化损坏了。为什么没有及时更换？是由于频繁损坏没有备件。为什么会频繁损坏？是由于密封圈质量不好。为什么购买质量不好的密封圈？是由于价格比较便宜。按照每生产一个产品核算，成本还低吗？由于更换频率，单台生产成本并不低。这时会发现这种情况是由于在设备采购备件过程中选择产品不当造成的，在零部件采购过程中应将价格和使用频率综合起来考虑。通过这种方式，发现生产过程中不易发现的“小事件”，找出根本原因，持续进行改进，提升生产管理水平，减少浪费。

二、拉动式生产系统

在丰田式生产模式出现前，制造业均是以推动式生产模式为主。推动式生产模式不是以需定产，每一道工序的产量往往会比下一道工序所需数量多，这样可以充分保障下一道工序生产的需求，但同时会造成整个生产过程中从原材料、在制品到产成品累积库存的数量巨大，占用企业大量资金。初期在卖方市场主导的市场环境下，市场竞争激烈程度较低，造成的影响相对较小。但随着社会化大生产的快速发展，市场环境过渡到买方市场为主导的竞争模式，这种生产模式造成企业流动资金短缺，极大地约束了企业的生产能力和市场竞争力。以顾客需求为导向的拉动式生产模式应运而生。拉动式生产模式兴起于丰田公司，其原理借鉴了超市货物的管理模式。超市管理人员根据顾客是否选购相应商品整理货架，如发现货架出现空缺则及时补充相应商品，这种管理模式的效率比工厂生产过程中传统的存货管理效率高很多。在此基础上，创造了拉动式生产模式。

拉动式生产模式是丰田 JIT 生产模式的理论基础，它要求生产企业根据客户的订货需求或行业市场要求的产品品种、数量、产品质量标准及交货时间等信息组织生产活动。在生产流程中，前一工序必须按照后一生产工序所需的数量、质量、规格和时间完成生产任务，后一工序的具体需求决定了前一工序的生产计划。在原材料及其他外购部件采购环节，也是要求按质、按量、按时抵达需求工作地，各个工序间只需储存少量存货即可。在生产过程中，各个工序均是适时生产，这就大大减少了等待、搬运、存储及检验环节造成的浪费，节约了生产成本，提升了生产效率及企业竞争力。拉动式生产模式通过看板管理工具顺利有效实施，将各个工序的物流、信息流有效地进行传递。

第六节　质量管理

导入案例

扁鹊的医术——看质量管理

扁鹊是战国时期著名医学家。一日，魏文王问名医扁鹊说：“你们家兄弟三人，都精于医术，到底哪一位最好呢?”

扁鹊答：“长兄最好，中兄次之，我最差。”

文王再问：“那么为什么你最出名呢?”

扁鹊答：“长兄治病，是治病于病情发作之前。由于一般人不知道他事先能铲除病因，所以他的名气无法传出去。中兄治病，是治病于病情初起时。一般人以为他只能治轻微的小病，所以他的名气只及本乡里。而我是治病于病情严重之时。一般人都看到我在经脉上穿针管放血、在皮肤上敷药等大手术，所以以为我的医术高明，名气因此响遍全国。”

生产过程中的“质量事故”犹如故事中的“病”，能将质量事故在“病”情发作之前就进行消除，才是“善之善者也”。

预防质量事故是生产管理工作中重要的内容之一，这就和治病一样，要从“小病”治起，也就是要防患于未然。否则积小成大、积轻成重，会造成严重的后果。

企业中建立有效的质量管理体系、运用科学的方法，可以起到防微杜渐、防患于未然的作用。良好的质量管理也可以使企业提升自身的竞争力。

一、质量管理概述

（一）质量

1. 质量概念

在企业管理的关键要素中包含了质量、成本、交货期，即 Q、C、D 三个方面，其中质量排在首位，可见其对于企业经营的重要作用。在激烈的市场竞争中，优良的产品质量是必备条件。现今的消费者选购商品过程中，如果商品的质量低劣，即使价格再低也不会选择。企业生产管理过程中，质量和产量都是企业关注的焦点。

质量（quality）是指反映产品或服务满足明确或隐含需要能力的特征和特性的总和。这是国际标准化组织在国际标准化 ISO8402—1986 标准中的描述。美国著名的质量管理学家朱兰（J. M. Juran）博士从顾客的角度出发，指出产品质量就是“产品的适用性”，即产品在使用时能成功地满足用户需要的程度。美国质量管理学家克劳斯比（Philip B. Crosby）从生产者的角度出发，把质量概括为“产品符合规定要求的程度”。全面质量控制的创始人菲根堡姆（Armand Vallin Feigenbaum）认为，产品或服务质量是指营销、设计、制造、维修中各种特性的综合体。这些质量的定义都是从不同角度出发的，都具备一定的描述性。最后，我们从质量经济学的角度给出这样一个简明的定义：质量是指“适应性、满足消费者需求”。

美国质量管理专家戴维教授将质量的适应性归结为八个方面：

（1）性能（performance）。产品的技术特性和规定的功能，如电脑系统处理的速度。

（2）附加功能（features）。为使顾客更加方便、舒适等所增加的功能，如手机中指南针的功能。

（3）可靠性（reliability）。产品完成规定功能的准确性和概率，如汽车一次点火的概率、快递包裹按时送达的概率等。

（4）一致性（conformance）。符合产品说明书和服务规定的程度，如药品的功效、果汁中营养成分的含量等。

（5）耐久性（serviceability）。达到规定使用寿命的概率，如空调器的有效工作总时间是否满足要求、汽车轮胎磨损程度是否达到里程要求。

（6）维护性（serviceability）。是否容易修理和维护。

（7）美学性（aesthetics）。外观是否具有吸引力和艺术性。

（8）感觉性（perceived quality）。是否使顾客产生美好联想甚至美好享受，如用餐环境优雅、广告语言优美、音乐悦耳等。

上述方面均是产品或服务适用性的具体表现和判断标准。对于服务性产品来说还要考虑其提供服务的相应速度、人性化特征、安全性等方面内容。

2. 质量特征

产品和服务的质量对企业的发展起着决定性作用，主要体现在其具备的三个特征方面：

（1）内容广泛。

质量涉及的内容极为广泛，包括了产品和服务本身、生产过程以及管理体系等方面。所以对质量的认知从产品质量、过程质量和体系质量三个方面体现。

（2）经济效益。

无论企业还是顾客，少投入、多产出都是其追求的目标。高的质量水平可以使企业降低单位产出的投入，也可以使顾客获得更高的使用价值。

（3）时间效应。

在不同的时期，无论企业还是顾客，对产品或服务的质量要求均会产生变化，要求的水平一般是逐步提升的。作为生产企业，应努力了解并满足顾客期望的质量水平，可通过改进工艺、提升产品技术水平、完善质量管理体系来实现。

3. 质量类型

日本著名的质量管理大师狩野纪昭教授提出，根据顾客的感受和质量特性的实现程度，可以将质量划分为三种类型：基本质量、一元质量和魅力质量，简称狩野质量模型，如图 4 - 14 所示。

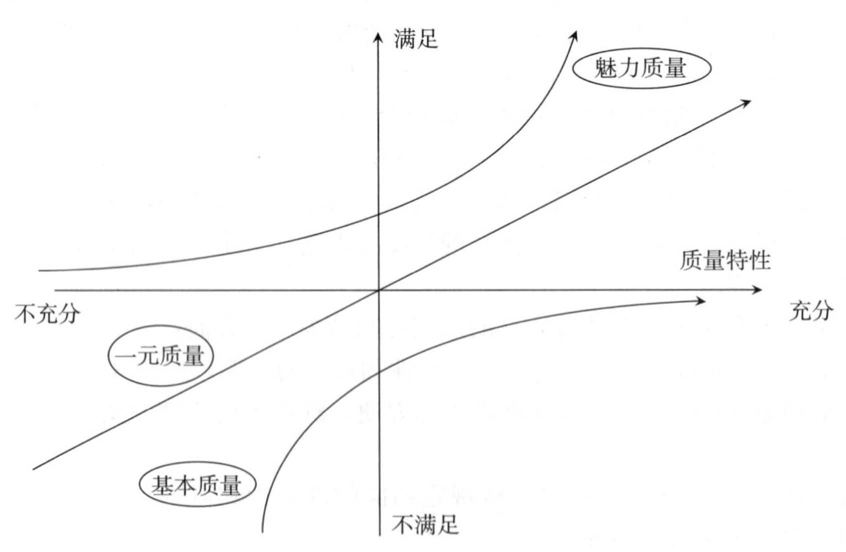

图 4 - 14　狩野质量模型

（1）基本质量。

基本质量，指符合产品（或服务）基本规格的质量，也称必须满足的质量特性，即顾客认为产品或服务理所当然应当具备的质量特性，例如手机应具备基本的电话通信功能、飞机航行中应当提供餐饮服务等。此类质量特性的特点是即使提供充分也不会使顾客感到特别兴奋和满意，但如果出现不足却会引起顾客强烈不满。

（2）一元质量。

一元质量，也称顾客期望的质量或满意的质量（customer satisfaction，CS）。这一层次的质量特性是顾客要求并希望提供的质量特性，如商场售货员的服务态度、餐馆菜肴的味道等。这类质量特性的特点是提供充足时，顾客就满意，越充足越满意，越不充足越不满意。

（3）魅力质量。

魅力质量，也称顾客愉悦的质量（customer delight，CD）。这一层次的质量特性是通过满足顾客潜在需求，超越顾客期望，使新产品或服务达到顾客意想不到的新质量，给顾客带来惊喜和愉悦以使顾客产生忠诚感。这类质量特性的特点是如果提供充足的话会使人产生满足，但不充足也不会使人产生不满。

（二）质量管理

质量管理的概念 20 世纪初就提出来了，同时随着工业化的快速发展、企业质量管理实践活动经验的积累，其内涵也在不断地完善。纵观质量管理的历史发展，在不同时期，其理论和方法有所不同，具有时代特征。在一个多世纪的发展过程中，质量管理主要经历了三个阶段。

1. 质量检验阶段

20 世纪前，产品生产作业质量主要依靠操作者本人的技艺水平和经验来保证。20 世纪初，随着生产机械化程度的提升，作业方式也在发生变化，美国生产企业中出现了流水作业方式，以弗雷德里克·泰勒为代表的科学管理理论的产生，促使产品的质量检验从生产制造职能中分离出来，质量管理的职能由操作者转移给工长，也称为“工长的质量管理”。随着企业生产规模的扩大和产品复杂程度的提高，产品有了生产技术标准（生产工艺条件），生产中的各种检验工具和检验技术也随之发展，一些企业开始设置专职检验部门，检验职能从工长转移给专职检验人员，过渡到“检验员的质量管理”阶段。这一阶段质量检验的特点是检验人员从成品中将不合格品挑出，避免流入下一道工序或出厂，属于事后检验的质量管理方式。在生产过程中并不能预防不合格品的产生，同时由于是全数检验，投入的人力物力较大，成本较高，在大批量生产过程中会出现检验能力不足的情况。

2. 统计质量控制阶段

随着质量检验方法弊端的不断显现，一些质量管理专家开始运用数理统计的方法来寻找解决方案。1924 年美国贝尔电话研究所的沃特·休哈特博士提出了“预防缺陷”的概念，认为质量管理除了质量检验外还应做好预防工作。同时，同属贝尔研究所的道奇和米罗格提出在进行破坏性检验过程中可以采用抽样检验的方法，并提出了第一个抽样检验方案。但这个方案当时并没有引起业界的足够重视，此时恰逢发生了严重的经济危机，人们无心于追求高质量的产品，数理统计的方法也没有得到普遍认可。但研究工作并没有因此停下脚步，1931 年第一部质量管理科学专著——休哈特的《工业产品质量的经济控制》问世，为统计质量管理研究奠定了基础。随着第二次世界大战的爆发，军需品的需求量猛增，现有的质量检验方法存在的缺点暴露无遗，由于全数检验工作量大，军需品的交货期一再延误，影响了战事的进程，同时这种事后检验无法控制武器弹药的质量。因此，美国政府和国防部出面组织专家寻求解决方案，应用数理统计的方法于 1941—1942 年先后公布了一批美国战时的质量管理标准，《质量管理指南》《数据分析用控制图法》《生产过程质量管理控制图法》在军工企业中广泛使用并取得了显著效果，统计质量管理也逐步得到了广泛的认可。第二次世界大战结束后，统计质量管理方法在欧美各国陆续推广。

在数理统计质量管理过程中，检验职能由质量控制工程师和相应技术人员承担，质量管理的理念也过渡到以预防为主的生产质量管理模式。但这一阶段过分强调了数理统计方法、过分依靠质量管理专家，由于数理统计掌握困难，令普通企业人员望而生畏，无法普及。

3. 全面质量管理阶段

20 世纪 50 年代以来，随着生产力的快速发展和科学技术的日新月异，人们对产品的质量从注重产品的一般性能发展为注重产品的耐用性、可靠性、安全性、维修性和经济性等。在生产技术和企业管理中要求运用系统的观点来研究质量问题，质量管理也不再是少数人的职责，而是涉及全体人员、整个生产过程。在管理理论上也有新的发展，突出重视人的因素，强调依靠企业全体人员的努力来保证质量，注重“产品责任”和“质量保证”。然而，依靠质量检验和数理统计的方法已无法满足社会的需求。在此背景下，美国通用电气公司的费根鲍姆提出了全面质量管理的概念，并于 1961 年出版了《全面质量管理》一书，阐述其观点。他提出：全面质量管理是为了能够在最经济的水平上、考虑充分满足顾客要求的条件下进行生产和提供服务，并把企业各部门在研制质量、维持质量和提高质量方面的活动构成为一体的一种有效体系。质量管理是企业全体成员的责任，每位成员都应具备质量意识，担负质量管理职责。全面质量管理的思想产生后，快速地传播到世界各地，后期形成的 ISO9000 族质量标准体系、精益生产管理以及六西格玛管理等都是建立在全面质量管理理论和方法的基础之上的。

二、全面质量管理

（一）全面质量管理的概念

全面质量管理，即 TQM（total quality management），是指在全社会推动下，企业以质量为中心，以所有组织、所有部门、全员参与为基础，将管理技术和专业技术相结合，建立一套完善的、科学的、高效的质量管理体系，通过控制生产全过程中的质量影响因子，以经济有效的工作满足顾客的需求，同时使企业所有成员及社会受益，并实现长期成功的管理方式。全面质量管理从管理结构、专用技术、人员和变革推动者四个方面来实现高效管理的目标。

（二）全面质量管理的特点

全面质量管理的特点体现在“全面”二字上，可以从三个方面理解：

（1）内容与方法的全面性。不仅要着眼于产品本身的质量，而且要注重形成产品的过程质量和工作质量。这是其不同于之前质量管理方法的最主要特征，以产品质量为基础，通过高效的工作和有效的过程控制来实现。注重方法和技术的多样性，包括科学的组织管理工作、各种专业技术、数理统计方法、成本分析、售后服务等。通过全面管理达到事半功倍的效果。

（2）全过程的质量控制。在产品生产制造整个过程中，均包含质量管理的内容。如市场调查、研究开发、设计、生产准备、采购、生产制造、包装、检验、贮存、运输、销售、为用户服务等各个环节，全过程都进行质量管理。

（3）全员参加的管理过程。以往的质量管理过程中，认为影响产品质量的直接人员就是操作者和检验人员，而全面质量管理要求企业全体人员都要参与其中，上到企业的经营者、各级管理者，下到工程技术人员、操作人员、检验人员等，都要肩负质量管理的职责，都要具备良好的质量意识。

从三个方面的特点可以发现全面质量管理的与众不同之处。也正是基于此，全面质量管理才具备了以往其他质量管理方法没有的高效率、高成果，对企业的快速发展和长久经营起到了不可替代的作用。

（三）全面质量管理的工作程序

全面质量管理工作具备了管理的基本理念，包括制定计划、实施计划、检验效果、实施改进等步骤。结合管理的一般规律，美国的质量管理专家戴明博士在休哈特 PDS（plan do see）的基础上提出了 PDCA 循环的工作方法，又称为戴明环。PDCA 循环包含四个阶段，即计划阶段（plan）、执行阶段（do）、检查阶段（check）、处理阶段（action），如图 4－15 所示。

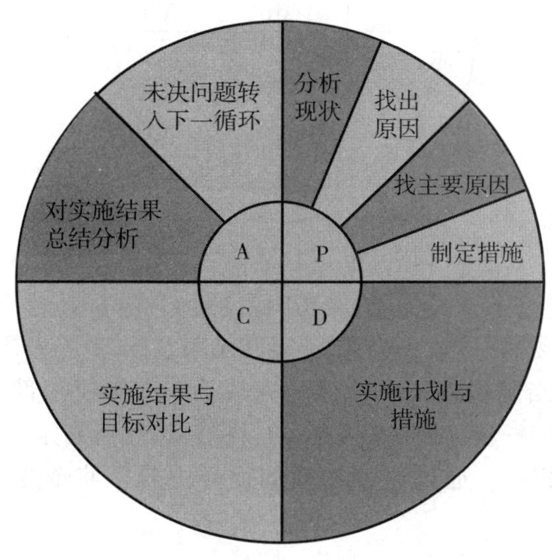

图 4－15　PDCA 循环

（1）计划阶段，包括方针和目标的确定以及活动规划的制定。在这一阶段，首先要对现状进行分析，找出目前存在的质量问题，同时思考问题解决的可行性，存在哪些影响因素，从中找出主要影响原因，针对其制定改进目标和具体实施计划。在制定计划过程中一般采用 5W1H 的方式，即：明确为何要进行改进（why），改进的目标是什么（what），在哪个地方执行（where），由谁来执行（who），计划执行何时开始、何时结束（when），以及执行的具体方法、如何实施（how）。通过此种方式可以较为全面地制定实施计划。

（2）执行阶段，根据已知的信息及制定的具体计划开始实施相应工作，这一过程要完全按照既定计划的内容实施。

（3）检查阶段，总结执行计划的结果，比对最初制定的目标，明确效果，找出存在的问题。

(4) 处理阶段，对检查的结果进行处理，对成功的经验加以肯定并予以标准化。同时，对于失败的教训也要总结，找出不足之处。对于没有解决的问题，应提交给下一个PDCA循环去解决。

PDCA循环作为全面质量管理的工作程序已经得到了充分的有效性验证，在实施过程中体现出以下特点：

(1) 大环套小环，小环促大环。

PDCA环区分为大环和小环，主要是从不同层级、不同阶段进行划分。PDCA循环作为质量管理的基本方法，不仅适用于整个企业或工程项目，也适用于企业内的各个部门，如科室、工段、班组甚至个人，以及工程项目中的子项目。企业中的各级部门根据企业的总体目标设置部门目标，并建立自己的PDCA循环。如此形成层层循环，形成大环套小环、小环里面又套更小的环，如图4-16所示。大环是小环存在的基础和依据，小环又是大环的分解和保证。如此形成一个多级运转、彼此协同、互相促进的体系。

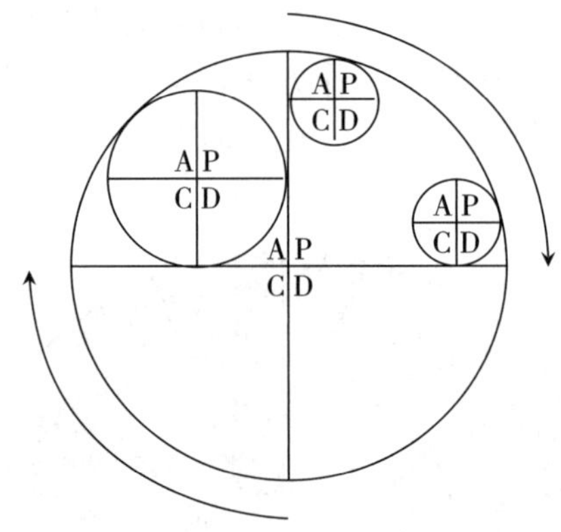

图4-16 PDCA大环套小环

(2) 循环上升。

PDCA循环就像爬楼梯一样，一个循环运转结束意味着下一个循环的开始。生产管理中质量提升的目标呈现出阶段性：一个循环完成后，就解决一部分问题，取得一部分成果，质量管理工作就前进一步。但还有更高的目标，然后再制定下一个循环，再运转、再提高，不断前进，不断提高。通过这种连续的循环上升，使企业的质量管理水平不断提高，如图4-17所示。

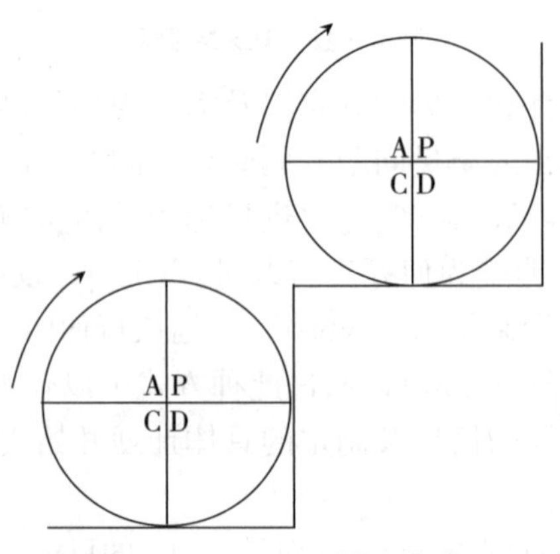

图4-17 PDCA循环上升

此外，企业在管理过程中，受多变的环境因素影响，会不时出现新的问题，而且内外部要求的标准也会逐步提升，现状与标准之间仍会存在差距，这些都为 PDCA 循环的持续改进提供了动力。

三、质量管理体系

（一）ISO 组织及标准体系

国际标准化组织（international organization for standardization，ISO），是一个全球性的非政府组织，是国际标准化领域中一个十分重要的组织。ISO 成立于 1946 年，当时来自 25 个国家的代表在伦敦召开会议，决定成立一个新的国际组织，以促进国际合作和工业标准的统一。ISO 组织于 1947 年 2 月 23 日正式成立，总部设在瑞士的日内瓦。ISO 的任务是促进全球范围内的标准化及其有关活动，以利于国际产品与服务的交流，以及在知识、科学、技术和经济活动中发展国际相互合作。ISO 现有 200 多个成员。

在 ISO 组织框架下，发布了相关国际标准，ISO9000 族质量管理体系国际标准就是其中之一。它是运用当前先进的管理理念，以简明标准的形式推出的实用管理模式，是当代世界质量管理领域的成功经验的总结。1986 年首次发布了 ISO8402《质量——术语》标准，1987 年相继发布了 ISO9000《质量管理和质量保证标准——选择和使用指南》、ISO9001《质量体系——设计开发、生产、安装和服务的质量保证模式》、ISO9002《质量体系——生产和安装的质量保证模式》、ISO9003《质量体系——最终检验和试验的质量保证模式》、ISO9004《质量管理和质量体系要素——指南》等六项标准，统称为 ISO9000 系列标准。后经过多次改进完善，目前正在实施的是 2008 年版 ISO9000 族标准。

ISO9000 族标准并不是产品的技术标准，而是针对组织的管理结构、人员、技术能力、各项规章制度、技术文件和内部监督机制等一系列体现组织保证产品及服务质量的管理措施的标准。

ISO9000 族标准从以下四个方面规范质量管理工作。

（1）机构：标准明确规定了为保证产品质量而必须建立的管理机构及职责权限。

（2）程序：组织的产品生产必须制定规章制度、技术标准、质量手册、质量体系操作检查程序，并使之文件化。

（3）过程：质量控制是对生产的全部过程加以控制，是面的控制，不是点的控制。从根据市场调研确定产品、设计产品、采购原材料，到生产、检验、包装和储运等，其全过程按程序要求控制质量，并要求过程具有标识性、监督性、可追溯性。

（4）总结：不断地总结、评价质量管理体系，不断地改进质量管理体系，使质量管理呈螺旋式上升。

（二）质量管理体系的原则

质量管理体系的有效性直接影响企业生产产品的质量水平，也影响企业经营目标的实现。为指导企业构筑高效的质量管理体系，2008 版 ISO9000 族标准提出了八项质量管理原则。

1. 以顾客为关注焦点

组织依存于它们的顾客，因而组织应理解顾客当前和未来的需求，通过合理安排企业经营活动以满足顾客需求并争取超过顾客的期望。

首先，识别谁是组织的顾客，全面地理解顾客对于产品、价格、可依靠性等方面的需求和期望。这里从不同角度理解顾客的含义，包括当前顾客和未来顾客（潜在顾客）、直接顾客和间接顾客、外部顾客和内部顾客。

其次，设定组织的目标，并与顾客需求保持一致。组织的全部活动都是为满足顾客的需求和提升顾客的满意度。

最后，对工作实施后顾客满意度的水准进行测定，查找不足，为进一步改进提供依据。

2. 领导作用

领导的作用体现在：保证组织相互统一的宗旨、方向；创造良好的内部环境能使员工充分参与实现组织目标的活动；了解外部环境条件的变化并对此做出决策；考虑到包括顾客、所有者、员工、供方和社会等所有受益者的需求；对组织工作进行监督，激励、培训并指导员工工作，合理配置企业资源。最重要的是起到领导的模范带头作用。对领导的要求是具备相关的法律法规知识、企业管理知识、财务管理能力，对质量体系有一定的认知并了解审核方法。

3. 全员参与

各级人员都是组织的根本，只有他们的充分参与才能使他们的才干为组织带来收益。在组织工作中不仅需要领导的带领，而且需要全员的参与和关注。这一过程需要全员具备为顾客创造价值的意识、职业道德、质量意识等，还要通过引导的方式激发组织成员实现组织目标的积极性，提升工作中的满足感。

4. 过程方法

“过程”是指利用资源将输入转换为输出的一系列活动。采用过程方法是基于每个过程，考虑其具体的要求，在资源的投入、管理方式、测量方式及改进活动中都能综合考虑，有效利用资源，降低成本，提升效率。其既适用于简单过程，也适用于复杂的过程网络。在运用此原则过程中，可从以下几方面展开。

第一，全面系统地识别所有相关活动，考虑其内在关联性，构筑完整的活动过程。过程可大可小，也可以大过程套小过程。

第二，明确在管理工作中参与者的职责，并强调任何人都要依照计划行事。

第三，掌握每个过程在实施中所需的关键能力。

第四，注重过程的增值性，通过过程增值性的大小来判断过程实施的有效性。

5. 管理的系统方法

系统是复杂的研究对象，体现出相互关联、相互作用的要素间的整体效应。将相互关联的过程视为系统，加以识别、理解并管理，有助于提高组织实现目标的效率性和效率。管理的系统方法和过程方法之间存在着关联性，两者的目的都是为提升过程或体系的效率。两者之间的区别在于过程方法注重单个过程的输入、输出以及相应活动，而管理的系统方法注重若干过程或网络体系的有效运转。

6. 基于事实的决策

事实是对日常活动的认知，有效的决策是建立在数据和信息分析的基础之上的。决策的内容是客观的、理智的，基于事实的决策提升了有效性。这一过程要求决策的信息来源要精确可靠，同时运用正确的分析方法，在此基础上权衡、判断进行决策。在信息收集方面要保证广泛性和准确性。

7. 持续改进

持续改进是一种永恒的管理理念，也体现出组织的价值观和行为准则。现实环境在不断变化，生产力水平在不断提升，顾客要求在持续提高，组织在日益激烈的市场竞争条件下就要适时调整目标和策略，追求更高的效率和过程的有效性。要秉承持续改进的原则，首先需要全员具备此种意识，将其作为组织和个人发展的目标；同时组织要为员工提供必要的培训，使其掌握相应方法。

8. 与供方互利的关系

组织和供方的关系不是竞争而是合作，是相互依存的关系。供方提供的产品或服务的质量水平决定了组织产出的水平，处理好与供方的关系有益于组织持续稳定地提供给顾客满意的产品或服务。在现有的竞争条件下，组织独木难支，需要在平等、互利的基础上，与供方确立互惠的关系、共享资源、开放沟通、实现共赢。

四、六西格玛管理

在全面质量管理概念提出后，日本很多企业都引入了该管理方式，并将其和自身发展的具体情况结合，进行理论及应用创新，为日本企业的快速发展创造了良好的管理条件。日本产品随着质量的改进，迅速占领了很大一部分的美国市场，许多美国企业逐渐丧失了市场竞争优势，面临严峻的生存问题。摩托罗拉公司作为当时全球无线通信产品的领导者也备感压力，日本企业对其在美国寻呼机市场的领导地位构成了威胁。摩托罗拉在首席执行官鲍勃·高尔文的带领下，开始了质量改进运动，以统计学为基础的质量管理模式在企业内部推广开来，经过几年的实践，形成了六西格玛管理理念。依靠其提供的强大改善动力，摩托罗拉走上了快速发展的道路，从 1987 年开始实施至 1997 年十年间，销售额增长了 5 倍，利润每年增加 20%，成就了摩托罗拉快速发展的奇迹。此后，得克萨斯仪器、联合信号等公司相继引入了六西格玛管理模式，都取得了成功。而杰克·韦尔奇领导的美国通用电气（GE）取得的成就最为突出。通过 GE 公司的应用，六西格玛已经从质量改进的统计管理技术上升为企业核心竞争力的战略层面，使企业的经营发生了彻底改变。作为一个完整的管理系统，GE 将人力资源、财务等相关领域紧密联系在一起并首创了六西格玛独特的组织形式，职责分为“倡导者”（champion）、“黑带大师”（master black belt）、“黑带”（black belt）、“绿带”（green belt）等。1999 年通用电气利润达到 107 亿美元，其中由实施六西格玛带来的收益达 15 亿美元。在取得巨大成功后，六西格玛也随 GE 公司一起令全世界瞩目。此后，在世界范围内，很多企业开始了轰轰烈烈的六西格玛改善活动。

六西格玛理论在全面质量管理蓬勃发展的时期诞生，推动了质量改进理论的快速发展。六西格玛的 DMAIC 改进流程与全面质量管理的 PDCA 流程一脉相承。同时，六西格玛和 ISO9000 质量体系也是紧密联系的，两者均是以流程为核心、以数据为基础、以顾客为中心、以管理为主导的。ISO9000 更注重质量管理体系的构筑，而六西格玛则强调的是具体实施，两者具有很强的互补性。

六西格玛可以从两个方面去解读，一个是统计学的角度，另一个是管理学角度。下面简要阐释六西格玛的相关内容。

（一）六西格玛的统计含义

西格玛是指希腊字母“σ”，在数理统计中表示“标准差”的概念，是描述任意一组数据或过程输出结果的离散程度，用以评估产品或生产过程特性波动大小的统计量。产品或生产过程特性波动越大，则表明其质量存在缺陷的可能性越大，为此，“σ”的大小可以直接反映质量水平的高低，如图 4－18 所示。σ质量水平是将产品或生产过程输出的平均值、标准差与顾客要求达到的目标值、特性规格上下限联系起来进行比较，反映满足顾客要求的能力水平高低：σ水平越高，产品或过程满足顾客要求的能力越强；σ水平越低，则产品或过程满足顾客要求的能力越弱。这就是六西格玛质量改进的理论依据。在产品或过程特性达到 6σ 水平时，表明在 100 万产品或过程环节中仅存在 3.4 个缺陷的可能性。

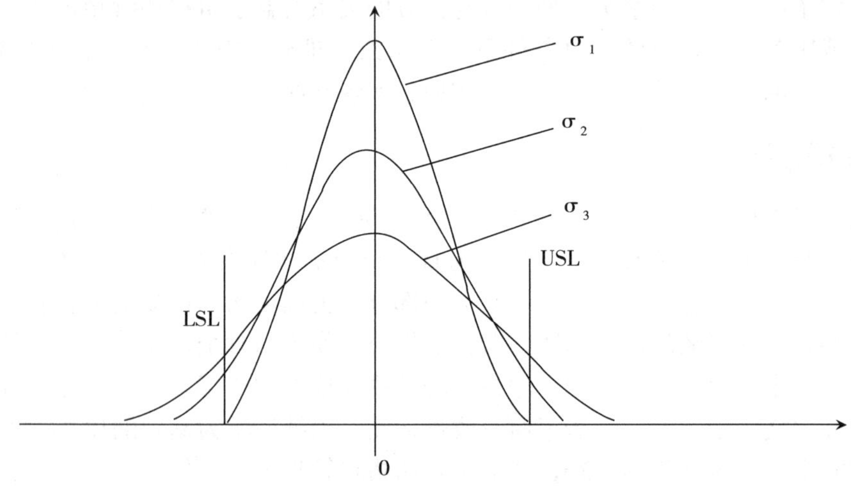

图 4－18　不同σ水平的数据散布

百万分之三点四可以用“3.4ppm”来表示（parts per million），这一结论存在一个前提条件，即在计算统计过程长期运行中出现缺陷概率时，一般考虑将上述正态分布的中心向左或向右偏移 1.5σ，即数据分布的中心与规格中心存在 1.5σ 偏差。产品或过程的不同σ水平与其合格率及 ppm 缺陷率如表 4－3 所示。传统的管理概念中认为 99%的合格率已经很高了，但事实并非如此。我们以包含 10 个步骤的工序为例，如果每个工序的合格率均为 99%，那么最终完成这一工序的合格率为：99% × ⋯ ×99% = 90.44%，那么要是一个由 100 个步骤组成的工序的合格率仅为 76.31%，而 500 个步骤的工序的合格率为 25.88%。

表 4－3　　不同σ水平的特征值

σ水平	合格率/%	ppm 缺陷率
1	30.23	697 700
2	69.13	308 700
3	93.32	66 810
4	99.379 0	6 210
5	99.976 70	233
6	99.999 660	3.4

由此可见，在社会化生产的条件下，99%的合格率是无法满足顾客要求的。

（二）六西格玛改进模式——DMAIC

推进六西格玛管理具体实施的模式称为DMAIC，分别代表了改进的五个阶段，即：定义（界定）阶段（define）、测量阶段（measurement）、分析阶段（analysis）、改进阶段（improvement）、控制阶段（control）。五个阶段前后相关联，依次实施可以有效实现六西格玛管理改进。这一逻辑严密的循环过程，类似于戴明环PDCA循环，是在多年的实践中总结出来的。DMAIC是以内部及外部顾客需求为关注点，将顾客满意及企业的经营目标和持续改进的过程紧密结合起来，通过定量分析需求创新的问题解决方案。改善过程中各个阶段具体活动内容如下：

1. 定义阶段

以识别顾客关键需求和需要改进的产品或流程为目标，明确项目改善的对象，并将其界定在合理的范围内。

2. 测量阶段

在界定的范围内对现有过程进行测量和评估，识别一切影响过程输出Y的影响因子X，并在测量前验证整个测量系统的有效性，确保测量的数据真实可靠。

3. 分析阶段

在明确影响因子的基础上进一步进行数据分析，确定影响过程的关键影响因子。一般遵循“二八原则”，即20%的影响因子对过程的影响程度占80%。关键影响因子的确定是后期改进的基础，也是决定改善效果的重要步骤。

4. 改进阶段

这一阶段是对关键影响因子进行改进，消除或减少其对于过程输出Y的影响，使改进后的过程中的缺陷率降至最低。改进过程可循环进行，直至找出最优的改进方案。

5. 控制阶段

将改进的成果进行巩固，把最终改进方案及成功经验形成制度化的文件，然后通过有效的监测维持改进的成果，并观测在长期施行过程中是否有不妥之处，以便持续进行改进。

（三）六西格玛改善活动对企业的影响

从六西格玛诞生到现在已经经历了三十年，从最初的统计方法或是管理过程改进工具，到逐渐被人们认知、接受，并逐步成为企业经营的理念，融入企业的文化之中。这种转变不仅说明了六西格玛作为管理改善工具的有效性，也反映出企业的经营者及全体人员追求顾客满意、挑战传统意识的坚定决心。现代企业在市场竞争中面临着前所未有的经营压力，特别是在信息化快速发展的近三十年，企业的经营能否紧跟时代步伐、能否果断进行变革、能否选择正确的管理方式已成为企业生死存亡的问题。而六西格玛管理以科学的方法、稳健的改进模式、全员参与、高效低耗的发展模式展现出其独特的战略意义，可以帮助企业突破自我、重组企业基因，使企业最终走向成功。

案例分析

通用电气的六西格玛管理

1995年通用电气公司（GE）开始全面实施六西格玛管理，公司的营业利润从1995年的 66 亿美元飙升为 1999 年的 107 亿美元，取得了巨大成功。六西格玛管理也体现在公司的各个层面。

GE 公司要求所有人员，包括市场营销人员和勤杂工都具有六西格玛的思维和行为方式。所有的工序，甚至是复印文件、电话应答，都要按照六西格玛要求，减少出错率。质量管理不再是那种目标不清、只是笼统地说质量有所改善的实践，而是根据顾客的要求来确定的管理活动。只要是顾客特别关注的项目就会受到高度重视。在 GE，六西格玛的实施由经过严格培训的被称为“黑带大师”和“黑带”的员工来带领和指导，他们时刻活跃于各种项目中，努力消除一切误差。培训“黑带”要花费四个月以上的时间，但要成为一名“黑带大师”得花费两年的时间。要获得正式认可的资格，“黑带大师”还必须主持二十个能够产生效益的项目。在 GE 公司里，最为庞大的是“绿带”队伍，他们是六西格玛管理实施的基础。他们业余时间参加质量控制项目，同时还要做好各自的本职工作。

六西格玛改进的效果是显著的。在 GE 金融服务集团，客户告诉公司他们常遇到的一个棘手的质量问题是，销售人员如何不必去做大量的查询工作就能直截了当地回答客户的问题。根据六西格玛的数据采集规则，每位销售员每周要有一本详细的记录，当客户提问后，销售员人员要立刻把问题记下来，然后记下是否立刻回答了这些问题。结论是只有 50%的问题可以立刻回答。对此数据做进一步分析，还发现什么样的问题销售人员没有准备、无法回答，因而确定需要接受什么样的培训。此外，还可确定什么样的人适合这项工作。同样，GE 金融服务抵押贷款公司实行了六西格玛方法管理，在处理客户的电话询问方面收到了明显的效果，于是他们就把这一模式移用于其他部门。韦尔奇说，过去客户有 24%的可能接触不到我们（抵押贷款公司），而现在第一次打电话就有 99%的机会与一位 GE 的销售人员说话；由于这种电话有 40%的生意，由此而带来的收益可达上百万美元。

六西格玛应用于公司所经营的一切活动，如债务记账、信用卡处理系统、卫星时间租赁、法律合同设计等。GE 借此运动基本消灭了公司每天在全球从事生产的每一个产品、每一道工序和每一笔交易的缺陷和不足。

思考：“六西格玛”给企业管理中哪些业务带来了变化？

本章小结

生产是将企业投入的资源转换为产品或服务的过程。实现这一过程涉及企业的多个部门，如研发部、采购部、企划部、营销部等。在企业内部，生产运作管理是核心，涵盖的内容也极为广泛，其中包含生产地的选址和布局，生产计划编排、实施与控制，生产现场管理，质量管理等内容。本章简要介绍了这些相关知识，学习了如何进行生产的空间和时间组织，如何合理编制生产作业计划；通过 5S 管理、看板管理等现场管理手段合理配置生产资源（4M1E），以及精益生产的内涵；现代生产质量管理体系涵盖的内容，构筑质量管理体系的八大原则，以及进行质量改进的管理方式——六西格玛管理。

实训项目

一、编制生产作业计划

以企业运营模拟小组为单位，进行生产作业计划的编制。在编制的过程中要充分利用企业的各种资源，保障企业每个生产环节在产品种类、数量和时间上的衔接性。组织有节奏的生产，同时保证生产的均衡性，以取得最好的经营效果。

1. 根据以下案例内容进行分析，小组讨论

某集团公司是一家中型民营企业，近几年企业的经营业绩每况愈下，公司高层下决心要进行改革。通过专业企业咨询机构的帮助，公司制定了一份年度计划。总经理要求各部门根据计划内容制定部门计划，而各部门负责人按照以往的制定方法，在前一年度的生产计划基础上根据个人经验进行了改动并呈报上去。但总经理觉得按照之前的方式行不通，就再次邀请咨询机构对部门计划进行修改，并下发执行。按照新计划要求，市场部门制定新产品导入方案，并交研发部门进行产品设计，生产部门也根据计划内容设置生产基地、分配生产数量。

在计划执行过程中，总经理由于个人原因离职，新总经理到任后对计划进行了修改。直至年底，各部门进行年度总结时发现多数部门均未按要求完成计划目标，于是部门负责人一起商讨原因。

生产部门："我们是按照计划内容逐步实施的，但过程中发现生产的产品再好、再多也卖不出去，年度计划制定有何作用?"

研发部门："现在的客户需求变化快，要求也越来越多样化，我们也只能根据市场部提供的信息进行产品改进，还要保证生产的可行性……"

市场部门："现在的市场风云变换、竞争残酷，我们修改销售策略也是不得已而为之，之前没计划时，我们做的不也是很好嘛!"

各部门你一言我一语，新任总经理不知如何向下讨论了。

思考：

(1) 制定企业年度计划的初衷是什么？流程是什么？

(2) 该集团年度计划实施失败的原因有哪些？

2. 生产计划制定

以企业运营模拟小组为单位，走访相关生产型企业，收集企业生产计划制定的信息，并以此为依据制定企业的年度生产作业计划。建议选择滚动生产计划编制的形式，并讨论制定计划的效果。每一小组形成一份生产计划实训报告。

二、生产作业流程安排——模拟游戏

以企业运营模拟小组为单位，一般 6～8 人，进行生产作业流程安排，并通过游戏的方式验证作业效果。通过进行"投入产出比"的计算，进行小组间的评价。

具体内容：

1. 角色扮演

教师——供应商、顾客

生产负责人——小组成员中选定一人

操作者——小组内其他成员

2. 生产产品

制作本小组"名片"。

3. 生产条件

各小组拥有启动资金 1 000 元，用以购买必要的生产设备和原材料，并包含劳务

费用。

具体项目如下：

原材料：A4 硬卡纸（297×210mm），10 元/张

生产设备：直尺，20 元/个

刀，20 元/个

剪刀，20 元/个

笔，10 元/个

人工费用：20 元/人·小时

生产产品：销售价格 2 元/个

生产场地：实训室长桌

4. 操作步骤

（1）每组设置生产工序，并根据生产条件确定人员安排。

（2）根据生产计划购买原材料。

（3）由生产负责人员进行生产，采用流水线形式。

（4）由教师（顾客）按照先后顺序进行验货、收货，每批次不小于 10 个产品。如验收批次中有产品不合格，则整批次退货，抽检数量由检验人员制定。

（5）限时 30 分钟，最终计算每组成功收货的数量，并计算总投入成本，包括原材料和生产设备。最终以投入产出比进行小组排名。

5. 活动思考

（1）如何合理安排生产计划？

（2）不同的工序安排生产效果有何差异？

（3）按照生产流水线的模式进行生产，如何控制生产节拍？

（4）如何控制产品质量？

（5）生产经营的效益有哪些影响因素？

同步测试

一、单项选择

1. 以产品多样化来满足顾客个性化需求，最为理想的生产形式是（　　）。

A. 大量生产　　B. 成批生产

C. 单件生产　　D. 多品种小批量生产

2. 某产品流水生产，计划日产量为 300 件，两班生产，每班规定有 12 分钟停歇时间，计划废品率为 5%，那么该产品生产的节拍的计算公式应为（　　）。

A. $r=\dfrac{8\times2\times60-(12\times2)}{300\div(1-5\%)}$　　B. $r=\dfrac{(8\times2-12\times2)\times60}{300\div(1-5\%)}$

C. $r=\dfrac{8\times2\times60-(12\times2)}{300\div(1+5\%)}$　　D. $r=\dfrac{(8\times2-12\times2)\times60}{300\div(1+5\%)}$

3. 推动 5S 活动，可以按（　　）。

A. 生产原则进行　　B. 标准化原则进行

C. 管理原则进行　　D. PDCA 循环原则进行

4. 滚动计划方法的优点是（　　）。
A. 计划是动态型的
B. 执行时可以灵活改变计划
C. 可以提高计划的连续性
D. 计划是动态型的并且可以提高计划的连续性
5. 全面质量管理概念源于（　　）。
A. 中国　　B. 日本　　C. 英国　　D. 美国
6. JIT 与传统生产系统对库存存在不同的认识，体现在（　　）。
A. JIT 将库存视为缓冲器　　B. JIT 将库存视为资产
C. JIT 认为库存占用资金和空间　　D. JIT 认为库存掩盖了生产管理的问题
7. 工作研究中，过程分析符号“□”的含义是（　　）。
A. 检验　　B. 搬运　　C. 操作　　D. 储存

二、多项选择

1. 生产计划的主要指标有（　　）。
A. 产量指标　　B. 销售额指标
C. 产值指标　　D. 品种指标
E. 质量指标
2. 生产作业管理的原则是（　　）。
A. 讲求经济效益　　B. 坚持以销定产
C. 实行科学管理　　D. 组织均衡生产
E. 实施可持续发展战略
3. 产品竞争力主要体现为产品的（　　）。
A. 性能　　B. 质量　　C. 产量　　D. 价格
4. 制造业企业生产过程一般由（　　）构成。
A. 基本生产过程　　B. 辅助生产过程
C. 生产技术准备过程　　D. 生产服务过程
E. 附属生产过程

三、分析说明

分析合理组织生产过程的基本条件。

第五章

走进财务部

知识目标

掌握企业财务管理的概念、特点、内容以及目标体系；

了解货币的时间价值；

掌握企业筹集资金的方式；

了解企业投资的渠道；

了解财务报表内容及分析方法。

技能目标

能够运用货币时间价值理论进行计算分析；

掌握财务报表的基本分析方法；

了解企业财务管理的内涵。

开篇案例

创办于1996年的合俊集团，是国内规模较大的OEM型玩具生产商，到2007年底，销售额已超过9.5亿港元。然而进入2008年之后，合俊的境况急剧下降。2008年10月，这家在玩具界举足轻重的大型公司的工厂没能躲过全球性金融海啸，成为了中国企业实体受金融危机影响倒闭的第一例。

表面上看起来，合俊集团是被金融风暴吹倒的，但是只要关注一下合俊集团的发展动态就会发现，金融危机只是压倒合俊集团的最后一根稻草。

2008年全球金融危机爆发后，整个玩具行业的上下游供应链进入恶性循环，生产成本持续上涨，主要原材料成本上升20%，加之劳务成本上升、人民币汇率波动等环境因素的影响，导致了合俊集团的资金链断裂。

从商业模式分析，合俊集团本身存在着巨大的风险。作为一个以代工为主营业务的生产企业，合俊并没有自己的专利技术，在经营中主要依靠欧美的出口订单。在全球金融危机爆发后，依靠出口市场的贴牌企业首先受到冲击。

其实早在2007年，合俊集团就已经认识到了过分依赖加工出口的危险。2007年9月合俊计划进入矿业，以约3亿元的价格收购了福建天成矿业48.96%股权。天成矿业的主要业务是在中国开采贵金属及矿产资源，拥有福建省大安银矿。

截至2008年3月份，合俊集团付给天成矿业2.69亿元的现金，这也直接导致了厂里资金链出现问题。

本以为可以通过多元化经营走出过分依赖出口市场的困局，然而令合俊集团始料未及的是：这家银矿一直都没有拿到开采许可证，无法给公司带来收益。收购矿业投入的这笔巨额资金，最终使合俊没能挨过制造业刚刚遭遇的冬天。

思考：现金流对企业有何意义？企业进行多元化生产或投资时如何管控风险？

职场情境导入

一、财务部职能简介

在企业的三大职能中，财务职能的作用不容小觑，很多企业破产并不是由于营销不善、生产效率低，而是由于财务管理环节出现问题。企业的财务部是具体实施企业财务管理职能的部门，以企业整体目标为指引，进行资产的购置（投资）、资本的融通（筹资）和经营中现金流量（营运资金）以及利润分配的管理。通过对企业财务状况的监管，可以保障企业健康正常地运营，同时支撑企业产品研发、战略规划、营销采购等职能。

财务部主要业务：

（1）负责制定企业年度经营计划。

①制定企业的财务目标、政策及操作程序。

②编制企业年度财务预算，并监督、检查、总结执行情况。

③根据执行效果进行计划调整。

（2）健全企业内部财务管理、审计制度。

（3）负责编写企业经营管理状况的财务分析报告。

（4）编制财务报表，分析公司债务和现金流量及各项业务情况。

（5）分析公司融资风险和资本结构，进行融资成本核算，提出融资计划和方案；防范融资风险。

（6）做好与国家工商、税务、银行、统计、审计等政府部门的沟通协调。

（7）对企业内部各部门的资产进行管理。

（8）完成董事会、总经理授权或交办的其他工作。

二、财务部组织结构

财务部由企业的财务总监负责，下设相关部门及办事人员，处理企业财务管理中相关事务。财务总监一般要具备丰富的金融、财务、会计知识并能洞悉金融市场，善于进行公司理财和风险管理，并对企业的战略规划、产品研发、生产运营等有深刻理解。财务总监在企业管理层中的地位较高，与董事长、总经理并称为“三驾马车”。财务总监一般由董事会或总经理委派。根据财务部主要工作内容进行组织设置，如战略管理、资本运作管理、会计系统管理、成本系统管理、财务控制体系管理、税费系统管理以及薪酬系统管理等。一般财务部门组织结构如图 5－1 所示。

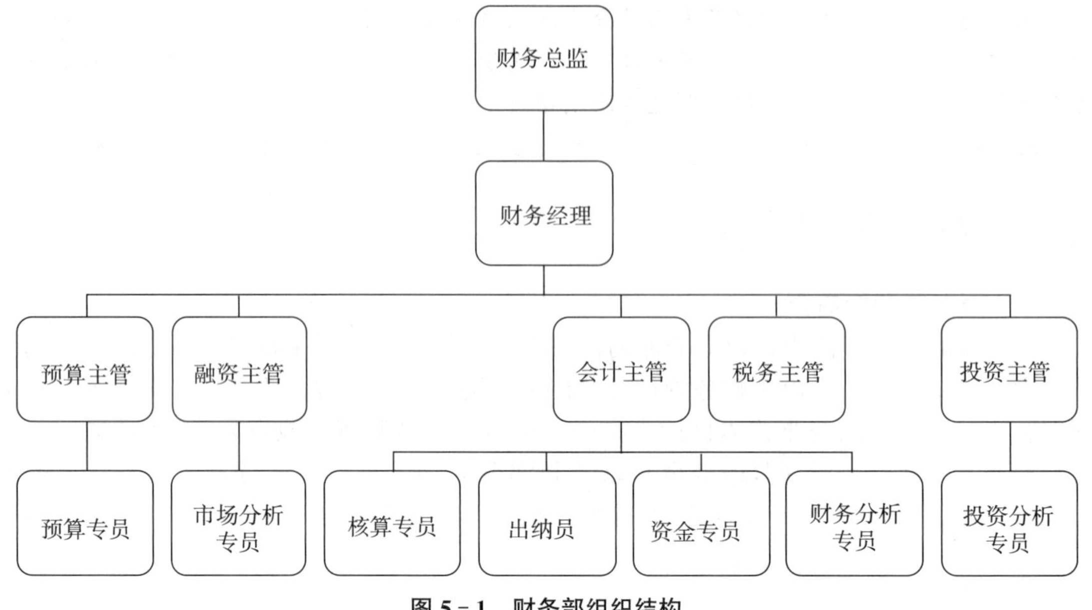

图 5-1　财务部组织结构

第一节　财务管理概述

一、财务管理的概念

企业财务管理一般指企业的资金活动，是在一定的整体目标下，关于资产的购置（投资，investment）、资本的融通（筹资，financing）和经营中现金流量（营运资金，working capital）以及利润分配的管理。西方的财务学主要涵盖三大领域，即公司财务、投资学和宏观财务。其中的公司财务我们通常称为公司理财。

什么是公司理财？假如你创办一家制造型企业，你需要雇用人员购买原材料以及从事生产、销售等工作。从理财的角度来说，就是将资金投资于存货、机器、土地和劳动力的购置活动，而货币资金顺序通过供应、生产、销售等三个阶段，分别以供应资金、生活资金及成本资金等形式表现出来，并最终又回到货币资金，这一循环称为资金周转。在循环往复的过程中，为企业的所有者创造价值。这也是企业生产经营活动具有二重性的体现，表现为使用价值的生产和交换过程及价值的形成和实现过程。企业的财务活动在经营过程中表现为筹资活动、投资活动、资金营运活动及利润分配活动。

企业的资金活动和财务活动中也与相应的经济利益关系相关联，即企业财务关系。企业财务关系主要包括企业与投资者、企业与债权人、债权人之间、企业与债务人、债务人之间、企业与供应商、企业与客户、企业与政府部门、企业内部各部门、企业与员工之间的经济关系，实质体现出的是人与人之间的经济利益关系。

综上所述，现代企业财务是指在企业生产经营过程中客观存在的资金活动及过程中所体现的经济利益关系，即财务活动与财务关系的总和。

二、财务管理的目标

（一）财务管理与企业经营目标的关系

企业是组织众多个人开展经济活动的一种形式，是营利性组织，经营的根本目的是获利。在激烈的市场竞争中，企业始终会面对生存与倒闭、发展与衰退的矛盾，而企业管理的最终目标就是实现企业的生存、发展。企业财务管理的目标也是从中而来的。

1. 企业经营管理的基本目标——生存

如何在激烈的市场竞争、社会的快速发展中谋求生存是企业经营的基本目标，而只有谋求生存，企业才能在经营的过程中获利，生存的基本条件就是营收能够抵偿支出和偿还到期债务。很多企业破产的内在原因就是长期亏损、入不敷出，而外在的直接体现就是无法偿还到期债务。在企业财务管理过程中很重要的目标就是能够实现收支平衡，具备偿还到期债务的能力，降低企业破产的风险。这是财务管理的第一要务。

2. 企业经营管理的最终目标——发展

在生存中谋发展、在发展中求生存，这是企业经营之道。优胜劣汰是市场竞争中生存发展的自然选择。企业经营停滞则意味着危机步步逼近，是消亡的前奏。企业为求发展就要努力扩大销售，提高营收水平。这就需要投入各种资源，提高技术和质量，改进工艺，提升人员素质，增强企业竞争力。这些都需要资金的投入，这就需要企业有相应筹集资金的能力。

（二）财务管理目标内容

企业经营管理目标的实现需要财务管理支持，企业财务管理的目标可归结为以下几点。

1. 利润最大化

利润最大化是指企业通过相关财务管理活动，不断增加企业利润，并朝着利润最大化的方向发展。利润代表企业新创造的财富，利润越多则说明企业的财富增加越多，在一定程度上反映出企业经济效益的高低和社会贡献程度的大小。利润是企业生存和发展所需的资本来源。在追求利润最大化的目标过程中，还需综合考虑资金的时间价值、经营风险、企业中长期目标以及利润的财务核算方式等方面的影响。

2. 资本利润率最大化

企业是由股东出资成立的，股东作为企业的所有者，其投资的目标是获取资本收益。其中资本利润率（或称为资本收益率）是利润额（净利润）与资本额的比率。资本利润率越高，说明企业自有投资的经济效益越好，投资者的风险越小，值得继续投资，对股份有限公司来说就意味着股票升值。

3. 企业价值最大化

企业价值是企业全部财产的市场价值，反映了企业能带给所有者的未来回报能力。企业价值最大化是指通过财务上的合理经营，采取最优的财务政策，充分利用资金的时间价值和风险与报酬的关系，保证将企业长期稳定发展作为首要目标，强调在企业价值增长中应满足各方利益关系，不断增加企业财富，使企业总价值达到最大化。相对于股东收益最大化，企业价值最大化最主要的是把企业相关者的利益主体整合为企业唯一的主体，在企业价值最大化的前提下，也必能增加利益相关者之间的投资价值。

4. 社会价值最大化

由于企业的经营涉及社会方方面面的利益关系，为此企业目标的实现，不仅要从企业本身考虑，还必须从企业所从属的更大社会系统来考虑。其中包括与政府的关系、与员工的关系以及与社区的关系等。企业在自身发展过程中必须承担一定的社会责任，包括为社会提供就业机会、经营中讲求诚信、维护消费者利益、支持公益事业、保护自然环境和社会环境等。社会价值最大化就是要求企业在追求企业价值最大化的同时，实现预期利益相关者的协调发展，形成企业的社会责任和经济效益间的良性循环。

第二节　财务管理的内容

一、筹资管理

筹资是指企业为满足生产经营资金的需要，向外部单位或个人以及从其企业内部筹措资金的一种财务活动。企业资金的筹集是生产经营活动的先行保证，可以满足企业创建对资金的需要，满足企业发展对资金的需要，保证日常经营活动顺利进行，调整企业资本结构。在筹资过程中，首先根据企业发展的战略需要和筹资计划确定各个时期企业筹资的规模，保证企业发展所需的资金；其次要选择合适的筹资渠道、筹资方式或工具，合理确定筹资结构，以达到降低筹资风险及成本、提升企业价值的目的。

（一）筹资的渠道与方式

1. 筹资渠道

筹资渠道是指筹措资金的方向与通道，反映可供企业选择的资金来源渠道与供应量。了解筹资渠道的种类和特点有利于正确选择和提高筹资效率。目前，企业可以利用的筹资渠道主要有：

（1）国家财政资金。国家投资主要包括国家直接拨款、税前还贷、减免税款。国家投资是国有企业（特别是国有独资企业）资金的主要来源。

（2）银行信贷资金。这是现在企业最为重要的资金来源。信贷资金的特点是：有偿性，即存款有存有取、贷款有借有还，均须支付一定的利息；周转性，存款和贷款的过程是循环往复的；融通性，企业和银行可以对资金在时间和空间上进行灵活调剂，即此存彼贷、此贷彼还的方式。

（3）非银行金融机构资金。

（4）其他企业资金。

（5）民间资金。

（6）境外资金。

（7）企业自留资金。

2. 筹资方式

筹资的方式是指企业筹集资金采用的具体形式。现代企业主要筹资的方式有：

（1）内部积累。通过良好的经营过程，将生产的产品尽快销售，提高资金周转效率，并在这一过程中积累自有资金，用于扩大再生产、补充流动资金不足。

（2）吸收直接投资。主要来源于国家财政投入，特别是国家或地方重点建设、扶植的产业，在符合国家政策的前提下，企业可以积极争取。此外，本着“共同投资、共同经营、共担风险、共享利益”的原则，还可以吸引企事业单位、个人等投入的资金。投资者可以以现金投资，可以以建筑物、设备等固定资产投资，可以以原材料、商品等实物投资，也可以以商标权、专利权、商誉等投资，还可以以土地使用权投资。

（3）银行借贷。贷款以是否需要担保为标准，可分为信用贷款和抵押贷款。信用贷款以借款企业或担保人的信誉为担保，无实物担保。而抵押贷款则是由借款企业提供相应的固定资产或证券作为抵押品，向银行借款。银行贷款按照时间长短可以分为长期、中期和短期贷款，利率也随时间长短有所差异。

（4）发行股票。公司制企业可以向社会法人定向募集股份，可以向本企业职工募集，上市公司也可以向社会公众募集，通过股份和股票的运作实现企业筹资。其中包括发行普通股和优先股，普通股持有者一般具有公司管理权、分享盈余权、出售或转让股份权等，优先股持有者除了与普通股持有者享有相似的权利外，还具有优先分配股利权、优先分配剩余资产权等。

（5）发行债券。对于负债比率低、市场信誉好、不便采用发行股票的方式募集资金的企业，可以选择申请发行企业债券的方式进行社会筹资。企业债券按票面有无记名，可分为记名债券和无记名债券；按照有无抵押品担保可分为抵押债券、信用债券和担保债券；按照利率可分为固定利率债券和浮动利率债券；按照能否转换为公司股票可分为可转换债券和不可转换债券。

（6）租赁筹资。企业作为承租人，根据签订的租赁契约向出租人给付一定的租金，以获得在规定时期内租赁物的经营权或使用权。其可以分为对生产设备的租赁与对企业的租赁两种。对生产设备的租赁又可分为融资租赁方式和服务性租赁方式。其中融资租赁是世界性的现代融资手段，已被企业广泛采用。

（7）商业信用。此种筹资方式是在企业经营活动中的临时短期性借贷融资形式，在企业之间的商品交易过程中以预售货款、延期付款的形式进行购销活动。

（8）杠杆收购。杠杆收购也称为举债购买，是中小企业在并购其他企业时常采用的形式。筹资企业以拟购买企业的资产作为抵押获取贷款，然后以获取的贷款及自筹差额支付购买企业所需的设备。此种方式负债经营的风险较大，需要准确的决策和丰富的经营管理能力。

筹资渠道与筹资方式之间存在着一定联系。同一个筹资渠道获得的资金可以对应不同方式，而同一筹资方式又可以适用于不同的筹资渠道。在筹资过程中需要综合考虑，优化选择。

（二）筹资决策

企业在筹资过程中选择渠道和方式要根据一定的程序和科学的方法进行决策。通过计算筹资成本，选择恰当的筹资方式，确定合理的筹资期限，构筑最佳的资本结构，从而进行正确的筹资决策。

1. 资金成本

无论企业以何种方式筹集资金，都需要付出相应成本。资金成本是指企业为筹集和使用资金而付出的代价。资金成本包括资金筹集费用和资金占用费用两部分。前者是指资金筹集过程中支付的各种费用，如发行股票、发行债券支付的印刷费、评估费、公证费、担保费及广告费等。需要注意的是，企业发行股票和债券时，支付给发行公司的手续费不作为企业的筹集费用。因为此手续费并未通过企业会计账务处理，企业是按发行价格和除发行手续费后的净额入账的。后者是指占用他人资金应支付的费用，或者说是资金所有者凭借其对资金所有权向资金占用者索取的报酬，如股东的股息、红利、债券及银行借款支持的利息。

资金成本与所筹集的资金总额相关，因此不同的筹集金额所花费的成本也不同，为了量化比较，在计算过程中常用资金成本率来表示，即企业筹集资金所付出的成本与筹集资金净额对比。其具体公式如下：

$$K=\frac{D}{P(1-f)} \text{ 或 } K=\frac{D}{P-F}$$

式中：K——资金成本率；

D——资金占用费；

P——筹集资金总额；

f——筹资费用率，筹资费用与筹集资金总额的比率；

F——筹资费用。

在经济范畴内，资金成本的性质表现在：第一，资金成本是商品经济条件下资金所有权和资金使用权分离的产物，是资金使用者向资金所有者或中介人支付的占用费和筹资费；第二，资金成本具有一般产品成本的基本属性即同为资金耗费，又具有不同于一般产品成本的某些特征；第三，资金成本的基础是货币时间价值，但两者从数值上又不完全相等，通常资金成本还包括投资风险报酬价值。

在市场经济条件下，影响企业资金成本的因素主要包括内部和外部两个方面。

内部因素主要体现在企业自身经营和融资的状况，特别是经营风险和财务风险的大小对于企业资金成本的影响。企业经营风险体现在企业预期资产收益率的变动上，财务风险则反映出企业融资结构和到期偿还债务的可靠性程度。如果企业内部两方面风险较大，投资者则会要求增加投资风险附加率，资金成本则会随之上升；反之，如果投资者降低投资风险附加率，资金成本则会下降。

外部因素则表现在资金市场环境变化的影响，主要体现在供需变动导致投资者改变要求的投资收益率方面。一般情况下，当市场货币需求增加而供给没有增加时，投资者要求的投资收益率会上升，资金成本也会随之上升；反之，则会下降。

2. 筹资方式的选择

企业主要的筹资方式有发行股票、发行债券、银行借款、商业信用、融资租赁等。每种方式都有其特点，企业应根据所需从不同角度比较后进行选择。主要考虑的因素有资金成本、筹资风险、筹资便利性、筹资灵活性、筹资期限以及特殊限制等，选择筹资方式应根据相应条件综合考虑。相应筹资方式特点比较如表 5－1 所示。

表 5－1　　筹资方式特点比较

影响因素	特性	筹资方式排序
资金成本	高→低	股票、租赁、债券、银行借款、商业信用
筹资风险	大→小	银行借款、债券、租赁、商业信用、股票
筹资便利性	难→易	股票、债券、银行借款、租赁、商业信用
筹资灵活性	大→小	商业信用、银行借款、租赁、债券、股票
筹资期限	长→短	股票、租赁、债券、银行借款、商业信用
限制条件	大→小	租赁、商业信用、银行借款、债券、股票

筹资方式除了以上划分方式外，还可以根据期限分为长期筹资和短期筹资。一般情况下，短期筹资不超过一年，筹资期限一年以上的为长期筹资。短期筹资主要考虑资金成本和筹资的灵活性，其中灵活性体现在企业需要资金时可以及时获取、不需要时可以及时偿还，如商业信用、短期银行借款、短期债券等。长期筹资主要考虑资金成本和筹资风险：有时长期筹集资金成本较低但筹资风险较高，如长期银行借款和长期债券；有时筹资风险小但资金成本较高，如发行股票。在进行长期筹资决策时，应反复权衡筹资风险和资金成本，一般情况下要考虑多种筹资方式。

3. 筹资期限的确定

筹资期限的确定应根据筹集资金预计使用的期限进行判断。短期需要的资金应采用短期筹资方式，长期需要的资金则应采用长期筹资方式。例如：购置固定资产是企业长期投资项目，在筹资过程中应采用长期筹资方式，如采用短期筹资方式，资金借贷时间短，可能会使企业资金周转发生困难，增加财务风险；而购买生产用原材料所需资金应采用短期筹资方式，原材料储存时间短，资金周转快，如采用长期筹资方式会造成资金闲置，造成利息支出损失浪费。

在企业筹资期限的选择上，除了资金的使用期限影响因素外，还有公司资产类型和企业领导的偏好。如果企业的流动资产较多，可以优先选择短期筹资方式；反之，可优先选择长期筹资方式。企业的高层管理者如总经理、财务总监等的经营理念，也会对筹资期限选择有所影响：如注重收益性，则可采用筹资成本低、风险大的方式；如注重稳妥性，则可采用风险小、筹资成本较高的方式。

二、投资管理

（一）投资概述

企业经营最终的目标是持续获取收益，这一过程中需要企业持续加强自身经营实力并扩展业务领域，伴随这一系列经营活动的是不断地投资于现有和未来发展的业务。企业的投资也是为了在未来一段时期内获得更多经营收益或使资金增值，是对未来收益的累积。从经济学角度来说，投资是指用某种有价值的资产，其中包括资金、人力、知识产权等，投入到某个企业、项目或经济活动中，以获取经济回报的商业行为或过程。

投资按照不同分类标准可以分为以下四种类型：

（1）按照投资对象划分，可以分为固定资产投资、无形资产投资、流动资产投资、有价证券投资等。

（2）按照投资方介入程度划分，可以分为直接投资和间接投资。直接投资是指投资者将货币资金直接投入投资项目，形成实物资产或者购买现有企业的投资。通过直接投资，投资者便可以拥有全部或一定数量的企业资产及经营的所有权，直接进行或参与企业的经营管理。间接投资是指投资者以其资本购买公司债券、金融债券或公司股票等各种有价证券，以预期获取一定收益的投资。由于其投资形式主要是购买各种各样的有价证券，因此也被称为证券投资。与直接投资相比，间接投资的投资者除股票投资外，一般只享有定期获得一定收益的权利，而无权干预被投资对象对这部分投资的具体运用及其经营管理决策；间接投资的资本运用比较灵活，可以随时调用或转卖，更换其他资产，谋求更大的收益。

（3）按照投资方向划分，可以分为内部投资和外部投资。内部投资是将资金投向企业内部，购置所需资产；外部投资是企业以现金、实物或无形资产等形式投向其他企业组织或有价证券领域。

（4）按照投资期限的长短划分，可以分为长期投资和短期投资。一般以一年为限，一年以上能够收回的为长期投资，一年以下能够收回的为短期投资。

本节内容重点介绍对企业经营管理和损益有重大影响的固定资产投资，说明固定资产投资的原则及评价标准（包括货币的时间价值）。

（二）固定资产投资

1. 固定资产投资影响因素

固定资产投资是企业为经营建造和购置固定资产的经济活动，其中包括固定资产更新、扩建、改建、新建等活动。固定资产的特点是初期投资数额大，投资回收周期长，投资风险较大，对企业的资金流动和经济效益影响较大且深远。为此，在进行固定资产投资决策时，应多方位考虑其影响因素，科学分析判断选择适合企业中长期发展的投资方案。影响企业进行固定资产投资的因素有以下几个方面：

（1）资金成本。

固定资产投资首要考虑的因素就是资金成本，资金成本率是设定固定资产投资项目的最低回报率，如方案投资回报率低于资金成本率，则该方案在财务方面不具备可行性。

（2）筹资能力。

一般情况下，企业的投资规模和企业筹资能力成正比。如果设定的固定资产投资方案非常适合企业发展要求，但需要的资金投入超过了企业能够筹集的范围，实际上该方案也是无法实施的。所以筹资能力是制约企业投资规模的关键因素。

（3）预期回报率。

企业的一切经营活动都是为了获取相应利润而进行的，进行固定资产投资一般会设定预期回报率，如果测算预定方案的预期回报率比设定值小，即使其高于资金成本率，该方案也有可能被企业放弃。

（4）现金流量。

由于固定资产占用资金数额大、投资回收周期长、风险高，因此在进行投资决策中必须充分考虑货币的时间价值（time value of money，TVM）、资金成本、风险报酬和现金流量等因素，其中现金流量是首要环节。现金流量是指一个投资项目实施导致企业现金支出和现金收入增加的数量。这里的“现金”包括货币资金以及非货币资源的变现价值。现金流是支撑企业购买生产所需的原材料、支付员工劳动报酬、分发红利的基础。如果固定资产投资方案会对一定时期内企业的现金流量带来不稳定的影响，也会降低其可行性。

（5）投资风险。

企业的任何投资活动均存在风险因素，收益越大需要承担的风险就越高。企业在进行固定资产投资决策时需要进行权衡，在收益和风险达到均衡状态时才能最大化实现企业的投资目标。

2. 固定资产投资程序

通常情况下，固定资产投资是企业最重要的决策项目之一，从提出方案到最终实施的过程中，需要企业内多部门的参与和协作，并遵循一定的决策程序。

（1）提出方案。

固定资产投资方案需要根据企业的中长期发展战略和内外部投资环境确定。如：营销部提出未来市场所需的新产品开发方案，生产技术部就需要提出相对应的固定资产更新方案。

（2）制定评价标准。

项目评价标准出发点是能否给企业的经营带来价值。对固定资产投资方案进行财务可行性评估是投资决策的关键步骤。其中包括投资项目对于企业现金流量的影响以及财务风险的评估。此外还应考虑实施方案的技术先进性和时效性。

（3）投资方案决策。

在最后决策过程中，决策者应考虑企业外部宏观经济环境和政策因素对投资方案的影响、选择的投资时机是否恰当、预计产生的投资风险是否在可接受的范围内、备选的投资伙伴是否符合企业的要求等。在充分考虑多方因素后，做出最后决策，并由财务部门编制详细预算。

（4）投资方案的实施。

在投资方案进入具体实施环节后，企业相关人员还应持续关注企业内外部经营条件的变化对方案执行产生的积极或消极的影响。如果发现决策的关键因素发生较大变化时，企业应果断采取相应对策，对原有方案进行修正或中止实施，避免造成无法挽回的损失。

3. 资金时间价值

在固定资产投资决策过程中，应使用不同的指标从不同角度对方案进行评估，通过定量化的标准可以客观地衡量和比较项目的可行性和投资效益，并做出最合理的选择。项目决策主要是安排资金的使用，在学习相关评价指标前，我们先来了解一下资金的时间价值。

资金的时间价值是指资金随着时间的推移而发生的增值，也称为货币时间价值。通俗地说，货币的时间价值就是指当前所持有的一定量货币比未来获得的等量货币具有更高的价值。为计算资金的时间价值，应弄清楚以下几个基本概念。

（1）现值，又称为本金，是未来某一时间点上一定量资金折合为现在的价值。

（2）终值，又称为将来值或本利和，是指资金的现值按照一定的利息率计息后，经过一定时间后的资金新值。

（3）资金成本，是指企业取得资金的成本，也就是使用资金应支付的代价或报酬。

（4）资金流量，是指资金按照一定方向流动的数量，包括资金流出量、资金流入量和资金净流量。

从经济学的角度而言，体现在当前的一单位货币与未来一段时期的一单位货币的购买力不同。例如：1元钱在当前和一年后同样可以购买到相同的商品，但其价值却不相同。现在的100元钱如存入银行，利率是3%，一年后所得就是103元，这两个数值的货币具备相等的价值。

根据是否考虑资金的时间价值，可以将投资决策评价指标分为贴现指标和非贴现指标。非贴现指标也称为静态指标，即不考虑资金时间价值因素影响，主要包括投资收益率、投资回收周期等。考虑资金的时间价值的指标为贴现指标，主要包括净现值、净现值率和内部收益率等指标。

（1）投资收益率。

投资收益率也称为投资报酬率，是指项目投资方案的年平均利润额占平均投资总额的百分比，判断的标准是投资项目的投资利润率越高越好。只有投资收益率大于或等于无风险投资收益率的投资项目才具备可行性。

$$投资收益率=\frac{年平均利润}{平均投资总额}\times 100\%$$

上式中分子是平均利润，不是现金净流量，也不包括折旧因素，分母的平均投资总额可以用投资总额的50%来估算，一般不考虑固定资产的残值。

（2）静态投资回收期。

投资回收期是指收回全部投资总额所需的时间，只有静态投资回收期指标小于或等于基准投资回收期指标时，项目才具备可行性。回收期越短，方案对投资者越有利。在经营期年现金流量相等时，其计算公式如下：

$$投资回收期=\frac{投资总额}{年现金净流量}$$

其中年现金净流量是指在投资活动过程中，由投资项目引起的年度现金流入和支出的数量，即现金流入量与现金流出量之间的差额。

例1：某企业有A、B两个投资方案，投资总额均为20万元，用于购置新的生产设备，使用期限为5年，可采用直线折旧法，无残值，具体资料如表5-2所示。

表5-2　　某企业投资折旧方案　　单位：元

项目 计算期	A方案		B方案	
	利润	现金净流量	利润	现金净流量
0		(200 000)		(200 000)
1	30 000	70 000	20 000	60 000
2	30 000	70 000	28 000	68 000
3	30 000	70 000	36 000	76 000

续前表

项目 计算期	A 方案		B 方案	
	利润	现金净流量	利润	现金净流量
4	30 000	70 000	44 000	84 000
5	30 000	70 000	52 000	92 000
合计	150 000	150 000	180 000	180 000

①比较 A、B 两方案的投资收益率。

②计算 A 方案的投资回收期。

解：① A 方案的投资收益率 $=\frac{30\ 000}{200\ 000/2}\times 100\%=30\%$

B 方案的投资收益率 $=\frac{180\ 000/5}{200\ 000/2}\times 100\%=36\%$

从结果可以看出，B 方案的投资收益率比 A 方案的投资收益率高 6%，因此应选择 B 方案。

解：② A 方案的投资回收期 $=\frac{200\ 000}{70\ 000}=2.86$(年)

(3) 净现值和净现值率。

净现值是指在投资项目的整个实施期限内，按照基准收益率计算的各年净现金流量现值的代数和；净现值率是投资项目的净现值占原始投资现值的比率。净现值是一个绝对数指标，净现值率则是相对数指标。只有净现值和净现值率均大于或等于零时，投资项目才具备财务可行性。净现值法考虑了资金的时间价值和整个项目寿命周期内的现金流量，反映了项目投入和产出的动态关系，是项目投资决策评价过程中最重要的指标之一。

(4) 内部收益率。

内部收益率也称为内部报酬率，是投资项目在项目计算期内各年现金净流量现值合计数等于零时的贴现率，也可以将其视为能使投资项目的净现值等于零时的贴现率。只有内部收益率大于企业的资金成本时投资项目才具备财务可行性。

(三) 成本管理和利润管理

1. 成本管理

(1) 成本管理的含义。

在企业经营过程中，无论是生产活动还是管理活动，一切经营活动均需要耗费相应资源，在企业财务管理中体现为成本。成本是企业为生产产品而产生的全部生产成本，包括直接材料费、直接人工费、制造费用及其他直接支出的总和。

成本管理则是在企业经营过程中对于一切资金消耗的反映，是运用科学的管理方法进行有效的成本控制，努力降低成本费用的企业财务管理活动。企业通过成本管理，可以减少单位产出的投入，提高经济效益。此外，通过成本管理还有利于改进企业经营管理效率，提升企业管理水平，提高企业的综合竞争力。

成本管理在经济活动中的作用如下：

①成本是企业制定产品价格的基础。产品的价格是其价值的货币体现。一般情况下，

产品的价值不能直接计算出来。成本作为其价值的主要组成部分，可以反映出产品价值的大小。在准确核算产品成本基础上估算其价值，并最终决定产品的价格。

②成本是企业盈亏核算的依据。企业的经营活动都是为了提升自身竞争力，获得经济效益。只有当企业当期收入大于其支出时，才能获利。成本是产品售价的最低经济界限。如果销售收入低于总成本，则企业亏损；反之，则企业盈利。

③成本是企业进行经营决策的依据。企业在经营过程中努力提高其竞争能力和经济效益。其中产品是否具备市场竞争优势，价格是很重要的判断因素。在市场经济条件下，市场竞争很多情况下就是价格的竞争，而价格的竞争也就是成本的竞争。企业通过产品成本可以判断其市场竞争力，综合其他影响因素从而做出相应的经营决策。

（2）成本分类。

①按照应用情况可分为财务成本和管理成本。

财务成本是根据企业一般成本管理要求，根据国家统一的财务会计制度和成本核算规定，通过正常的成本核算程序计算出来的企业成本。它可以是产品成本，也可以是劳务成本。管理成本是企业行政管理部门为组织和管理生产经营活动而发生的各项费用支出，例如工资和福利费、折旧费、办公费、水电费和保险费等。

②按照经济用途可分为产品成本和期间费用。

产品成本也称作制造成本，是生产制造过程中与产品联系最为密切的直接材料成本、直接人工费用、制造费用和其他直接支出的综合。

● 直接材料成本，是指直接用于产品生产的原材料、辅助材料、外购材料以及其他直接材料等。

● 直接人工费用，是指支付给直接从事产品生产人员的工资、奖金、津贴等费用。

● 制造费用，是指直接生产产品和提供劳务而发生的各项间接费用，包括生产管理人员的工资、福利费，生产用固定资产折旧费、水电费、维修费、取暖费、保险费以及其他可以归集为制造费用的费用。

● 其他直接支出，是指企业按规定提取的职工福利费等。

期间费用是指不直接归属于某一产品成本的费用，是企业为组织和管理生产经营、筹集生产经营所需资金以及销售商品等而发生的各项费用，包括管理费用、财务费用和销售费用等。

● 管理费用，指企业中的行政管理部门为管理和组织生产经营活动所发生的各项费用。管理费用包括的内容较多，以生产型企业为例，具体包括：公司经费，即企业管理人员工资、福利费、差旅费、办公费、折旧费、修理费、物料消耗、低值易耗品摊销和其他经费等；工会经费，即将职工工资按照一定比例进行计提并作为工会的经费；此外还有职工教育经费、劳动保险费、咨询费、审计费、诉讼费、土地使用费、技术转让费、技术开发费、无形资产摊销费、坏账损失、业务招待费等。

● 财务费用，指企业为进行资金筹集等理财活动而发生的各项费用。财务费用主要包括利息净支出、汇兑净损失、金融机构手续费和其他因资金而发生的费用。

● 销售费用，指企业在销售过程中所发生的费用。对生产型企业而言，销售费用是指企业在销售产品、自制半成品和工业性劳务等过程中发生的各项费用以及销售本企业产品而专设销售机构的各项费用。其具体包括应由企业负担的运输费、装卸费、包装费、保险费、展览费、广告费、租赁费和销售服务费用，销售机构人员的工资、福利费、差旅费、办公费、修理费、固定资产折旧费等。但企业内部的销售部门属于行政管理部门，所发生的经费开支，不包括在销售费用之内，而应列入管理费用。

③按照成本的性质状态可分为固定成本和变动成本。

● 固定成本，是指成本总额在一定时期和一定业务量范围内，不受业务量增减变动影响而总额保持不变的成本。但是，相对于单位业务量而言，单位业务量所分摊的固定成本与业务量的增减成反比关系。固定成本包括企业管理人员的工资、固定资产折旧费等。

● 变动成本，是指那些成本的总额在相关范围内随着业务量（产销量）的变动而呈线性变动的成本，包括直接人工费、直接材料费、制造费用等。在一定期间内它们的发生总额随着业务量的增减而成正比例变动，但单位产品的变动成本则保持不变。

（3）成本预测。

①成本预测的内容及意义。

成本预测是指企业运用一定的科学方法，根据企业的实际经营情况，对未来成本水平及其变化趋势做出科学的估计。通过成本预测，可以掌握未来的成本水平及其变动趋势，作为编制成本计划和成本控制的基础，有助于减少经营决策的盲目性，有利于经营管理者选择最优方案、做出正确决策。成本预测是企业进行全面成本管理的前提。随着市场经济的发展，企业的成本管理工作的重心由事后管理逐步过渡到事前控制上，所以，成本预测为企业合理降低成本、提高经济效益起到了非常重要的作用。

②成本预测的主要方法。

● 定量预测法，是指根据历史资料以及成本与影响因素之间的数量关系，通过建立数学模型来预计推断未来成本的各种预测方法的统称。

● 趋势预测法，是按时间顺序排列有关的历史成本资料，运用一定的数学模型和方法进行加工计算并预测的各类方法。趋势预测法包括简单平均法、平均法和指数平滑法等。

● 因果预测法，是根据成本与其相关因素之间的内在联系，建立数学模型并进行分析预测的各种方法。因果预测法包括本量利分析法、投入产出分析法、回归分析法等。

● 定性预测法，是预测者根据掌握的专业知识和丰富的实际经验，运用逻辑思维方法对未来成本进行预计推断的方法的统称。

（4）成本计划。

成本计划是企业生产经营总预算的一部分，在成本预测的基础上制定相应计划。成本计划的内容包括两个部分：一是费用预算，包括销售费用、管理费用、财务费用等期间费用；二是产品成本计划，包括全部产品成本计划、主要产品单位成本计划、按产品类别或成本项目类别划分的单位成本计划等。

（5）成本控制。

成本控制是一定时期内企业根据预先建立的成本管理目标，对生产经营过程中发生的耗费进行控制，对各种影响成本的因素和条件采取的一系列预防和调节措施，以保证成本管理目标实现的管理行为。成本控制强调的是对企业生产经营的全过程进行控制，包括成本预测、成本计划、成本分析、日常控制与考核等，具体方法如下：

①目标成本法。

目标成本法是在市场经济条件下，以顾客需求为导向，在产品规划、设计阶段设定相应产品成本目标，运用价值工程，进行成本分析，寻找降低成本的方法，达到成本管理目标，增强竞争能力的一种成本管理方法。

②作业成本法。

作业成本法又叫作业成本计算法。企业是以作业为核心，确认和计量产品生产所需的所有作业产生的成本，主要是耗用的资源成本。这里所指的作业是企业为实现其生产经营目标所进行的与产品相关的一切活动。作业成本控制的出发点是产品生产需要消耗作业，作业则消耗资源，最终产生相应成本。作业成本法是以作业消耗资源和产品消耗作业为基本前提，以作业作为核算对象，依据资源驱动因素将资源成本分配到作业中心，再将作业中心以作业驱动因素为基础追踪到产品成本，从而计算出各种产品的总成本和单位成本。

③标准成本法。

标准成本法是以标准成本为基础的，通过将实际发生的成本和标准成本进行对比，揭示两者之间存在的差异以及差异形成的原因和责任归属，以便采取相应措施对成本进行有效控制。这里标准成本是指企业运用技术测定方法推算的在一定时期内在效率良好的条件下，根据产品生产过程中一般应该发生的生产要素消耗量、预计价格和预计生产经营能力的利用程度而测算出的产品成本。标准成本控制法是成本控制的基本方法，实际应用广泛、行之有效。标准成本控制以产品成本为对象，将成本计划、成本核算、成本控制等各环节结合为一体，按管理区域分类计算、分析和控制各种差异，明确产生差异的责任归属，强调产品的实际成本与标准成本差异，旨在改进管理、降低消耗。

2. 利润管理

（1）利润的概念与构成。

利润是企业在一定时期内经营过程实现的盈亏总额，主要反映企业生产经营活动各个方面的效益，是企业财务成果的体现，也是衡量企业生产经营状况的核心综合指标之一。利润总额如果为正，则代表企业当期盈利；如果为负，则说明企业当期亏损。

企业利润根据来源可以分为营业利润和非营业利润。

①营业利润是企业在日常经营活动中产生的利润，计算公式如下：

营业利润＝主营业务利润 ＋ 其他业务利润－管理费用－财务费用－营业费用

②非营业利润主要包括投资净收益、营业外收支净额等。其中投资净收益是指企业投资收益与投资损失的净额；营业外收支净额则是营业外收入与营业外支出的差额，是与企业生产经营无直接关系的各项收入减去支出所得金额。

此外，衡量企业收益的另一利润指标是净利润，即利润总额减去所得税费。净利润也是衡量企业经营效益的主要指标，是企业经营的最终成果。净利润多，企业经营效益就好；反之，净利润少，则企业经营效益就差。

（2）利润管理的内容。

利润管理和成本管理对企业经营来讲犹如车之双轮缺一不可，二者关系紧密。利润管理是建立在成本管理基础之上的：只有企业成本管理水平得到提升，利润管理的目标才有可能实现。

①利润预测与计划。

利润预测是企业对未来一段时期内可能影响企业利润的各种因素进行分析，预测期间企业经营可实现的利润水平以及其变化趋势，包括营业利润预测和非营业利润预测（对外投资收益预测和营业外收支净额预测），目的是更有效地进行利润控制。利润计划则是在利润预测的基础上编制而成的具体实施方案，是企业财务计划的重要组成部分，也是一定时期内企业生产经营的目标。企业在利润计划执行过程中，有效组织生产经营活动，尽可能扩大收入、控制成本和费用，如果遇到影响因素变化，则应及时调整和修改计划。

②利润控制。

作为利润管理的核心环节，利润控制是企业为实现利润计划的要求对影响利润的各项因素及其变化过程进行控制的过程。利润控制应从以下几方面进行：

● 开源节流，讲求实效。企业要面向市场，了解市场需求变化，综合分析和预测销售情况，特别是产品价格、生产成本、生产能力和产品结构等因素对于利润的影响。通过各种措施提高经济效益，增加利润。企业内部进行资源优化，控制成本、加强资产管理；企业外部从市场需求出发，调整产品结构，不断实现产品的更新换代，开拓新市场，保证企业的产品竞争力。

● 权责明确，保证企业可持续发展。通过健全管理责任制，将权、责、利相结合，充分调动全体企业人员的积极性。将企业利益和员工利益相结合、当前利益和长远利益相结合，促进企业可持续性发展。

● 高效利用闲置资源。对企业闲置的资金、多余的生产能力等资源充分利用，结合企业自身情况选择最佳的投资组合，增加收益并管控风险。

③利润分配。

利润分配是企业进行年度决算后对实现的利润总额，在国家、企业的所有者和企业之间进行分配。利润分配关系到国家、企业、职工及所有者各方面的利益，是一项政策性较强的工作，也是一项重要的企业财务活动。利润分配必须严格按照国家的法规和制度进行，一般意义的利润分配的对象是企业的净利润，分配过程中应遵循以下原则：

● 依法分配原则。我国制定并颁布了若干相关法规，其中规定了企业利润分配的基本要求、一般程序和分配比例。企业利润分配必须依法进行，这是利润分配的前提条件。

● 分配与积累并重原则。企业的利润分配要兼顾长期利益和近期利益。企业可按照规定提取法定盈余公积金，此外可适当留存一部分利润作为积累，这部分未分配利润仍归企业所有者所有。积累的净利润不仅可以为企业扩大生产筹措资金，也可以增强企业发展能力和抵抗风险的能力，有利于投资者的长远利益。

● 利益协调原则。企业的净利润应由国家、企业、所有者以及职工共同享有，在利润分配过程中应考虑各方利益，均衡协调，维护各方合法权益。

● 投资与收益对等原则。企业利润分配中应体现“谁投资谁受益”的原则，收益大小与投资比例相适应。在分配过程中应遵循“公开、公平、公正”的原则，对所有投资者一视同仁，避免出现幕后交易，从根本上保护投资者权益。

企业在进行利润分配过程中，除了遵守国家的法规制度和相应原则外，还应按照一定的顺序进行利润分配。利润分配顺序如下：

● 支付被没收的财物损失、违反税收规定应付的滞纳金和罚款。

● 弥补以前年度亏损。

● 提取盈余公积金。法定盈余公积金是国家统一规定必须提取的公积金，它的提取顺序在弥补亏损之后，按当年税后利润的10%提取。盈余公积金已达到注册资本50%时不再提取。任意盈余公积金由企业自行决定是否提取以及提取比例，但任意盈余公积金的提取顺序必须在支付优先股股利之后。

● 向投资者分配利润。企业以前年度未分配的利润可以并入本年度向投资者分配，本年度的利润也可以留一部分用于次年分配。

在利润分配过程中，需要注意以下方面：一是如果企业当年无利润，则不得向投资者分配利润；二是企业在提取任意公积金时，应出于经营、管理等方面的需要，是在向投资者分配利润前按照公司章程或者股东会议决议提取和使用的留存收益；三是提取盈余公积金时可以用于弥补亏损、分配现金股利和转增资本金，但转增资本金后，企业的法定盈余公积金一般不得低于注册资本的25%。

第三节　财务分析与评估

一、财务分析方法概述

财务分析是企业财务部门的主要工作之一，是以企业的财务报告等会计资料为基础，运用财务分析方法对企业运营过程中的财务状况和经营成果进行剖析和评价的过程。通过财务分析，可以向企业经营者提供经营决策和改善经营管理的信息，便于对企业各个部门和组织进行业绩考核，同时也有利于政府相关部门和财税机关进行宏观调控和管理。

财务分析的方法有很多种，常用的主要包括趋势分析法、比率分析法、因素分析法。

（一）趋势分析法

趋势分析法又称水平分析法、比较分析法。查看企业财务报表中各类相关数字资料，将两期或连续数期财务报告中相同指标进行对比，确定其增减变动的方向、数额和幅度，以说明企业财务状况和经营成果的变动趋势的一种方法。

趋势分析法的具体运用主要有以下三种方式：

1. 重要财务指标的比较

将企业不同时期财务报告中的相同指标或比率进行比较，直接观察其增减变动情况及变动幅度，考察其发展趋势，预测其发展前景。

对不同时期财务指标进行比较，一般常用的方法有：

（1）定基动态比率。它是以某一时期的数额为固定的基期数额而计算出来的动态比率。其计算公式为：

定基动态比率＝分析期数额 ÷ 固定基期数额

（2）环比动态比率。它是以每一分析期的前期数额为基期数额而计算出来的动态比率。其计算公式为：

环比动态比率＝分析期数额 ÷ 前期数额

2. 会计报表的比较

会计报表的比较是将连续数期的会计报表的相关数据并列起来，比较其相同指标的增减变动金额和幅度，据此判断企业财务状况和经营成果发展变化趋势的一种方法，也是最为常见的比较方法。

3. 会计报表项目构成的比较

此种方法是在会计报表比较的基础上发展而来的。它是以会计报表中的某个总体指标作为基数（即100%），再计算出其各组成项目占该总体指标的百分比，从而来比较各个项目百分比的增减变动，以此来判断有关财务活动的变化趋势。

在采用趋势分析法时，应注意以下问题：

（1）用于进行对比的各个时期的指标，在计算口径上必须一致，这是前提条件；

（2）分析过程中应剔除偶发性项目的影响，使作为分析的数据能反映正常的经营状况；

（3）应用例外原则，对某项有显著变动的指标作重点分析，研究其成因，以便制定恰当的对应方案。

（二）比率分析法

比率分析法是将企业同一时期的财务报表中两项相关数值进行比较，以比率揭示企业财务状况和经营成果的一种分析方法。它是财务分析中最基本和最重要的方法。运用比率可以将不同比较对象建立起可比性。根据分析的目的和要求的不同，比率分析主要有以下三种：

1. 构成比率

构成比率又称结构比率，是指某项经济指标的各个组成部分数值与总体数值的比率，反映部分与总体的关系。利用构成比率，可以考察总体中某个部分的形成和安排是否合理，以便协调各项财务活动。

其计算公式为：

构成比率＝某个组成部分数额 ÷ 总体数额

2. 效率比率

它是指某项经济活动中所费与所得的比率，反映投入与产出的关系。利用效率比率指标，可以进行得失比较，考察经营成果，评价经济效益。例如在评价企业经营利润时，可将利润项目与销售收入、销售成本、投入资本进行对比，对应计算出销售利润率、成本利润率和资本利润率等指标，从不同角度揭示企业经营获利的能力水平。

3. 相关比率

它是根据经济活动客观存在的相互依存、相互联系的关系，以某个项目和与其有关但又不同的项目加以对比所得的比率，反映有关经济活动的相互关系。如判断企业短期偿债能力的流动比率，就是将流动资产和流动负债进行对比。

比率分析法的优点是计算简便、计算结果容易判断，而且可以使某些指标在不同规模的企业之间进行比较，甚至也能在一定程度上超越行业间的差别进行比较。但在采用比率分析法时对比率指标的使用应该注意以下几点：

（1）对比项目的相关性。对比的子项和母项必须具有相关性，否则进行对比是没有意义的。

(2) 对比项目口径的一致性。对比项目涉及的时间、范围等方面口径应一致。

(3) 衡量标准的科学性。运用比率分析法时，需要选用一定的标准进行分析，对企业的财务状况做出科学评价。常采用的对比标准有：预定目标、历史标准、行业标准、公认标准。

(三) 因素分析法

因素分析法是对分析指标与其影响因素的关系进行分析，从数量上确定各个因素对分析指标的影响方向和影响程度的方法。这种方法一般在有若干因素对分析对象发生影响作用时采用，假定其他各个因素都无变化，顺序确定每一个因素单独变化所产生的影响。

二、财务指标分析

在企业运营过程中，对相关财务指标进行分析，不仅可以使企业明确一定时期内的经营状况，同时也能够使企业发现存在的问题，深究原因，制定下一步经营策略，实现企业的良性运转。财务指标分析就是总结和评价企业财务状况与经营成果相关的指标，并进行分析，包括偿债能力分析、运营能力分析、盈利能力分析和发展能力分析。

(一) 偿债能力分析

偿债能力是指企业偿还其到期债务（包括本金和利息）的能力。对企业偿债能力的分析和研究，可以明确企业经营的财务风险大小。偿债能力分析包括短期偿债能力分析和长期偿债能力分析。

1. 短期偿债能力分析

短期偿债能力是指对企业流动资产及时足额偿还流动负债能力的保证程度，是衡量企业当前财务能力特别是流动资产变现能力的重要标志。

企业短期偿债能力分析主要采用比率分析法，衡量指标主要有流动比率、速动比率和现金比率。

(1) 流动比率。

流动比率是全部流动资产与全部流动负债的比值，它体现了企业流动资产对单位流动负债偿还的保证能力。其中，流动资产主要包括货币资金、存货、应收及预付款、交易性金融资产等，流动负债主要包括短期借款、一年期长期负债、应付及预收款、应付股利、应付薪酬、应交税费等。

$$流动比率=\frac{全部流动资产}{全部流动负债}$$

流动比率可以衡量企业流动资产在短期债务到期前可以变为现金的流动资产用以偿还债务的能力。流动比率越高，则企业短期偿债能力越强，债权人的权益越有保障；反之，企业短期偿债能力越弱，债权人的权益风险越大。一般认为流动比率在 2 以上为恰当，即流动资产是流动负债的两倍以上。流动比率也有其局限性，主要体现为无法准确评估未来资金流量、应收账款存在的偏差性、存货价值的不稳定性等，这些均会对流动比率指标评价的准确度造成影响。

(2) 速动比率。

速动比率是指速动资产与流动负债的比值，它体现了企业速动资产对单位流动负债偿还的保证能力。此处的速动资产主要包括货币资金、交易性金融资产、应收账款及票据、其他应收款项等。

$$速动比率=\frac{速动资产}{流动负债}$$

速动比率越高，企业的短期偿债能力就越强，一般维持在 1 较为正常。速动比率过低，则意味着企业短期偿债风险较大；速动比率过高，则意味着企业在速动资产上占用的资金过多，增加企业投资的机会成本，企业盈利下降。

速动资产相对于流动资产而言，将流动性不强、变现能力较差的存货等项目剔除掉，增加了对短期债务偿还能力评估的可靠性。但还应充分考虑速动资产中应收款项的风险性，如存在大量坏账或无法变现的应收账款，即使速动比率较高，企业的短期偿债能力也无法保证。

（3）现金比率。

现金比率是公司现金及现金等价资产总量和流动负债的比值，它体现了企业现金资产对单位流动负债偿还的保证能力。在企业的资产中，现金资产的流动性最强，可以直接用于偿还企业债务。现金资产主要包括货币资金、交易性金融资产。

$$现金比率=\frac{现金类总量}{流动负债}$$

现金比率是速动资产扣除应收账款后的余额与流动负债的比率，最能反映企业直接偿付流动负债的能力。现金比率一般在 0.2 以上为宜，过高同样会增加企业投资的机会成本。

2. 长期偿债能力分析

长期偿债能力是指企业偿还长期债务的能力。长期偿债能力反映了企业资金结构的合理性和经营的盈利能力。企业的长期偿债能力可通过以下指标进行分析。

（1）资产负债率。

资产负债率是企业负债总额与资产总额的比值，反映了企业单位资产担负的债额，也说明了企业资产中有多少是通过举债方式筹集的，也体现了企业资产对债权人利益的保障程度。

资产负债率越高，说明通过举债获得的资产占总资产的比重越大，企业经营的财务风险越高，对应长期偿债能力就越弱；反之，资产负债率越低，说明投资人投入的资产占总资产比重越大，企业经营的财务风险越低，长期偿债能力越强，债权人的权益越有保障。

不同行业、不同地区的企业经营中的长期债务有不同的特点。例如经营风险较高的高科技企业，资产负债率普遍较低；而经营风险较低的企业，如电力、水利、交通等企业，资产负债率较高。此外，不同国家的企业经营中对资产负债率控制也有不同的特点，英美企业负债率普遍低于 50%，亚洲及欧盟企业普遍高于 50%。

同时，在企业经营过程中以不同的角色看待资产负债率，会有不同的观点。以经营者的立场看，希望资产负债率高一些，这样可以扩大经营规模，增强企业活力，获取更丰厚的利润。以债权人的立场看，最关注的是企业的经营风险，能否按期收回本金和利息；资产负债率较高的话，经营风险主要由债权人承担，为此他们希望资产负债率维持在较低水平。以投资者的立场看，最关心的是投资回报率，经营过程中主要考虑财务杠杆的作用：

如果全部资本利润率超过借入资本的利率，那么资产负债率越高越好；反之全部资本利润率低于借入资本的利率时，如大量负债则会造成获取利润损失，那么资产负债率越低越好。一般情况下资产负债率在40%～60%最佳。

（2）产权比率及权益乘数。

产权比率和权益乘数是围绕所有者权益来揭示资本构成情况的指标。两个指标的性质和资产负债率类似，均是反映企业偿还长期债务的安全性，不同的是资产负债率反映的是物质保障程度，而产权比率和权益乘数则揭示了财务结构的稳定性。

产权比率是负债总额与所有者权益总额的比值，反映了股东持有股权比例的高低。产权比率是企业财务结构稳健性的重要衡量指标。

产权比率高则意味着企业的财务结构是高风险、高报酬；相反，产权比率低，则是低风险、低报酬的财务结构。在宏观经济处于高通货膨胀期，则可以提高产权比率，将经营风险适当转移到债权人；在经济繁荣期，通过举债经营提高产权比率，可获得较丰厚的利润；在经济萎靡期，则应降低产权比率，减少举债利息负担。企业经营中，产权比率的高低还应参照同行业平均水平。

权益乘数又称为股本乘数，是指资产总额与所有者权益总额的比值，同样反映了股东持有股权的高低。权益乘数越大，则所有者占有的资产比重越小，负债程度就越高。

偿债能力指标可以通过企业的资产负债表提供的相应数据进行计算，客观地评估企业经营过程中的债务风险，科学地管控企业的债务，实现企业健康发展。

（二）运营能力分析

运营能力是指企业对资产的管理能力，主要体现在对企业各项资产的周转速度特别是运用资金的能力。资产周转速度越快，则资产的利用率越高，企业的运营能力越强。而这一过程也涉及企业的产、供、销等方面。根据资产的分类，我们分别从流动资产周转能力、固定资产周转能力和总资产周转能力等三个方面进行分析。

1. 流动资产周转能力分析

（1）应收账款周转率。

应收账款周转率是指企业一定时期内对应收账款的使用效率，可通过应收账款周转次数和应收账款周转天数两个指标来表现。应收账款周转率为营业收入和应收账款平均占用额的比值，反映的是企业投入1元应收账款所支持的营业收入。应收账款周转天数则反映了整个销售过程中，回收现金平均所需的时间。

$$\text{应收账款周转次数}=\frac{\text{营业收入}}{\text{应收账款平均占用额}}=\frac{\text{营业收入}}{(\text{期初应收账款}+\text{期末应收账款})/2}$$

$$\text{应收账款周转天数}=365\div\frac{\text{营业收入}}{\text{应收账款平均占用额}}$$

通常情况下，企业经营过程中应收账款周转次数越多，即应收账款周转的天数越少，表明企业的应收账款利用率越高；反之，则表明企业的应收账款回收缓慢，利用效率低。从理论上讲，企业应尽可能减少应收账款周转天数，这样就可以尽快回笼资金，投入到新的经营过程中；但还应考虑杠杆效应，如果应收账款利息很高且风险可控的条件下，也不必要求很快收回，需要针对具体情况加以分析。

在实际的经营过程中，特别是对于零售型企业来说，如何快速回笼资金对后续的经营有很大影响。多数情况下采用现金销售形式，表现为通过现金、支票和借记卡来支付。如果消费者采用 VISA 卡支付货款，对零售企业来说相当于现金交易，而 VISA 公司则出现应收账款，承担违约风险。其他行业应收账款周转天数各异，制造型企业在 30～90 天，信贷企业则在 1 年左右，提供房屋信贷的企业则可能超过 10 年。

（2）存货周转率。

用上述类似的方法可计算出存货出库的速度，即存货周转率。它反映了企业存货的使用效率，同样有存货周转次数和存货周转天数两种表现形式。

$$存货周转次数=\frac{营业成本}{存货平均占用天数}=\frac{营业成本}{(期初存货占用天数+期末存货占用天数)/2}$$

$$存货周转天数=365\div\frac{营业成本}{存货平均占用天数}$$

公式中的营业成本是已售商品成本，存货周转次数越多，则存货周转天数越短，表明企业的存货使用效率就越高。在经营过程中对存货周转率的管理也应该具体分析，存货周转率高一方面可以提高企业的盈利能力，但同时存货减少还可能会导致断产或脱销的情况，要进一步分析存货的组成（原材料、半成品、产成品），从产、供、销及市场环境等多方面分析，确定合理的存货周转率。

（3）流动资产周转率。

流动资产周转率是企业营业收入与流动资产平均占用额的比值，反映的是企业流动资产使用效率的指标，通过流动资产周转次数和流动资产周转天数两种形式来表现。

$$流动资产周转次数=\frac{营业收入}{流动资产平均占用额}$$

$$=\frac{营业收入}{(期初流动资产占用额+期末流动资产占用额)/2}$$

$$流动资产周转天数=365\div\frac{营业收入}{流动资产平均占用额}$$

流动资产周转次数越多，则流动资产周转天数越短，表明企业的流动资产利用率就越高。而在企业经营过程的流动资产中，应收账款和存货占有比例较大，三个指标之间存在联动关系。

2. 固定资产周转能力分析

固定资产周转能力通过固定资产周转率体现，反映企业对固定资产使用效率的指标，可采用固定资产周转次数和固定资产周转天数两种形式表示。

$$固定周次=\frac{营业收入}{固定平均占用}=\frac{营业收入}{(期初固定+期末固定)/2}$$

$$固定周天=365\div\frac{营业收入}{固定平均占用}$$

一般固定资产周转次数越多，则固定资产周转天数越短，表明企业的固定资产利用率就越高。固定资产的利用效率同样关系到企业的盈利能力。

3. 总资产周转能力分析

将流动资产和固定资产利用率统一评估，就得出了总资产周转能力，也可通过总资产周转次数和总资产周转天数来表示。

$$周次=\frac{营业收入}{平均占用}=\frac{营业收入}{(期初+期末)/2}$$

$$周天=365\div\frac{营业收入}{平均占用}$$

（三）盈利能力分析

判断企业经营效果最直接的指标就是利润。盈利能力就是企业获取利润的能力，是企业进行有效财务管理、实现良性经营的关键因素。企业盈利能力可以通过以下指标分析。

1. 销售净利率

销售净利率是企业净利润与营业收入的比值，反映企业单位收入中的利润率，一般用百分数表示。

$$售利率=\frac{净利润}{收入}\times 100\%$$

企业的销售净利率越高，则说明企业经营的盈利能力越强；反之则表明企业经营的盈利率越弱，经营业绩越不佳。

2. 权益净利率

企业所有者进行投资经营的根本目的是获利，权益净利率则反映了所有者投入的每一元权益资本所创造的净利润。权益净利率越高，则企业盈利能力越强，所有者获得的投资回报率越高。

$$益利率=\frac{净利润}{所有者权益平均}\times 100\%$$

$$=\frac{净利润}{(期初所有者权益+期末所有者权益)/2}\times 100\%$$

由于权益净利率是站在企业所有者角度评价企业经营中盈利水平的高低，没有考虑债权人的利益，如将两者综合考虑可通过资产净利率来表示。这时公式中的分母就换作总资产平均值。

对于上市公司而言，应以企业的单位股份作为收益评价的参考标准。下面介绍三个相关指标。

（1）每股收益。

每股收益，又称为每股盈余或每股利润，可以反映上市公司盈利能力的水平、普通股股东持有单位股份可享有的企业利润或承担的亏损。该指标是评价上市公司盈利能力的最常用财务指标。

每股收益越高，则说明企业普通股股东持有的单位股份享有的利润越多，反之越低。如每股收益为负数，则说明企业普通股股东投入的股份在经营中处于亏损状态。公式中当期可以按照天计算，也可按照月计算。

（2）每股股利。

每股股利是指上市公司当年发放的普通股股利总额与年末普通股总数的比值，可以反映出当年企业普通股股东持有单位股份所分得的股利。每股股利越高，则表明当年企业普通股股东持有单位股份获得的股利越多。它也可以反映企业的经营效果。

$$每股股利=\frac{普通股股利}{年末普通股股数}$$

（3）市盈率。

市盈率是上市公司普通股每股市价相当于每股收益的倍数，反映投资者对上市公司每股净利润愿意支付的价格，也可用来估计股票的投资报酬和风险。它通常与企业的成长性成正比。

$$市盈率=\frac{普通股每股股价}{年末普通股股利}$$

（四）发展能力分析

企业要在激烈的市场竞争中生存，就必须具备持续发展能力，逐步充实自身的实力。同时，投资者也将企业的发展能力作为投资决策的重要依据。判断企业的发展能力高低，可从以下指标进行分析。

1. 销售增长率

销售增长率可反映企业营业收入的增减变化情况，是本期营业收入增长额与上期营业收入的比值，一般以年为单位。

$$售增率=\frac{本期收入增}{上期收入}\times 100\%$$

销售增长率是企业营销业务成果的反映指标之一。销售增长率大于零，则企业的销售业务量增长；销售增长率小于零，则企业的销售业务量下降。结合市场占有率就可反映出当期企业营销业绩。

2. 总资产增长率

总资产增长率是本期资产总额增长额与期初资产总额的比值，可表明企业资产增长的情况。该数值越高，则企业资产规模增长越快，企业处于扩张态势。

$$总资产增长率=\frac{本期资产总额增长额}{期初资产总额}\times 100\%$$

3. 资本积累率

资本积累率是企业本期所有者权益增长额与期初所有者权益总额的比值，反映企业经营过程中资本积累的能力。

$$资本积累率=\frac{本期所有者权益增长额}{期初所有者权益总额}\times 100\%$$

通常情况下，企业的资本积累率大于零，如果数值越大，则企业经营过程中资本的积累能力越强。

三、财务报表分析

财务分析指标中的数据从何而来？如何将这些纷繁的数据整合在一起从而建立相互之间的钩稽关系呢？这就需要财务报表来解决了。

我们经常听到在公司财务管理领域有财务报告和财务报表两个词。首先要搞清楚，两者是不同的，财务报表是财务报告的一个组成部分。财务报告是为相关人员提供反映企业财务状况和经营成果的书面文件，包括财务报表（数字部分）和文字报告（文字部分）。其具体涵盖内容如图 5－2 所示。

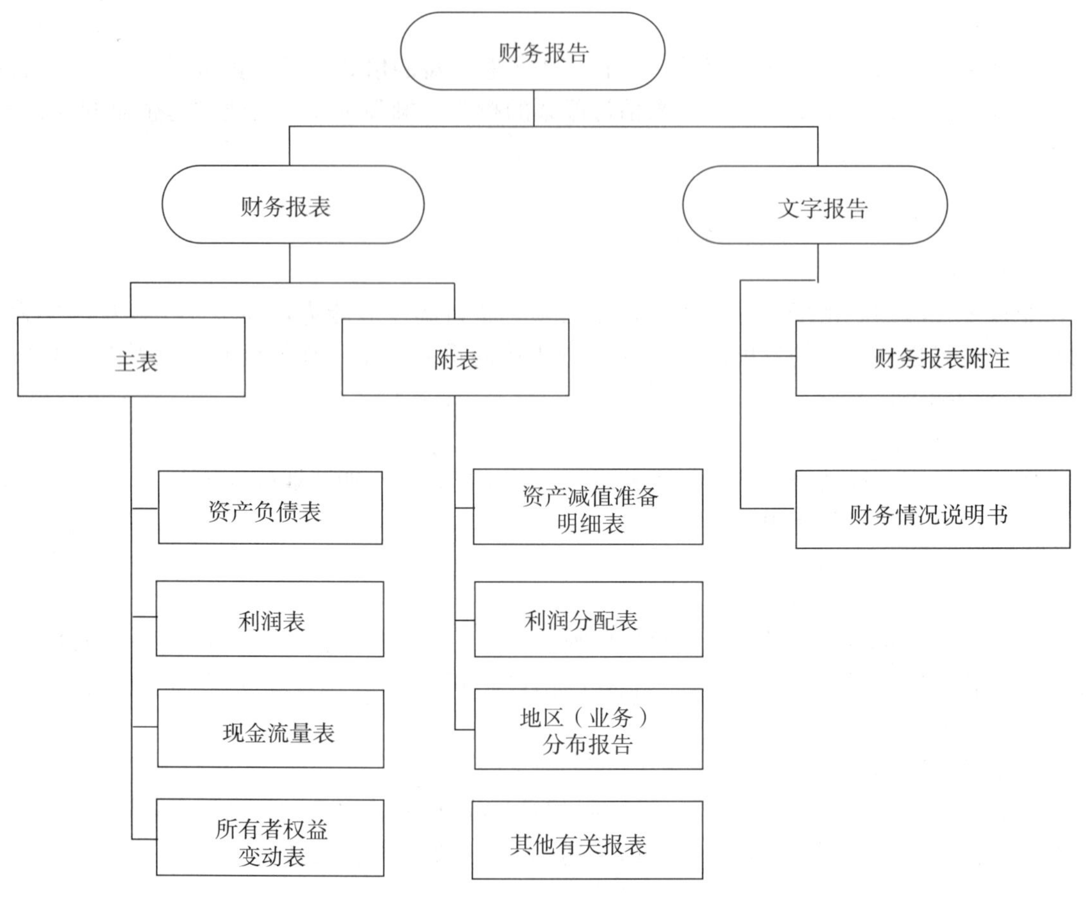

图 5－2　财务报告体系

在日常财务管理工作中提及的财务报表主要指基础财务三表——资产负债表（balance sheet）、利润表（profit sheet）和现金流量表（cash flow sheet）。这三个报表可以为经营管理者、股东和债权人提供必要的、及时的信息，三者之间也存在着紧密的联系。通过对这三个报表的分析，可以对当前企业的财务状况做出较全面的描述并对未来的经营业绩做出预测。

（一）资产负债表

资产负债表代表了公司拥有的资产和这些资产对应的所有索偿权，反映了企业在某一个特定时期（如月末、季末、年末）的全部资产、负债和所有者权益情况。我们常常将其比喻为在某个时间点给企业资产及资产对应的所有索偿权照一张快照。

资产负债表在财务管理中的作用是反映企业经营中某个特定时期的资产构成，分析企业在此时期的经济资源及分布情况，反映这一时期的负债总额及结构，分析经营中当前及未来需要偿还的债务数额，反映企业所有者权益及份额。

作为财务报表中最为重要的一张表，资产负债表是其他财务报表的基础起点。资产负债表的核心就是会计恒等式（accounting identity）。

资产＝负债＋所有者权益

我们将资产负债表的主要内容用表 5－3 进行简要说明。

表 5-3　　资产负债表（简易版）

截至 20××年××月××日（期末）和 20××年××月××日（期初）

资产	期末余额	期初余额	变化	负债和所有者权益	期末余额	期初余额	变化
流动资产				流动负债			
非流动资产				非流动负债			
				所有者权益			
总资产				负债和所有者权益总计			

根据会计恒等式的要求，在经营过程中的每一笔交易都要记录一笔借方金额和一笔相同的贷方金额。在会计学中我们称之为复式记账法（double entry bookkeeping）。这种方法可以确保资产负债表的平衡。我们可以将资产负债表用简易法进行描述，资产负债表结构如表 5-4 所示。

表 5-4　　资产负债表结构

借来的资产及自己的资产	借来的资产
	自己的资产

在评估资产负债表过程中，我们不仅要看资产、债务和所有者权益的情况，还要结合企业运营评估现有资源是否能够支撑未来经营需求：如果不能，则需要进行新的投资。而现在有钱进行投资吗？如果有，资金是否充足？如果没有，如何获取资金？反之，如果现有资产超出了未来需求，那么应当缩减资产规模还是寻找更有效的使用方法？这些都是在对资产负债表分析过程中应该考虑的问题。此外，还应关注资产的构成，看一下各个资产项目占总资产的百分比，分析是否存在隐患。例如，流动资产中存货比例较高，是出现了滞销情况还是为未来销售储备货源？应收账款上升是否存在客户违约风险？在分析负债构成中，看一下短期负债和长期负债的比例是否合适，现有流动资产是否足以偿还即将到期的流动负债，是否需要采取预防违约措施？

此外，在运营能力分析中介绍的流动资产周转率、固定资产周转率及总资产周转率等指标也是通过资产负债表中的相关内容计算得出的，这些都为企业的经营决策提供了数理依据。资产负债表详细内容见表 5-5。

表 5-5　　资产负债表

编制单位：　　单位：万元

资产	期末余额	期初余额	负债和所有者权益	期末余额	期初余额
流动资产：			流动负债：		
货币资金			短期借款		
交易性金融资产			交易性金融负债		
应收票据			应付票据		

续前表

资产	期末余额	期初余额	负债和所有者权益	期末余额	期初余额
应收账款			应付账款		
预付账款			预收账款		
应收股利			应付职工薪酬		
应收利息			应交税费		
其他应收款			应付利息		
存货			应付股利		
其他流动资产			其他应付款		
流动资产合计			预计负债		
非流动资产：			一年内到期的非流动负债		
可供出售金融资产			其他流动负债		
持有至到期投资			流动负债合计		
投资性房地产			非流动负债：		
长期股权投资			长期借款		
长期应收款			应付债券		
固定资产			长期应付款		
在建工程			专项应付款		
工程物资			递延所得税负债		
固定资产清理			其他非流动负债		
生产性生物资产			非流动负债合计		
油气资产			负债合计		
无形资产			所有者权益：		
开发支出			实收资本		
商誉			资本公积		
长期待摊费用			盈余公积		
递延所得税资产			未分配利润		
其他非流动资产			减：库存股		
非流动资产合计			所有者权益合计		
资产总计			负债和所有者权益总计		

（二）利润表

利润表，有时也被称作损益表。它直接体现了企业所有者最关心的问题——企业是否盈利。利润表反映的是企业在一定会计期间（如月度、季度、年度）的经营活动成果，既可以表现为盈利，也可表现为亏损。同时，利润表详细记录了在一定会计期间内企业的收入、产生的各种费用、成本及支出。我们先来看一下利润表的构成，如表 5-6 所示。

表 5-6 利润表

编制单位： 单位：万元

项 目	本期金额	上期金额
一、营业收入		
减：营业成本		
税金及附加		
销售费用		
财务费用		
资产减值损失		
加：公允价值变动收益（损失以“—”号填列）		
投资收益（损失以“—”号填列）		
其中：对联营企业和合营企业的投资收益		
二、营业利润（亏损以“—”号填列）		
加：营业外收入		
减：营业外支出		
其中：非流动资产处置损失（收益以“—”号填列）		
三、利润总额（亏损以“—”号填列）		
减：所得税费用		
四、净利润（净亏损以“—”号填列）		
五、每股收益：		
（一）基本每股收益		
（二）稀释每股收益		

在分析利润表的过程中，有些人往往只注重“利润”相关内容，认为最重要的指标是利润总额和净利润，数值越高则说明“公司越赚钱”、经营效果越好，实则不尽然。虽说我们常常将净利润称为“底线”，但仅关注这一项对经营来说是非常危险的，它并不能说明企业的利润从何而来、是否正常。我们需要从多角度对利润表内容进行审视，关注相关项之间的关系，解读出隐含其中的内容。

那么，什么样的利润表呈现的是企业经营的“健康态”呢？又有哪些情况暗示着企业经营存在潜在危险呢？如表 5-7 所示，我们将其归结为六种情况，分别进行说明。

表 5-7　　　　利润表分析说明

经营状态	经营性利润	投资收益	营业外业务	当期收益	说明
经营正常	>0	>0	>0 或<0	>0	盈利能力稳定，经营状况良好
暂时亏损	>0	>0	<0 亏损较多	<0	当期收益为负主要由于营业外业务亏损所致，不影响企业长期盈利能力，处于暂时亏损
盈利不稳定	>0	<0	<0	<0	如果经营性利润+投资收益<0，则说明企业盈利能力较差，盈利能力不稳定
偶然性盈利	<0	>0	>0	>0	企业盈利主要来自投资收益和营业外业务，投资业务直接关系到企业盈利能力，经营性盈利能力不足
较危险状态	<0	<0	>0	>0	企业盈利来自营业外业务，整体盈利状况很差，主次颠倒，长期下去会处于破产边缘
危险状态	<0	<0	<0	<0	企业盈利状况非常差，需要进行经营大幅调整，濒临破产

表 5-7 中的六种情况是在利润表分析中常见的。为进一步说明，来看下列实例分析。

案例分析：腾达公司是从事日用品生产的企业，近年经营状况良好，特别是 2017 年比 2016 年营业净利润有了较大提升，公司上下对未来的经营状况非常乐观。我们来分析一下公司的利润表，看一下该公司是否存在经营隐患。

利润表

编制单位：腾达公司　　　　　　　　　　　　　　　　　　　　　　　　单位：万元

项　目	2017 年	2016 年
一、营业收入	400	850
减：营业成本	270	620
税金及附加	40	80
销售费用	45	29
财务费用	80	100
资产减值损失	－10	－14
加：公允价值变动收益（损失以“－”号填列）	10	8
投资收益（损失以“－”号填列）	110	120
其中：对联营企业和合营企业的投资收益	800	90
二、营业利润（亏损以“－”号填列）	875	237
加：营业外收入	500	70
减：营业外支出	100	20
其中：非流动资产处置损失（收益以“－”号填列）		
三、利润总额（亏损以“－”号填列）	1 275	287
减：所得税费用	260	70
四、净利润（净亏损以“－”号填列）	1 015	217

从腾达公司利润表中我们可以分析得出如下结论：

（1）腾达公司 2017 年净利润相当高，净利润总额比上一年度增加 4 倍，经营前景一片大好。

（2）2017 年度营业收入 400 万元，比 2016 年 850 万元减少了一半，而营业利润却有 875 万元，远远高于 2016 年 237 万元，原因之一是营业成本的降低，但更重要的是投资项目得到了丰厚的收益。而这也表明收益存在不确定性。

（3）2017 年利润总额和净利润比 2016 年有较大幅度增长，其中除了营业利润增长较多外，营业外收入增长也比较多。由于营业外收入为非正常性收入，具有较大的偶然性，需要具体分析。

（4）总体看，虽然腾达公司 2017 年净利润超过千万元，但整体经营形势特别是主营业务已经出现颓势，公司的管理层应给予重视并及时采取措施，避免造成偶然性因素消退后企业经营业绩急转直下的状况。

（三）现金流量表

通过资产负债表可以掌握公司的资本结构情况，利润表则表明了公司的经营状况。对于企业经营者来说，是不是看到账面的百万、千万元的净利润就认为很会赚钱、万事大吉了呢？实际上企业还可能在经营中出现资金短缺的情况。要想掌握和分析资金在经营活动中的流动情况，就要借助现金流量表。

企业的财务管理主要包括投资、融资和营业活动，现金流量表就是围绕这三项活动展开的，这是现金流量表的核心。这里我们引入以下现金流恒等式（cash flow identity），以此来分析现金流。

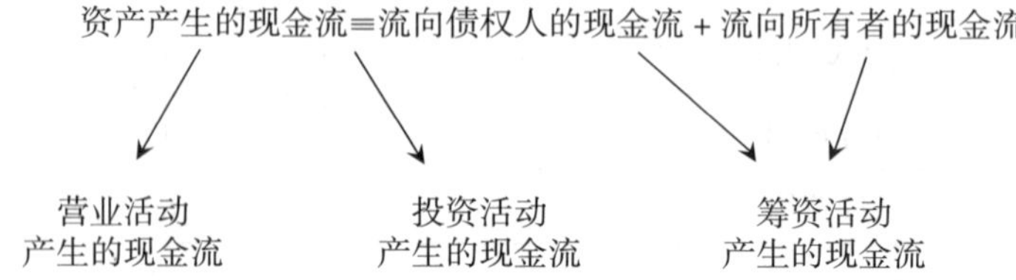

营业活动产生的现金流，主要包括销售商品或提供劳务、服务收到的现金以及由此发生的相关费用。投资活动产生的现金流，主要是企业在经营过程中长期资产的购建，不含现金等价物范围内的投资以及相关的处置活动，概括起来就是投资活动付出和所得的现金流量。筹资活动产生的现金流是指导致企业经营资本和债务规模及构成发生变化的活动所产生的现金流量，包括在筹资活动中的现金流入和归还筹资活动中的现金流出。此外，在企业经营过程中还会出现非正常项目产生的现金流量，例如相关部门罚款的现金支出、捐赠或受捐等。

1. 现金流量表与企业经营的关系

（1）影响企业短期偿债能力。企业的现金净流量与短期偿债能力成正比，如果现金净流量减少则表明企业近期的财务状况比较困难。

（2）现金流入量的结构影响企业的长期稳定。企业经营活动是主营业务，产生的现金流量比例越高，则企业财务的稳定性越好。反之，投资活动和筹资活动是企业辅助性业务，产生的现金流量比例越高，企业财务越缺乏稳定性。

（3）投资和筹资活动产生的现金流量展现企业的发展态势。企业对内投资的现金流出量主要用于固定资产和无形资产的投资，数量增加则企业处于扩张阶段，展现出较好的成长性。企业对外投资的现金流入量增加，则说明企业现有资金不足。

2. 现金流量表分析

（1）经营活动产生的现金流量分析。

在经营正常、购销平衡的情况下，可以将销售商品、提供劳务及服务收到的现金与购进商品、获得劳务及服务付出的现金相比，比值越大，则企业的销售利润越高，回款状态越好，主营业务业绩越好。同时将主营业务收到的现金与所有经营活动流入的现金进行比较，可表明主营业务对整体经营活动的影响，比率越高越好。此外，同比经营活动产生的现金流量，还可说明企业的成长性如何。

（2）投资活动产生的现金流量分析。

应以长期的眼光对投资活动产生的现金流量进行分析，不能单纯地看待现金的流入或流出。企业在成长期，为扩大经营规模或开发新业务会增加投资，这时投资活动的现金净流量为负，但这一过程可能对企业的长期经营产生积极影响，未来可能会创造更多收益。

（3）筹资活动产生的现金流量分析。

在对企业筹资活动的现金流量进行分析时，对于现金净流量增大的情况，不能武断地认为企业的偿债压力增加了。在筹资活动中应区分债务和权益资本。如果现金净流量主要来自权益资本的增加，对企业而言，不仅偿债压力没有增加，反而自身的偿债能力增强了。可以通过分析吸收权益资本产生的现金流和全部筹资活动产生的现金流之间的比例关系来进行判断，比例越高则企业的资金实力越强，财务风险越低。

在对现金流量表分析的过程中，以上述三个方面分析为基础，可参照如下步骤进行：

第一步，客观分析公司目前所处的经营周期。之前介绍的企业发展的生命周期分为四个时期，分别是引入期、成长期、成熟期、衰退期。在不同的阶段经营中的现金流量特征也有所差异：引入期的主要经营重点是长期资产的投入和产品研发，这一时期的现金流量主要集中在筹资活动。到成长期后，企业的管理日趋规范，产品销量上升，经营活动产生的现金流量增加。进入成熟期后，企业的经营活动现金流量进一步增加，同时投资现金流量则逐步增大并为正值，筹资活动现金流减少，可能为负值。随着经营业绩的下降，经营活动、投资活动、筹资活动的现金流逐年下降，通过一段时间（一般为 5 年以上）对现金流量进行分析，如果发现其持续下滑则企业可能进入了衰退期。

第二步，对经营活动、投资活动及筹资活动产生的现金流入进行计算，并明确各部分占整体现金流入的比重，分析现金的主要来源。根据三个方面展现的特点，明确现金流入结构及经营状况。

第三步，分别计算三个方面活动现金流支出占总现金流出的比重，反映现金使用的方向。通常情况下，经营活动产生的现金支出占比较大的企业，经营状况良好，现金支出结构合理。

现金流量结构分析表如表 5－8 所示。

表 5－8　　　　**现金流量结构分析表**

编制单位：　　　　20××年度　　　　单位：元

项目	流入	流出	净流量	内部结构	流入结构	流出结构	流入流出比
一、经营活动产生的现金流量							
销售商品、提供劳务收到的现金							
收到的税费返还							
收到的其他与经营活动有关的现金							
现金流入小计							
购买商品、接受劳务支付的现金							
支付职工以及为职工支付的现金							
支付的各项税费							
支付的其他与经营活动有关的现金							
现金流小计							
经营活动产生的现金流量净额							
二、投资活动产生的现金流量							
收回投资所收到的现金							

续前表

项目	流入	流出	净流量	内部结构	流入结构	流出结构	流入流出比
取得投资收益所收到的现金							
处置固定资产、无形资产和其他长期资产所收回的现金净额							
收到的其他与投资活动有关的现金							
现金流入小计							
构建固定资产、无形资产和其他长期资产所支付的现金							
投资所支付的现金							
支付的其他与投资活动有关的现金							
现金流出小计							
投资活动产生的现金流量净额							
三、筹资活动产生的现金流量							
吸收投资所收到的现金							
取得借款所收到的现金							
收到的其他与筹资活动有关的现金							
现金流入小计							
偿还债务所支付的现金							
分配股利、利润和偿付利息所支付的现金							
支付的其他与筹资活动有关的现金							
现金流出小计							
筹资活动产生的现金流量净额							
合计							

本章小结

企业财务管理是企业经营过程中的核心活动之一，是在经营过程中进行的资金筹集、投放、运营和分配的活动。财务管理的目标与企业生存和发展的目标是一致的。其中筹资、投资、成本及利润管理是主要内容。通过合理的筹划和管理，以实现经营利润最大化、股东权益最大化的经营目标。在财务管理过程中，应注重货币的时间价值，采用合理的筹资渠道和投资方法。企业的财务报表是会计信息的主要载体和对外披露途径，编制和解读好财务报表对做出及时准确的财务决策尤其重要。资产负债表反映的是特定时间点企业全部资产、负债和所有者权益情况。利润表揭示了一定会计期间内企业生产经营成果。现金流量表是经营过程的动态反映。

实训项目

一、利润表分析

某公司的财务年报中，利润表内容如下。请计算销售毛利率、销售净利率，并进行分析，指明存在的问题。

某公司 2016 年利润表

单位：万元

项目	上年数（略）	本年累计数
一、主营业务收入		550
减：主营业务成本		420
二、主营业务利润		130
减：营业费用		30
管理费用		52
财务费用		18
加：其他业务利润		6
三、营业利润		36
加：投资收益		40.4
营业外收入		2.13
减：营业外支出		12
四、利润总额		66.53
减：所得税		19.96
五、净利润		46.57

二、资产负债表分析

某公司 2016 年和 2017 年年末的比较资产负债表有关数据如下，试分析回答下列问题。

某公司资产负债表

单位：元

项目	2016 年	2017 年	差额	百分比
流动资产：				
速动资产	30 000	28 000		
存货	50 000	62 000		
流动资产合计	80 000	90 000		
固定资产净额	140 000	160 000		

续前表

项目	2016 年	2017 年	差额	百分比
资产总计	220 000	250 000		
负债：				
流动负债	40 000	46 000		
长期负债	20 000	25 000		
所有者权益：				
实收资本	130 000	130 000		
盈余公积	18 000	27 000		
未分配利润	12 000	22 000		
所有者权益合计	160 000	179 000		
负债及权益合计	220 000	250 000		

（1）将以上比较资产负债表填写完整；

（2）分析总资产项目变化的原因；

（3）分析负债项目变化的原因；

（4）分析所有者权益项目变化的原因；

（5）指出该公司应该采取的改进措施。

同步测试

一、单项选择

1. 利用商业信用筹集方式筹集的资金只能是（　　）。

A. 银行信贷资金　　B. 其他企业资金

C. 居民个人资金　　D. 企业自留资金

2. 下列各种筹资渠道中，属于企业自留资金的是（　　）。

A. 银行信贷资金　　B. 非银行金融机构资金

C. 企业提取的折旧　　D. 职工购买企业债券的投入资金

3. 公司拟筹集能够长期使用、筹资风险相对较小且易取得的资金，以下融资方式较适合的是（　　）。

A. 发行普通股　　B. 银行借款

C. 商业信用融资　　D. 发行长期债券

4. 公司由于破产进行清算，优先股的索赔权应位于（　　）的持有者之前。

A. 债券　　B. 商业汇票　　C. 普通股　　D. 各种有价证券

5. 下列各项中不属于商业信用的是（　　）。

A. 应付账款　　B. 应付票据　　C. 预收账款　　D. 应付工资

6. 关于资金时间价值的正确表述是（　　）。

A. 资金时间价值是若干时间后的增值额

B. 资金时间价值是投入生产使用的资金额

C. 资金时间价值是资金在不同时点上的价值

D. 资金时间价值是资金在周转使用中由于时间因素形成的增值额

7. 下列各项中，属于吸收投入资本筹资方式优点的是（　　）。

A. 可保持企业的控制权　　B. 可降低企业的资本成本

C. 可享受财务杠杆的作用　　D. 可提高企业的资信和借款能力

8. 企业年应收账款周转次数为 4.5 次，若一年按 360 天计算，则应收账款周转天数是（　　）。

A. 30 天　　B. 60 天　　C. 80 天　　D. 90 天

二、多项选择

1. 股票筹资的优点是（　　）。

A. 提高公司信誉　　B. 在公司持续经营中不需偿还

C. 没有固定的利息负担　　D. 筹资成本高

2. 企业自有资金筹资方式有（　　）。

A. 企业内部积累　　B. 发行债券

C. 发行股票　　D. 商业信用

3. 资产负债表中包含的项目有（　　）。

A. 流动资产　　B. 固定资产　　C. 负债　　D. 所有者权益

4. 下列说法不正确的是（　　）。

A. 风险越大，获得的风险报酬应该越高

B. 有风险就会有损失，二是相伴相生的

C. 风险是无法预计和控制的，其概率也不可预测

D. 由于筹集过多的负债资金而给企业带来的风险不属于经营风险

第六章

走进人力资源部

知识目标

了解现代企业人力资源管理和传统人事管理；

掌握人力资源管理的特点、职能及作用；

了解人力资源规划的程序及绩效管理；

掌握人员招聘流程内容。

技能目标

能够运用绩效考核评价的标准；

能够制定人员招聘方案。

开篇案例

优秀的草

一家企业的总经理，经商前是位种田人。厂区有块空地，他觉得空着可惜，便打算自己闲暇时种草。于是他从天南地北引来不同种类的草，种在地上。总经理亲自耕耘，就像他当年种庄稼那样。

第一年，辛勤劳动换来了这样的景象：一丛丛、一蓬蓬不同品种的草长起来了，有的叶儿纤长，有的叶儿短肥，有的杆儿向上挺立，有的杆儿匍匐在地，总之，给人的印象是杂乱无章、一片狼藉。对此，员工们打心眼里瞧不起总经理，认为此人没有品位、老土一个。他似乎感觉到了什么，以后逢节日闲暇之时，便召集手下大小头目，到草地整沟挖墒，施肥浇水。大伙一同将那些长势不旺、病恹恹、乱蓬蓬的草除掉了，留下的那些生命力特别旺盛、出类拔萃的草在草地繁衍生息。

第三年的早春，当田野里的野草刚刚绽芽时，草地已是芳草青绿、春意盎然了。大家这才明白，留下的是最优秀的草。总经理说，我在这块空地上引进了不同种类的草，让草自由生长，不管它是名贵的还是普通的，谁在咱地盘上长得最好就留下，不好的则淘汰。我不光自己种，还让属下来种。结果，大家通过种草都明白了一个道理：发现、留住、养好最优秀的草，与用好人才是一样的。后来，草地一年比一年生机勃发，公司的事业也像草地一样一年比一年兴旺起来。

思考：企业如何使用人才，如何留住人才呢？

职场情境导入

人力资源部的设置是20世纪末从美国传入我国的，之前我国企业管理人事的部门叫人事部。二者虽说职能相近，但意义不同，前者将企业中的各类人员看作企业经营的资源进行管理。在现代企业组织中，人力资源部是非常重要的部门，负责企业的人力资源管理，并为企业提供和培养可用的合格人才。人力资源部的职责主要体现在以下几方面：

（1）根据企业实际情况和发展规划拟定人力资源计划，并负责实施。

（2）负责制定企业用工制度、人事管理制度、劳动工资制度、人事档案管理制度等规章制度，并负责实施。

（3）负责制定人员专业培训计划并协助实施、考核。

（4）根据需要负责企业内外人才招聘工作。

（5）负责员工绩效考核工作并审查各项考核结果。

（6）受理员工投诉和员工与公司劳动争议事宜并负责及时解决。

（7）负责企业人员资料的保管和归档工作。

（8）作为企业代表与相关部门、社会团体或机构进行沟通、联络。

企业的人力资源部由人事副总或人事总监负责，下设相关职能部门，如培训教育部、人事管理部、规划管理部等。各职能部门具体负责的相关事务如图6-1所示。

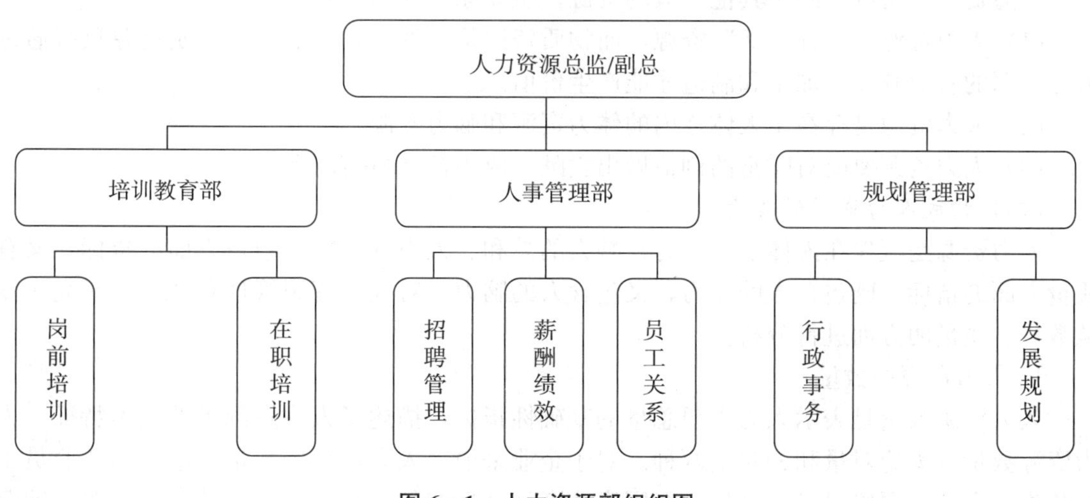

图6-1　人力资源部组织图

第一节　人力资源管理概述

管理大师彼得·德鲁克曾经说过：“企业只有一项真正的资源：人。”人是唯一具有能动性的资源，也是生产活动中最活跃的因素，被经济学家称为“第一资源”。人力资源（human resources）是组织发展的源泉和基本保障，企业管理的目标也是通过组织内的人员来完成的，为此，人力资源管理在企业管理中的作用日益被重视。

一、人力资源

（一）人力资源内涵

从创造财富的角度来说，资源是指为了创造财富而投入生产过程的一切要素。从经济学的角度来说，资源是指能给人们带来新的使用价值和价值的客观存在物，泛指社会财富的源泉，主要包括物质资源（包括自然资源、资本资源和信息资源等）和人力资源。

人们对人力资源的内涵有不同的看法，主要包括以下几方面：

（1）人力资源是指能够推动整个经济和社会发展的劳动者的能力，即处在劳动年龄的已直接投入建设和尚未投入建设的人口能力总和。

（2）人力资源是指企业员工所天然拥有并自主支配使用的协调力、融合力、判断力和想象力。

（3）人力资源是指企业的内部成员及外部的顾客等人员，即可以为企业提供直接的或潜在的服务并且有利于企业实现预期经营效益的人员的总和。

（4）人力资源是指能够推动社会和经济发展的具有智力和体力劳动能力的人的总称。

综合来看，所谓的人力资源，就是指存在于人体的智力资源，指人类进行生产或提供服务、能为社会创造物质财富和精神财富的劳动者的各种能力的总称。

人力资源之所以不同于其他一般的资源，主要原因在以下几方面：

（1）人力资源是一种“活”资源，而物质资源是一种“死”资源。物质资源只有通过人力资源的有效开发、加工和制造才能产生价值。

（2）人力资源是存在于人体之内的体力资源和脑力资源。

（3）人力资源要能对财富的创造做出贡献，成为社会财富的来源。

（二）构成人力资源的要素

人力资源是凝聚在人体上的体力与脑力的总和。人力资源既有数量方面的指标，又有质量方面的指标；既包含人的体力，又包含人的脑力。对人力资源管理和开发的研究应该从数量和质量两方面进行分析。

1. 人力资源的数量

人力资源数量是表示人力资源总量的基础性指标，描述了人力资源量的基本特征。人力资源数量分为绝对量和相对量两种。对于企业来说，人力资源的数量一般是指企业员工的数量。人力资源绝对量，是指一个国家或者地区拥有的具有劳动能力的人口资源，即劳动力人口的数量。对国家而言，人力资源数量可以从现实人力资源数量和潜在人力资源数量两个方面进行计量，具体包括以下几方面：

（1）处于劳动能力之内、正在从事社会劳动的人口，这部分人口占据人力资源的大部分，可称为“适龄就业人口”。

（2）尚未达到劳动年龄、已经从事社会劳动的人口，即“未成年就业人口”。

（3）已经超过劳动年龄、继续从事社会劳动的人口，即“老年劳动者”或“老年就业人口”。

以上三部分构成就业人口的全体，经常被称为劳动力人口。

（4）处于劳动年龄之内、具有劳动能力并要求参加社会劳动的人口，这部分可以称为

“待业人口”。它与前面三部分共同构成经济活动人口，即“现实人力资源”。

(5) 处于劳动年龄之内、正在从事学习的人口，即“求学人口”。

(6) 处于劳动年龄之内、正在从事家务劳动的人口，即“家务劳动人口”。

(7) 处于劳动年龄之内、正在军队服役的人口，“服役人口”。

(8) 处于劳动年龄之内的其他人口。

在以上列举出的八部分人力资源形态中，前四项的人力资源是以直接的、现实的社会劳动力供给状态存在，属于已经开发的现实的人力资源；后四部分以间接的、尚未被开发的状态存在，属于潜在的人力资源。人力资源的数量构成如图 6-2 所示。

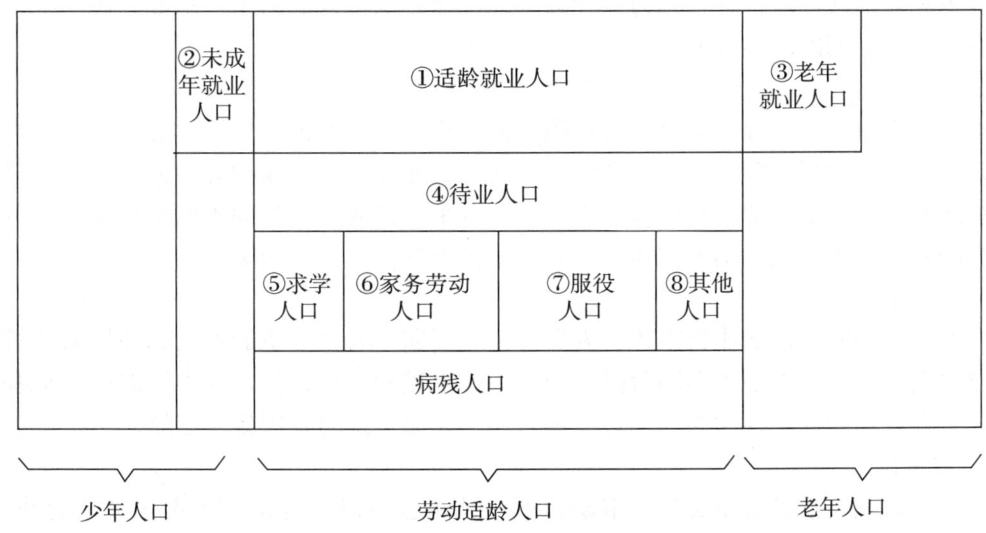

图 6-2　人力资源的数量构成

由图 6-2 可知，人力资源数量＝劳动适龄人口＋适龄人口之外具有劳动能力的人口－适龄人口中丧失劳动能力的人口。

人力资源相对量又称人力资源率，是现实的人力资源数量占国家总人口的比例，是反映区域经济实力的有效指标。区域的人力资源相对量越高，该区域的经济发展越具有优势和潜力。

2. 人力资源的质量

人力资源的质量指人力资源所具有的体质、智力、知识和技能水平以及劳动者的劳动态度，一般体现在劳动者的体质、文化、专业技术水平及劳动积极性上。人力资源的质量的要素构成反映了区域的劳动力综合素质水平，具体包括体能、智能、道德品质、情商等方面。体能主要指身体素质、忍耐力、适应力、抗病力等；智能主要包括记忆力、理解力、思维能力、应变能力及胜任工作所需要的专业技术能力等；道德品质包含诚实、宽容、尊重、忠心、礼貌、容忍等各种美德；情商主要是指人在情绪、情感、意志、耐受挫折等方面的品质。这些特质与人的本身有关，直接决定着人为社会创造的价值的程度。

人力资源管理中的数量和质量是相互统一的，数量是基础，质量是关键和核心。人口数量过多容易出现很多社会问题，所以人力资源管理的重点应该放在质量上。不解决人力资源的质量问题，就会严重影响我国从人力资源大国向人力资源强国的转型。

（三）人力资源的特点

作为最重要的资源，人力资源的特点主要表现在以下几方面。

1. 能动性

人力资源是诸多生产要素中唯一具有主观能动性的生产要素，也是人力资源区别于其他资源的根本特征。人们总是有目的、有计划地使用自己的脑力和体力，通过主观愿望和意识来支配其他生产要素，进而通过劳动过程为社会创造财富。人们在生产中的社会意识及主体地位，使人力资源具备了能动作用，通过对生产过程中具体环节的分析、判断、预测及采取的具体行为和手段来推动社会进步。因此，人力资源管理过程中要充分重视人力资源的主观能动性，适时进行人力资源的激励工作，鼓舞人们的工作信心，激发人们的工作热情，提高人们的工作效率。

2. 再生性

资源分为可再生资源和不可再生资源。人力资源属于可再生资源，这种可再生性体现在人口的再生产和劳动能力的再生产两个方面，是通过人口总体和劳动力总体中个体的恢复、替换和更新来实现的。具体来看，人口的再生产是通过人类的不断繁衍来完成的，劳动能力的再生产是通过劳动者的休息、物质及知识的及时补充来实现的。

3. 时效性

人力资源的实效性指作为个体的人具有生命周期，人力资源的形成和使用效率都要受到生命周期的限制。人处于不同阶段有着不同的生理和心理特征，人力资源的形成和作用的发挥也存在不同的最佳时期，超过一定时期，人力资源的效用就会下降。

4. 双重性

人力资源既是投资对象又是创造财富的主体，也可以说既是生产主体又是消费主体。人力资源的双重性，要求我们既要控制人口数量又要重视对人力资源的开发和培养。充分地利用、开发现有的人力资源，将会产生很大的社会经济效益。

5. 生物性和社会性

首先，人是一种生物，所以人力资源也就具有生物性，是具有生命的“活”资源，这一特征与人体的自然生理特征相联系。因此开发和利用人力资源时都要遵循生命规律。其次，人总是处于一定的社会中，人力资源的形成、配置、开发和利用必须在社会分工中完成，良好的组织结构可为个体成长及高效发挥作用提供良好的环境支持；反之，个体的潜力将受到抑制。人口、人力资源和劳动力既是人类社会活动的结果，又是人类社会存在和发展的必要前提。从这个角度讲，人力资源的本质是一种社会资源。同时，人力资源还会受到民族文化和社会环境的影响，地域根植性强，因而在进行人力资源管理时必须分析其所处的社会环境和文化特征。

二、人力资源管理

（一）人力资源管理内涵

人力资源管理是根据企业的战略目标制定相应的人力资源战略规划，为了实现组织的战略目标专门对人力资源这一特殊资源进行有效管理，具体包括对人力资源的获取、使用、保持、发展、评价和激励。

从管理的范围来讲，人力资源管理分为宏观和微观两个层面。

宏观层面的人力资源管理是指一个国家或地区通过建立一系列制度、政策和具体的措施促进人力资源形成，为人力资源的开发和利用提供政策保障，进而促进整个社会持续稳定地发展。

微观层面的人力资源管理是指一个组织对其所拥有的人力资源进行的开发和利用的管理工作。这里的组织一般是指企业或事业单位。我们通常所提到的人力资源管理主要是指微观层面的人力资源管理。

理解人力资源管理的含义，主要应把握以下几个要点：

（1）人力资源管理是组织管理中的核心部分，贯穿于组织发展的整个过程，目的是实现组织的战略目标；如果对人力资源的管理失控，其他的财力、物力和信息资源的效用也不能充分发挥出来，会影响企业的整体效益。

（2）人力资源管理包括量和质两个方面。量指合理分配人力和物力的比例关系，使其达到最佳比例，进而发挥最大效用；质指对人力资源采用现代化的科学方法，对人的思想、心理和行为进行有效的管理，充分发挥人的主观能动性。

（二）人力资源管理特点

1. 综合性

人力资源管理是一门综合性很强的学科，具有复杂性、交叉性、边缘性等特点，在进行学术研究和进行实际的管理实践活动中都会涉及社会学、人类学、经济学、管理学、系统学、人才学、心理学和环境工程学等多种学科的知识。

2. 社会性

由于人力资源具有生物性、社会性和能动性等特点，因此人们在经济交往活动形成的关系中，既包含着市场经济关系，也包含着道德伦理和法律关系，这些交织的复杂关系以社会心理学为基础、以经济效益和社会责任为纽带联系起来。因此在人与人相互合作过程中，必须遵循法律和道义，保证合作的顺利进行。因此，作为人力资源的管理者，具体实施管理时既要考虑企业的经济利益，也要考虑社会背景、道德法律和政治等外部环境因素。

3. 实践性

对人力资源的管理不同于对一般资源的管理，不存在一成不变、放之四海而皆准的管理方法。理论来源于实践，并指导实践和接受实践的检验。人力资源管理过程中面临着不同组织性质、企业文化、产业环境、竞争环境等，不同环境中的人力资源占据着不同的地位，对人力资源管理方法要灵活掌握，做到活学活用，在实践中不断完善符合本组织的管理方法，寻求与本组织相匹配的最优管理方式。

4. 发展性

随着经济的发展，人力资源的生存环境也发生了巨大的变化。不同环境下，人们有着不同的行为表现。人力资源管理理论也随着时代的变迁而变化，因此我们说人力资源管理具有发展性。

（三）人力资源管理与人事管理的主要区别

将人力资源管理和人事管理从管理的不同角度进行比较有以下区别，如表 6－1 所示。

表 6-1　　人力资源管理与人事管理的主要区别

类型	人力资源管理	人事管理
管理观念	视人为资源	视人为成本
管理活动	主动开发	被动反应
管理内容	丰富	简单
管理地位	管理决策层	工作执行层
工作方式	参与、透明	控制
部门性质	生产与效益部门	非生产、非效益部门
管理导向	注重工作过程，关心人的培养	注重工作成果
管理重心	强调人与事的统一，更关注人	多以事为中心
管理深度	注重潜能开发	管好现有的人

（四）人力资源管理的内容

人力资源管理主要包括以下内容：

（1）人力资源规划（human resource planning），主要是对组织的人力资源的供需状况进行分析，采取各种措施确保人力资源在数量和质量上达到供需平衡，并据此制定出未来的人力资源需求计划及确保实现供需平衡的相关政策措施。

（2）工作分析，指对工作任务进行分解，根据不同的工作内容设计不同的职位，并编写工作说明书。工作分析是人力资源管理工作的基础和前提。

（3）员工招聘（staff recruitment），根据人力资源规划和职位需求而开展的招聘与测评、选拔、录用及配置等工作，是人力资源管理中的重要的常规性工作。

（4）培训与开发，通过科学的培训手段对员工的知识、技能和工作态度进行开发，旨在提高员工的综合素质和工作绩效，同时挖掘员工智力潜能。

（5）职业生涯管理，根据员工的个人性格、气质、能力、兴趣、价值观等特点，结合组织需要，为员工制定具体的职业发展计划，并不断开发员工的潜能。

（6）绩效管理（performance management），指管理者与员工在工作目标及如何实现目标问题上进行协调并达成共识的过程。其具体表现为管理者制定一定的考核指标定期对员工的工作表现及工作效果进行评价，根据考核结果进行奖优罚劣，目的是提高员工的工作绩效。

（7）薪酬管理，指通过建立完整、系统的薪酬体系，根据员工的工作贡献大小和优劣，给予适当的报酬和奖励。薪酬管理是组织吸引和留住人才，激励员工努力工作，发挥人力资源效能的最有利的杠杆之一。

（8）劳动关系，组织为保障员工的安全与健康，必须在减少事故和职业毒害、预防职业病等方面采取有力措施，通过建立有效的预案来保证员工身体健康和心理健康，并在公司中建立有效沟通的渠道。

第二节　人力资源规划

一、人力资源规划概述

（一）人力资源规划的内涵

人力资源规划是指根据组织战略目标，科学预测组织在未来环境变化中的人力资源供给与需求状况，并制定必要的人力资源获取、利用、保持和开发的政策和措施，确保组织对人力资源在数量上和质量上达到供需平衡，同时使组织和个人都获取长期利益的过程。

具体来说，人力资源规划主要包含三个层次的意思：

(1) 制定人力资源规划，可以有效增强组织对未来环境变化的适应性，减少动态环境给人力资源管理带来的不确定性，确保组织在未来任意时刻都能保证人力资源的供需平衡，为组织提供强有力的人才支撑。

(2) 人力资源规划的制定实质上就是在对未来人力资源的供给和需求进行预测的基础上制定相应的政策和措施，包括人力资源的获取、利用、保持和开发等内容，以实现人力资源的供需平衡，保证组织人力资源需求的顺利实现。

(3) 人力资源规划是组织和个人获取长期利益的保障，人力资源规划能够为组织配备合适数量与质量的人力资源，提高组织的运营效率和效益，同时实现组织和个人的长期利益。

（二）人力资源规划的分类

(1) 按照人力资源规划的期限可以分为长期人力资源规划、中期人力资源规划和短期人力资源规划。

长期人力资源规划一般指 5 年以上的规划，由于规划设计的期限比较长，对各种环境因素做出的预测具有一定的模糊性，因此，长期人力资源规划往往是指导性的，为组织人力资源的发展和使用状况指明了方向、目标和基本原则，具有强烈的战略色彩。

中期人力资源规划一般指 1～5 年的规划，介于长期规划和短期规划之间，是长期规划的具体落实，也带有一定的指导性，带有战术色彩。

短期人力资源计划指 1 年以内的规划，由于时间较短，因此目标较明确，内容也比较具体，操作性比较强。

(2) 按照规划设计范围可以分为总体规划和专项业务规划。

总体规划是计划期内人力资源开发利用的总目标、总政策、实施步骤及总体预算的安排，具有战略性和总体性。

专项业务规划是总体规划的展开与具体化，是总体规划目标顺利实现的保障。具体业务规划包括人员配备计划、退休解聘计划、人员补充计划、人员使用计划、人员培训开发计划、人员职业生涯计划、绩效与薪酬福利计划、劳动关系计划等。

（三）人力资源规划的内容

人力资源规划按照计划类别可以分为总体规划、人员补充计划、人员使用计划、人才接替及提升计划、教育培训计划、评价及激励计划、劳动关系计划以及退休解聘计划等，并根据具体内容设置目标、政策和预算，如表6-2所示。

表6-2　　人力资源规划的主要内容

计划类别	目标	政策	预算
总体规划	总目标（绩效、人力资源总量、素质、职工满意度等）	基本政策（如扩大、收缩、改革、保持稳定等）	总预算
人员补充计划	类型、数量、对人力资源结构及绩效的改善等	人员标准、人员来源、起点待遇	招聘、挑选费用
人员使用计划	部门编制、人力资源结构优化及绩效改善，职务轮换幅度	任职条件、职务轮换范围及时间	按使用规模、类别及人员状况决定的工资、福利预算
人才接替及提升计划	保持后备人才数量，优化人才结构及绩效目标	选拔标准、资格、试用期，提升比例，未提升资深人员安置	职务变动引起的工资变化
教育培训计划	素质及绩效改善，培训类型、数量，提供新人力资源，转变态度及作风	培训时间的保证，培训效果的保证（如待遇、测试、使用）	教育培训总投入、脱产损失
评价及激励计划	人才流失率降低，水平提高，绩效改进	激励重点、工资政策、奖励政策、反馈	增加工资、奖金额
劳动关系计划	减少非期望离职率，改进干群关系，减少投诉及不满	参与管理、加强沟通	法律诉讼费
退休解聘计划	编制、劳务成本降低，生产率提高	退休政策、解聘程序等	空置费、人员重置费

（四）人力资源规划的程序

1. 明确组织发展的战略目标及经营环境分析

人力资源规划的程序如图6-3所示。为了分析组织的经营战略，确定组织经营战略对人力资源的要求及对变化趋势的影响，企业应该对各个阶段的人力资源状况有清晰的了解，以便在内外部环境发生变化的时候提前做好应急准备，保证企业人力资源数量和质量的稳定性。

组织的经营战略是在一定的经营环境中进行的，经营环境的变化势必会影响到组织战略的实施，因此人力资源规划的制定前提是分析内外部经营环境的变化趋势。经营环境包括组织外部环境和组织内部环境。外部环境包括宏观经济形势和行业经济形势、行业竞争性、劳动力市场、社会发展趋势及政府的有关政策；内部环境包括组织的战略计划、战术计划、组织文化、组织现有人力资源状况等。

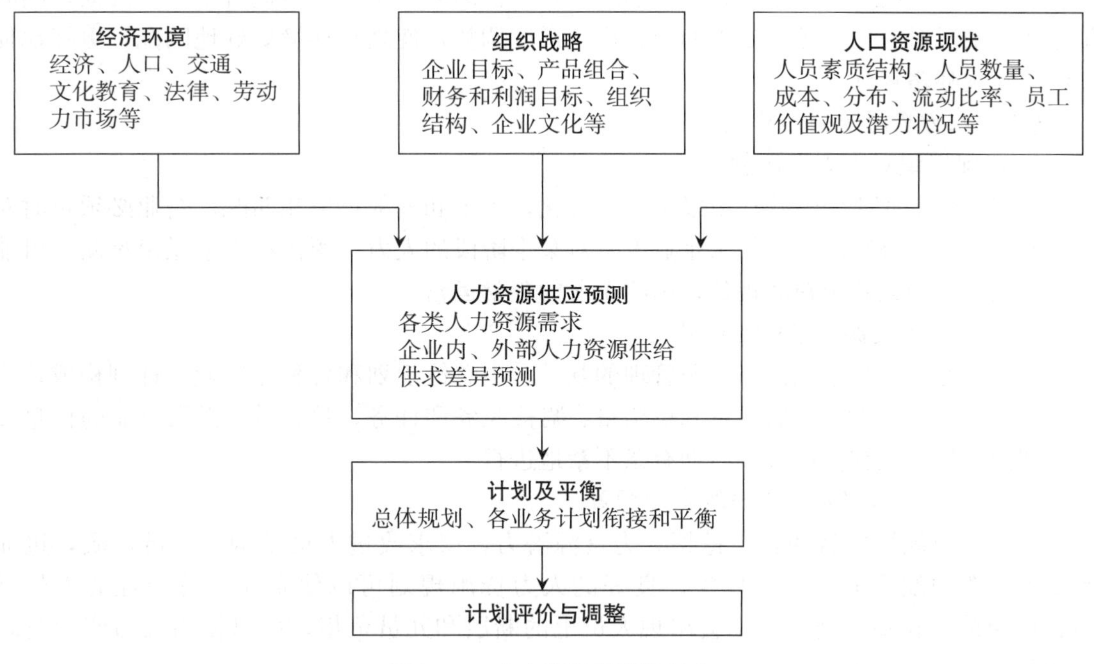

图 6－3　人力资源规划的程序

2. 进行人力资源需求和供给预测

科学合理的预测是人力资源规划的前提，也是人力资源规划中的核心环节。为了做到对未来人力资源进行统筹安排，组织应该对未来所需员工的数量和质量及内外部市场的供给情况进行科学的评估和预测，包括长期预测和短期预测、组织的总量预测和各岗位预测。

3. 确定人力资源净需求

在对员工未来的需求与供给预测的基础上，将组织人力资源需求的预测数与同期内组织可供给的人力资源预测数进行对比分析，测算出各类人员的净需求数量。这里说的净需求既包括人力资源数量也包括人力资源质量和人力资源结构，将三者结合起来就可以有针对性地进行招聘或者培训，为制定相关的人力资源管理政策提供数据支持。

4. 编制人力资源规划

在确定了组织的劳动力净需求后，就要制定具体的人力资源工作方案。编制组织人力资源规划，包括总体规划和各项业务计划，并且要注意两者之间的协调性。例如组织可以通过招聘、调动和培训等计划增加人员的有效供给，或者采取提前退休、暂时解聘等措施裁减人员。另外，人力资源规划还包括员工保健、安全生产等劳动力维护计划。

5. 实施人力资源规划方案

人力资源规划的实施是人力资源规划的实际操作过程，实施过程中应注意协调好各部门、各环节之间的关系。在实施前要做好准备，实施过程中要跟踪进展并且要定期报告，确保规划能够和环境、组织目标保持一致。

6. 人力资源规划的评估与反馈

在对人力资源规划进行评估时，一定要注意客观性、公正性、时效性和准确性。评估时一定要征求部门经理和基层管理者的意见，评估结果出来后，应进行及时的反馈，同时根据实际情况对人力资源规划中的内容进行适度调整，使之与环境更好地匹配，更好地促进组织实现战略目标。

（五）人力资源规划的意义

1. 确保组织对人力资源的需求

由于现代企业所处经营环境经常发生变化，为了和外部环境相匹配，企业必须及时对拥有的人力资源进行调整。如果企业没有对某个阶段的人力资源供给需求做出预测，可能出现劳动力过剩或者短缺的现象，影响企业的正常运营。

2. 利于人力资源活动的有序化

人力资源规划是组织人力资源管理的基础，由总体规划和各种专项业务计划构成，为管理活动（如确定人员的需求量和供给量、调整职务和任务、培训等）提供可靠的信息支持和理论依据，能够保证管理活动有条不紊地进行。

3. 实现企业内部人力资源的合理配置

人力资源规划的目的在于挖掘人力资源潜力，谋求改进人员结构、人员素质，进而改变人力资源配置上的低效现象。良好的人力资源规划可以使企业保持合理的人员结构、年龄结构和知识结构，不会出现人员上的断层和冗员负担，可以提高人力资源管理的效益。

4. 有效控制人力资源成本

人力资源成本是组织运营成本中的主要构成部分。人力资源规划有助于检查和测算出人力资源规划方案的实施成本及带来的收益。通过人力资源规划工作，可以及时发现人员结构、职务布局等出现的不合理现象，有效控制人员成本，提高组织效益。

二、制定人力资源规划

（一）制定综合人力资源规划

人力资源的综合规划是建立在组织整体战略的基础上，总体规划需要明确人力资源管理的职能战略目标、规划的周期、规划的范围，在明确企业总体规划的同时建立与之相适应的人力资源管理文化。

（二）编写业务性人力资源规划

1. 制定职位编制和人员配置计划

职位编制计划中阐述企业的组织结构、职位设置、职位描述和职位任职资格等内容。制定职位编制计划主要是为了描述组织未来的职能范围和模式。按照企业发展规划，结合企业人力资源现状，具体制定人员配置计划。人员配置计划详细阐述每个职位涉及的人员数量、人员的职位变动、职位人员空缺数量等。制定人员配置计划是为了描述企业未来的人员数量和结构。

2. 制定招聘计划

招聘计划是人力资源管理者结合企业的人力资源规划和职务描述书，制定招聘活动的执行方案，包括招聘的职位、招聘人员数目、职位任职要求、招聘具体实施步骤等内容。招聘录用条件是组织人力资源规划的重要组成部分，包括业务种类、工资、劳动条件和生活福利等内容。制定招聘进度表，包括开始日期、招聘地点，培训招聘人员，确定招聘原则，做好招聘预算，能够避免人员招聘录用过程中的盲目性和随意性。

3. 制定裁员计划

在组织发展过程中，由于客观因素或者组织发展需要，要对人力资源在数量上进行缩减。不同情景引起的裁员措施将会影响到被裁人员的认定标准以及选择的方法。按照裁员实现的不同目标，裁员被分为结构型裁员、经济型裁员和优化型裁员。结构型（战略型）裁员，主要是由于行业、技术和公司战略发展变化所导致的，是相对大范围的裁减员工活动。经济型裁员，是旨在提高企业运营效率，以减员增效为目标的裁员。优化型裁员，则主要关注员工的绩效，裁减那些业绩表现不佳的员工。组织要结合实际情况选择合适的裁员方式，制定可行的裁员计划。

4. 制定培训计划

为了提升企业现有员工的素质，适应企业的发展，对员工进行培训是非常重要的。培训计划中包括了培训政策、培训需求、培训内容、培训形式、培训考核等内容。

5. 制定政策调整计划

明确计划期内的人力资源政策的调整原因、调整步骤和调整范围等。其中包括招聘政策、绩效考评政策、薪酬与福利政策、激励政策、职业生涯规划政策、员工管理政策等。

各项人力资源计划都要编写费用预算，以控制计划的经济性。人力资源计划编写完毕后，应积极地与各部门管理人员进行沟通，根据沟通的结果进行修改，最后再提交决策层审议通过，并由相关部门配合执行。

6. 人力资源费用预算

人力资源费用预算是组织在一个生产经营周期（一般是一年）中，人力资源全部管理活动预期的费用支出的计划。人力资源费用预算作为组织整体预算的重要组成部分，关系到组织整体预算的准确性、完整性和严肃性。组织人力资源费用预算是计划期内人力资源及其各种相关活动得以正常运行的资金保证。相关内容见表 6－3。

一般来讲，组织人力资源费用包括三大基本项目：

（1）工资项目。按照国家统计局及地方政府的规定：职工工资总额是指组织在一定时期内直接支付给本组织全部职工的劳动报酬，主要由计时工资、基础工资、职务工资、计件工资、奖金、津贴和补贴、加班工资等部分组成。员工工资总额是人力资源费用的主体，在这一项目下表现为多个工资的子项目。例如，一些组织中，工资构成中还包括工龄工资、技能工资、学历工资等项目。

（2）社会保险费及相关福利。社会保险费及相关福利包括基本养老保险费和补充养老保险费、医疗保险费和失业保险费、工伤保险费、生育保险费、职工教育基金、职工住房基金、职工福利费及其他费用。这部分人力资源费用与工资项目存在一定的比例依存关系，各个项目提取比例的大小与组织所在地区的经济发展水平、劳动力的结构状况、政府现行的法律法规和政策等有着直接的联系。

（3）其他项目费用。这些费用项目是在组织人力资源费用中除上述两项基本费用之外的其他一些费用预算，如“其他社会费用”“非奖励基金的奖励”“人力资源管理费用”“其他退休费用”等，这是在发生之后才有的费用项。

表 6-3　　人力资源费用预算表

活动项目	费用项目
招募	广告费、招聘会经费、高校奖学金、中介费
甄选	测评费
薪酬调查	调研费
培训	教材费、教员劳务费、培训费（差旅费）
辞退	补偿费
劳动纠纷	法律咨询费
劳动合同	签证费
残疾人安置	残疾人就业保障金
调研	专题研究会议费用、专业协会会员费用

第三节　企业人力资源绩效管理

一、绩效管理概述

（一）绩效的含义与特点

1. 绩效的含义

绩效指员工经过考评并被认可的工作行为、工作表现及工作结果，也被称为业绩、成绩。绩效分为任务绩效和周边绩效两部分。任务绩效指组织成员对组织的贡献或对组织所具有的价值，具体表现为完成工作的数量、质量、成本费用及为组织所做出的其他贡献等。周边绩效也叫作关系绩效，指影响员工完成某项工作结果的行为、表现和素质。

综上所述，绩效并不单指员工完成了某项工作，还包括员工完成工作过程中是否规范自己的行为、是否表现出良好的素养。绩效评价往往指对任务绩效和周边绩效进行综合评价。

2. 绩效的特点

（1）多因性。

多因性指员工的绩效受到多种因素的共同影响，包括主观因素和客观因素。绩效与影响因子之间的关系可以用如下模型表示：

$$P=f(S, O, M, E)$$

在这个模型中，f 表示一种函数关系；P 表示绩效（performance）；S 表示技能（skill），指工作所具备的所有技能之和；O 表示机会（opportunity），指工作中所经历的晋升等机遇；M 表示激励（motivation），指工作过程中所受到的激励；E 表示环境（environment），指工作需要的设备、工作场所等。

（2）多维性。

多维性指员工的绩效往往体现在多个方面，例如工作结果和工作过程都属于绩效的范围。当考查一名操作工人的绩效时，既要考虑生产的产品数量、质量，还要考查原材料的消耗情况、设备的保养情况、员工的工作态度以及遵守组织纪律等情况，当然，不同维度在整体绩效中所占比例是不同的。

（3）动态性。

动态性指员工的绩效并不是固定不变的。随着时间的推移，绩效好的可能变差，绩效差的可能变好，这种动态性决定了绩效具有时限性，也就是说绩效只能反映员工某一段时间的工作情况。动态性也提示管理者对员工的印象不能固定于某次绩效的考核结果，要用发展的眼光看待员工。

（二）绩效管理的相关内容

1. 绩效管理的含义

绩效管理是指为实现组织发展目标，采用科学的方法，通过对员工或群体的行为表现、工作态度、工作业绩以及综合素质的全面监测、考核、评价和分析，不断改善员工和组织的行为，提高员工和组织的绩效，挖掘其潜力的过程，如图 6－4 所示。绩效管理是动态的、不断循环的过程，每经过一次循环，组织、员工的绩效就会得到改进。绩效管理过程常常被归纳为 PDCA 四个阶段，即绩效计划（plan）、绩效计划的实施（do）、绩效检查（check）绩效改进（action）。

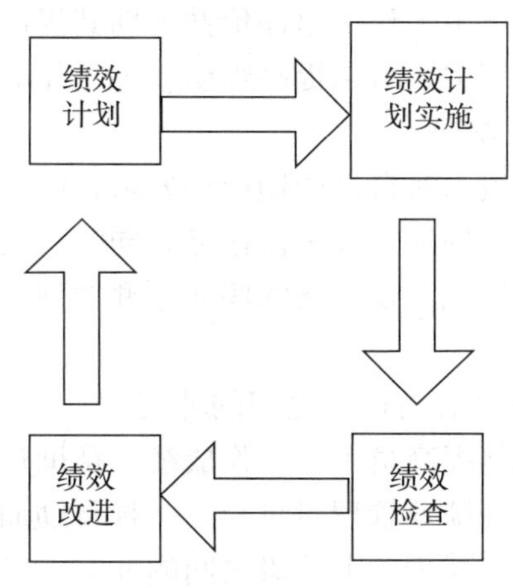

图 6－4　绩效管理过程

2. 绩效管理的特点

（1）系统性。

绩效管理是一个完整的系统，而不是简单步骤拼凑而成。绩效管理强调对绩效的系统管理，涵盖了个人、部门和组织之间的关系。同时，绩效管理是一种管理手段，必然具备管理的职能，即计划、组织、指导、协调和控制。

（2）目标性。

目标管理最大的好处在于员工明白自己努力的方向，而管理者也知道如何更好地通过员工的目标来对员工进行有效管理并提供支持和帮助。同样，绩效管理也强调目标管理的重要性。

(3) 持续沟通。

沟通在绩效管理中起着决定性作用。具体来讲，设计绩效指标需要上级与下级沟通，帮助员工完成任务需要沟通，将考核结果反馈给员工需要沟通，分析绩效优劣的原因需要沟通。因此，绩效管理的过程就是上下级持续不断沟通的过程。如果缺乏沟通，绩效管理制度科学、考核公平都难以得到员工的理解，绩效管理就会流于形式，对组织目标的实现起不到实质性的帮助。

(4) 重视过程。

从绩效的定义可知，绩效管理既强调工作结果又重视达成目标的过程。注重结果的绩效具有鼓舞性和激励性，但难以发现员工工作时的表现，不能进行及时的指导和帮助，容易产生短期行为。例如，对销售员的考核如果只重视销售额的完成，不考虑对待顾客的行为，很容易导致销售员不择手段地销售产品。

(三) 绩效管理的意义

绩效管理的目的是通过考核发现员工的长处和短处，帮助员工发挥潜力，从而改进工作状况，进而提高个人绩效，最终提高组织绩效，实现组织战略目标。绩效管理的意义体现在以下几个方面。

1. 绩效管理有助于组织目标的实现

绩效管理的实施以组织目标为方向，以员工绩效为基础，以组织和员工的共同努力为契机，通过上下级的持续的沟通和反馈，确保工作的执行。绩效管理一方面要求组织制定工作计划目标，另一方面要对员工工作做出评价并帮助其提高绩效。这样，保证组织在工作时间内做有利于实现目标的事情，可以提高组织管理工作的有效性。

2. 绩效管理可以促进员工发展

绩效管理可以使员工了解组织对自己的期望和要求，确定自己的职责和工作目标，找出差距，调整工作方式，以期更好地完成工作任务。同时，员工提出自己的发展目标，使组织给予支持和帮助，利于更好地实现自己的职业生涯规划。这些都有助于提高员工的满意度。

3. 绩效管理有助于避免管理者与员工之间的冲突

绩效管理讨论的主题是如何提高员工的工作成绩，帮助员工进步和成功，这是员工和组织的共同目标。当员工认识到绩效管理对自身是一种帮助而不是责备的时候，他们会与组织更加积极配合和坦诚相处，减少了上下级之间的冲突。管理者应把绩效管理工作看成是合作过程，可以有效减少冲突，增强合作。

4. 绩效管理可以节约管理者的时间成本

绩效管理可以使员工明白自己的任务和目标，明白组织对自己的期望，减少员工之间因为职责不清而出现的推诿扯皮现象；通过评价帮助员工找到低效率的原因，以免员工付出更多的时间成本，可以节省出大量时间做有意义的工作。

(四) 绩效管理的误区

1. 将绩效管理等同于绩效考核

将绩效管理等同于绩效考核是一种普遍的错误理解。从绩效管理的过程可知，绩效考核是绩效管理中不可缺少的一部分而不是全部。如果把绩效管理片面地认为是绩效考核，往往会导致绩效管理与组织战略脱节，致使上下级之间的沟通不畅，使绩效管理的作用难以充分发挥。

2. 认为绩效管理指标越多越好

绩效管理实践中，很多企业追求指标的全面和完整，从德、能、勤、绩几个方面设计出几十个指标，认为指标衡量的职责任务都很重要。例如设计的一个生产线上的操作员工的考核指标多达 60 多个，质量、产量、消耗、卫生、考勤、开会、培训等，几乎所有的活动都规定了具体的考核指标。

3. 认为绩效管理就是为了发奖金、调工资

绩效考核的结果应该与员工的奖金、工资挂钩，但是绩效管理的目的绝不是为了调整奖金和工资。绩效管理的主要目的是帮助员工改善绩效，从而为公司创造更多价值。通过绩效考核对员工状况进行评价和分析，考核的结果可用于物质奖罚、培训、晋升、职位调整等多个方面。

4. 绩效管理考核时以结果论英雄

现实中，很多企业考核时以结果论英雄，企业仅仅关注业务量的完成情况，员工的薪资福利都和创造的财务指标直接挂钩。关于财务指标的实现方式不被重视，造成员工出现为了实现财务指标不择手段，不遵守企业的规范的行为，这不利于企业的长期发展。

5. 忽视员工的参与活动

许多企业绩效管理制度的设计过程缺少员工的参与，造成员工对以下问题处于疑惑状态，如：本岗位的考核指标是什么；岗位考核设计的依据是什么；考核程序如何进行；考核结果有什么用途；考核结果中反映了什么问题；出现该类问题的原因是什么及如何改进现有的工作程序等。

二、绩效管理与其他人力资源管理工作

人力资源管理是获取企业竞争优势的有力工具，而绩效管理在人力资源管理这个有机系统中占据着核心地位，发挥着重要的作用，并与人力资源管理系统中的其他模块之间有着密切的联系，这是由于绩效管理将企业的战略目标分解到各个业务单元，并且分解到每个岗位，而岗位职责最终由员工来实现。因此，通过对每一个员工的绩效进行管理、改进和提高就可以达到提高企业整体绩效的目的，使得企业的生产力和价值也随之提高，从而使企业获得竞争优势。

（一）绩效管理与工作分析

工作分析是绩效管理的重要基础。工作分析的目的就是要明确某个职位是干什么的及由什么样的人来干，即确定一个职位的工作职责及它所提供的工作产出，据此制定对这个职位进行绩效考评的关键指标（KPI），而这些关键绩效指标为我们提供了评价该职位的绩效标准。可以说，工作分析提供了绩效管理的一些基本依据。

（二）绩效管理与人员选拔

在进行人员招聘或开发的过程中，通常采用各种人才测评手段，包括心理和个性测试、面谈及情景模拟技术等，这些测评方法主要是针对员工的潜能进行的，侧重考查价值观、态度、性格、能力倾向或行为风格等难以测量的特征。而绩效考评主要是针对员工的显性行为进行的，侧重考查人们已经表现出来的行为，是对人的过去表现的评估。从现有员工的绩效管理与考评记录中可以总结出具有哪些特征的员工适合本企业。因此，从招聘

选拔过程中就可以利用这些历史资料进行有效的人员选拔。

（三）绩效管理与培训开发

绩效管理的主要目的是了解目前人们绩效状况中的优势与不足，进而改进和提高效率，因此培训开发是在绩效考评之后的重要工作。在绩效考评之后，主管人员往往需要根据被评估者的绩效现状，结合被评估者的个人发展愿望，与被评估者共同制定绩效改进计划和未来发展机会。人力资源部门则根据员工绩效评价的结果和面谈结果，设计整体的培训开发计划，并帮助主管和员工共同实施培训开发工作。

（四）绩效管理与职业生涯管理

通过绩效管理，员工可以发现自己具有潜在优势的领域及有待提高的领域。一方面，员工可以在自己具有优势的领域发展自己的职业生涯；另一方面，员工也可以发现自己在职业发展道路上可以做出哪些努力。绩效管理也可以为企业培养人提供有力信息，一些业绩优秀的员工可以被作为某些重要职位的培养对象。但应该注意的是，一个人在目前的职位上取得优秀的绩效，并不意味着他一定能够胜任更高的职务，还必须结合其潜在胜任能力对其进行评估。

（五）绩效管理与薪酬体系制定

目前比较盛行的制定薪酬体系的原理是3P模型，即以职位价值决定薪酬（pay for position）、以绩效决定薪酬（pay for performance）和以任职者的胜任力决定薪酬（pay for competency）的有机结合，因此绩效是决定薪酬的一个重要因素。在不同的组织中，对不同性质的职位，不同的薪酬体系，绩效所决定的薪酬成分和比例是有区别的。通常来说，职位的价值决定了薪酬中比较稳定的部分，绩效决定了薪酬中一些变化的部分，如绩效工资、奖金等。

第四节　企业人力资源的招聘

一、人员招聘概述

（一）招聘的含义

招聘是组织为了发展需要，根据人力资源规划和工作分析的需要，采取一些相应的科学方法寻找、吸引那些有能力又有兴趣的人员到组织来任职，并从中选出适宜的人员予以聘任的过程。它既是企业获取人力资源的重要手段，也是整个人力资源管理工作的基础。成功的招聘在很大程度上可以为企业树立良好的公众形象。企业的竞争说到底是人才的竞争，因此甚至可以说，招聘工作成功与否是企业成败的关键。

（二）招聘的目的

招聘的最直接目的是弥补企业人力资源的不足，这是招聘工作的前提。具体地说，企业的招聘一般源于以下几种原因：

(1) 企业如今的人力资源总供给量不能满足企业或各个岗位的总任务目标（即计划总业务量或计划总产量），需要补充。

(2) 企业或各个岗位正常替补流动人员引起的职位空缺。

（3）企业或各个岗位的生产技术水平或管理方式的变化对人力资源的可能需求量。

（4）满足新规划事业或新开辟业务所需的人员需求。

当然，当企业人力资源绝对或相对不足时，企业还有很多其他解决办法，如延长员工工作时间或增加工作负荷量，培训或改进技术以提高员工的工作效率等，但这些都是因为人员招聘需要较高的资金和时间成本而临时采取的办法。长期来看，人力资源不足这个问题的解决方法只有人员招聘。

（三）招聘的原则

组织为了招聘到符合职位要求的员工，保证招聘的有效性，在招聘工作中应遵循下面几个基本原则。

1. 双向选择原则

双向选择原则是指组织可以按照自己的愿望自主选择自己需要的员工，而应聘者也可根据自身实际条件与主观愿望自主选择雇主。这一原则是市场经济条件下劳动力市场资源配置的基本原则。双向选择原则使得组织为吸引优秀的员工愿意不断完善自身形象，注重维护良好口碑来增加自身吸引力；员工个人为在招聘中胜出、获得理想的工作机会也愿意做出提升自身业务素质、增强综合能力等努力，从而必然是组织、员工都在竞争中完善了自己的双赢局面。

2. 公开和平等原则

公开和平等原则是指将招聘组织和该次招聘活动的基本信息如招聘组织名称、招聘职位、招聘人数、应聘条件、招聘的方法、时间等均公开，并对所有应聘者一视同仁，不人为地直接或变相制造不平等的限制条件（如性别等）和各种不平等的优先优惠政策（如职工子弟优先等），为应聘者提供公平竞争的机会。

3. 效率优先原则

效率优先原则即用最短的时间、最少的成本招聘到高素质的并且适合待聘岗位的员工。招聘者可根据组织的招聘要求，灵活选用招聘渠道和方法，在满足招聘目标的情况下，尽可能地降低招聘成本。

4. 竞争择优原则

竞争择优原则是指在员工招聘中引入竞争机制，在对应聘者的思想素质、道德品质、业务能力等方面进行全面考查的基础上，按照考查的成绩择优选拔录用员工。

（四）招聘的一般程序

招聘一般包括六大程序，即：

（1）制定招聘计划；

（2）发布招聘信息；

（3）初步筛选个人简历和求职申请表；

（4）测试筛选；

（5）对拟录用人员进行背景调查和体检；

（6）对招聘工作进行总结和评价。

二、招聘途径

组织招聘的渠道多种多样，按照应聘者的来源可以分为外部途径和内部途径两大类。

招聘人员只有选择合理有效的招聘渠道才能更有效率地招聘到组织需要的员工，并且提高招聘的质量。

（一）外部途径

1. 人才交流服务机构和人才招聘会

我国很多城市都设有专门的人才交流服务中心，一般称为某地人才交流中心或人才服务中心，这些机构服务涉及档案管理、人事代理、人才引进、现场招聘、委托招聘、人才配送、人才超市、网上市场、人才培训、毕业生就业指导、人才测评、中高级人才服务、人才派遣、人才培训、HR咨询和管理咨询等方面。组织可以通过人才交流服务机构招聘员工。

2. 社会公共部门

社会公共部门主要指由政府主办的社会就业中心、各个大学或者专科学校的就业辅导中心等。通过社会公共部门招聘可以降低招聘成本，同时应聘人数也较多，并且成功招聘到的员工出于生活压力或者刚刚从学校毕业的原因会比较珍惜工作机会，相对稳定性比较高。但是该方式的缺点在于政府主办的社会就业中心推荐的人员一般存在年龄较大或专业技术较差等从业基本素质较差的问题；而各类学校就业辅导中心的应聘者由于都是应届生，存在长于理论知识而实践经验匮乏的问题。招聘到这样的员工，组织需要付出时间和资金成本去培养。

3. 传统媒体广告

在报纸、杂志、电视等传统媒体渠道投放招聘广告是一种应用广泛并且行之有效的重要招聘渠道，至今仍是很多企业招聘的首选方式。通过传统媒体广告来发布招聘信息时，自然而然地带有推销和宣传招聘组织的性质，甚至有的招聘企业醉翁之意不在酒，不仅意在招聘员工，更意在推广本企业的知名度。所以招聘广告的设计一定要有创造力，要有使人过目不忘的广告词。

4. 网络招聘

网络招聘也被称作电子招聘，是新兴起的招聘途径，是指组织通过自己的网站、第三方招聘网站等机构，使用简历数据库或搜索引擎等工具来完成招聘过程。近年来，网络招聘愈演愈烈，智联招聘、中华英才网等专业第三方招聘网站已广为人知，各大银行、知名企业都在通过自己的网站直接发布招聘信息，甚至开设专门的招聘网页。网络招聘低成本、高效率的招聘效果已得到越来越多招聘单位的认可。

5. 猎头公司

“猎头”（headhunting）意思是“网罗高级人才”，是一种高级人才委托服务，指发现、追踪、评价、甄选高级人才，是在国外非常流行的一种招聘高层次人才的方式。专门从事猎头服务的公司又被称为猎头公司。猎头公司采取隐蔽猎取、快速出击的主动竞争方式，为所需高级人才的客户猎取公司在人才市场得不到的高级人才。猎头公司的“猎物”是高级管理人才。一般来说，猎头公司主要是举荐总裁、副总裁、总经理、副总经理、人事总监、人事经理、财务经理、市场总监、市场经理、营销经理、产品经理、技术总监、技术经理、厂长、生产部经理、高级项目经理、高级工程师、工商管理高级人才、其他高级顾问等。

6. 内部员工推荐

内部员工推荐是指通过组织在职员工推荐需要的人才，是最古老的获取合格员工的方法。这个方法至今仍有很强的生命力，如美国微软公司40%的员工都是通过员工推荐方式获得的。由于推荐人既熟悉组织情况又了解被推荐人的信息，因此它具有其他方法无法替代的优势，如低风险、高成功率和稳定性、招聘成本几乎为零等。但是也要注意防范可能出现的任人唯亲、“抱团”等问题，以免为未来的管理工作带来阻碍。

（二）内部途径

1. 晋升

晋升又称为内部提升，一般适用于较为重要的岗位招聘，指让组织内部的符合招聘职位条件的员工从在职的较低职位晋升到这个较高的待聘岗位的过程。考查员工能否晋升要从能力素质、过去的工作绩效、学历、资历等方面出发，这种方法能够调动员工的工作积极性，有利于提高组织的工作效率。

2. 工作调换

工作调换也称为“平调”，是内部招聘的方式之一，是指基于要填补空缺职位的目的在内部寻找合适人选的一种招聘途径。其优点与晋升类似，如费用低廉、手续简便、人员熟悉、员工对新岗位容易熟悉、可缩短适应期、较易形成企业文化、使员工得到更多的锻炼机会并了解企业更多的业务和增加更多的技能等，是培养人才的一种有效手段，是内部提升前的准备。

3. 工作轮换

工作轮换是一种短期的工作调动，是指在组织的几种不同职能领域中为员工做出一系列的工作任务安排，或者在某个单一的职能领域或部门中为员工提供在各种不同工作岗位之间流动的机会。这种方式可以激励员工，加深员工对公司不同部门的了解，给员工新鲜感，满足员工的内在需求，使员工依据自己的条件找到合适的工作。

4. 重新聘用

重新聘用是指当组织的经济形势走下坡路、经营效果不好时，不得不暂时让一些员工下岗待聘，当组织情况好转时再加以重新聘用的方式。前员工重回组织对组织的认知度肯定比新人要高，并且可以降低培训成本；而且前员工被重新聘用说明他对企业有着很强的认同感，因此稳定性也较高。

（三）内部招聘和外部招聘比较

招聘的途径非常多，这些途径适用于不同层次人才的招聘，企业可根据自身实际需要选择内部优先或外部优先，选择适合自己的招聘策略。在招聘高层管理人员时，内部招聘比外部招聘综合优势较大，往往内部招聘才是首选途径。具体内、外部招聘的优缺点如表6－4所示。

表6－4　　招聘渠道的优缺点比较

招聘渠道	优点	缺点
内部招聘	较高的忠诚度、可靠度和合作度； 激励员工提升工作效率； 内部招聘到的雇员能够迅速适应工作环境	容易“近亲繁殖”； 可能导致关系网； 符合条件的应聘人员较少，选择面窄

续前表

招聘渠道	优点	缺点
外部招聘	选择面广； 可避免“近亲繁殖”，引入新鲜血液； 节省培训时间和费用	信息不全面； 打击内部员工士气； 招聘成本高； 工作适应期较内部招聘长

三、员工甄选

员工甄选是指组织运用适当的评价方法和手段从应聘者中挑选合适的人员。应聘者能否胜任待聘岗位的程度主要取决于他所掌握的与工作相关的知识、技能，个人的个性特点、行为特征和个人价值观取向等因素。因此，员工甄选就是对应聘者的这几方面进行测量和评价。员工甄选有两个目的，其一是挑选预期表现最佳的应聘者，其二是以最小的成本达成第一个目的。员工甄选直接关系着招聘质量和组织日后的人力资源水平，因此是招聘过程中最关键的环节。

（一）员工甄选的原则

招聘人员在员工甄选过程中应本着以下几个原则进行。

1. 能岗匹配原则

能岗匹配即人得其职且职得其人，人得其职是指这个人的能力完全胜任待聘岗位，职得其人则是指待聘岗位需要的能力这个人完全具备。能岗匹配原则是指应尽可能使人的能力与岗位要求的能力恰好达成匹配。员工甄选时“匹配”比“个体优秀”更重要。也许有的人个人能力很强、条件很好，但放到待聘职位的工作环境中不但个体不能发挥其能力，且整体的战斗力被削弱，录用他就违背了能岗匹配原则；有的人个人能力也许一般，但放到待聘职位的工作环境中，不但个人能够工作很出色，还能加强团队的协作能力，使组织的整体效益达到最优，录用他就遵守了能岗匹配原则。因此，能岗匹配的“匹配”包含了“恰好”的含义，录用的人是不是最好不重要，重要的是最匹配。

2. 机会均等原则

员工甄选应为组织内外的应聘者提供均等的竞争机会。通过一系列的笔试、心理测试、面试等甄选方法，使应聘者展现其个人工作能力、性格等，以便招聘者可以全面地了解每位应聘者的真实素质和掌握的技能。

3. 结果一致性原则

该原则是指在对应聘者使用多种甄选方式时，其结果要一致，并且力求对应聘者测试得到的预期工作绩效与其进入组织后的真实工作绩效一致，即追求甄选方法的信度和效度一致。

4. 扬长避短原则

员工甄选的方法有很多，没有绝对的最优方法，通常都是各有利弊，因此在选择甄选方法时要注意扬长避短，尽可能将多种方法结合起来使用以取得满意的效果。

5. 合法性原则

该原则是指在员工甄选过程中要符合国家法律的规定，如不得有种族或性别歧视、不得侵犯应聘者的隐私等。

6. 最小成本原则

无论采用何种甄选方法都是有成本的，要在保证甄选效果的前提下寻求成本最小的甄选方法。

（二）人员评测

人员评测是指通过一系列科学的手段和方法对人员的能力、个性、工作方法等各方面与工作相关的基本素质进行测量和评价的过程。在进行人员评测时，测量和评价的对象不是抽象的人，而是作为个体存在的人所具有内在素质及表现出来的绩效。人员评测包括人员测量和人员评价。人员评测的主要目的是通过各种方法对应聘者加以了解，从而为组织的人员录用决策提供参考和依据。人员评测可以帮助用人单位选择合适的人选，系统地降低人才甄选失误给用人单位带来的风险。

人员评测的目的都是通过各种方法有效地减少应聘双方的信息不对称。目前国际上通行的评测方法中比较成熟的六种方法包括：简历筛选、笔试、面试、心理测验、情景模拟、评价中心。其中情景模拟还包含文件筐测试、无领导小组测评等方式。招聘人员在进行人员评测时可将这些方法结合不同岗位胜任力素质特征来综合使用，以达到满意的效果。下面简述国内常用的简历筛选、笔试、面试的内容。

1. 简历筛选

简历筛选是员工甄选的第一道程序，简历能够帮助招聘人员了解应聘者的详细资料，如教育背景、工作经验、掌握的技能及性格、兴趣爱好等。招聘人员在筛选求职简历时要着重判断求职者的专业能力及工作经验是否符合待聘职位的要求。另外，简历中的工作经验大体可以判断求职者的职业发展速度与方向。值得注意的是，如果求职者简历出现空白的时间和前后矛盾的工作经历等疑点需标出，在面试时再详细询问求职者。

招聘信息发布后，往往会收到大量的求职者简历，招聘人员阅读及筛选简历经常需要花费大量的时间成本，因此目前较多采用收取电子简历的形式帮助提高招聘人员的筛选效率，甚至很多较大的组织通过要求应聘者填写制式的专用简历模板以达到有效、准确、高效率地筛选电子简历的目的。

2. 笔试

一般来说，招聘人员通知通过简历筛选的求职者参加笔试。笔试是指通过纸笔测试的方式了解应聘者的基本知识、专业知识、综合分析能力及文字表达能力的一种过程。通过笔试，招聘人员可以对应聘者的知识结构、工作经验及工作能力做出进一步的判断。笔试的关键在于试卷的设计，招聘人员要根据组织的性质及待聘岗位的要求合理设计试卷，目的是在短时间内通过试题较全面地了解应聘者的专业知识和能力，这就要求笔试试卷取题范围要广，重视对知识的实际应用能力。如某银行的笔试试题包括三个部分，即行政能力测试部分、英语部分和专业部分，其中专业部分涉及多达十多门的课程，考查十分全面。笔试的优点在于时间短、可批量进行、效率较高等，缺点主要在于不能全面考查到应聘者的性格、工作态度、品德修养及组织能力、口头表达能力、操作技能等，因此实际招聘中一般将笔试和面试结合起来进行，以达到全面考查应聘者的目的。

3. 面试

面试是一种经过组织者精心设计，在特定场景下，以考官对考生的面对面交谈与观察为主要手段，由表及里测评考生的知识、能力、经验等有关素质的一种考试活动。面试是公司挑选员工的一种重要方法。面试给公司和应聘者提供了进行双向交流的机会，能使公司和应聘者之间相互了解，从而双方都可更准确做出聘用与否、受聘与否的决定。面试的方式包括很多种：如按考查方法分，可分为情景面试、经验性面试、结构化面试、非结构化面试、无领导小组面试等；如按面试者与应聘人员人数分，可分为一对一面试、多对一面试、一对多面试等；如按考查内容分，可分为问题式、情景式、压力式、随意式等。下面对主要的面试形式做一个简单介绍。

（1）结构化面试。

结构化面试，也称标准化面试，是指按照事先制定好的面试提纲上的问题一一发问，并按照标准格式记下面试者的回答和对他的评价的一种面试方式。之所以叫结构化面试，是因为评分标准结构化、评分考官一致化、考场形式结构化、题目结构化。在考生面试过程中，严禁考官打断或者给考生以言语、动作、表情等提示，否则判考官为作弊。德国西门子公司是采用结构化面试的典型代表，西门子公司有一个全球性的人力资源题库，一个多小时的面试，前5分钟测什么，后10分钟测什么，都有非常严格的设计，并且最后都有结论。结构化面试能帮助面试者发现应聘者与招聘职位职业行为相关的各种具体表现，在这个过程中面试官可以获得更多有关候选人的职业背景、岗位能力等信息，并且通过这些信息来判断该候选人能否胜任这个职位。因此，进行科学有效的结构化面试，将帮助企业对应聘者进行更为准确的个人能力评估，降低企业招聘成本、提升员工绩效。

（2）非结构化面试。

非结构化面试就是没有既定的模式、框架和程序，主考官可以“随意”向被测者提出问题，而对被测者来说也无固定答题标准的面试形式。主考官提问的内容和顺序都取决于其本身的兴趣和现场应试者的回答。这种方法给谈话双方以充分的自由，主考官可以针对被测者的特点进行有区别的提问。虽非结构化面试形式给面试考官以自由发挥的空间，但这种形式也有一些问题，它易受主考官主观因素的影响，面试结果无法量化以及无法同其他被测者的评价结果进行横向比较等。这种面试方法简单易行，不拘场合、时间、内容，简单灵活，应聘者防御心理比较弱，了解的内容比较直接，可以有重点地收取更多的信息，反馈迅速。相应地，其缺点是结构性较差，缺少一致的判断标准，容易走样，且难以数量化，有时会转移目标。

（3）无领导小组面试。

无领导小组面试是一种采用情景模拟的方式对考生进行的集体面试，考官可以通过考生在给定情景下的应对危机、处理紧急事件以及与他人合作的状况来判断该考生是否符合岗位需要。近几年来，无领导小组面试法得到了越来越多单位的认可，无论是公务员面试还是外企面试都倾向于用这种方法。无领导小组讨论给考生提供了一个充分展现个人才能与人格特征的舞台，这类面试对考生而言其实更有利，在既定情景下，通过对问题的分析、论述，给考官留下良好的印象，从而在千军万马的竞争中脱颖而出，迈进成功的大门。但是很多考生对无领导小组面试缺乏了解，面对这种开放式面试不知该从何着手，在面试时没有发挥出自己应有的水平，错失展现才华的良机。

无领导小组讨论作为一种有效的测评工具，和其他面试方法比较起来，具有以下几个方面的优点：能测试出笔试和单一面试所不能检测出的能力或者素质；能观察到考生之间的相互作用；能依据考生的行为特征来对其进行更加全面、合理的评价；能够涉及考生的多种能力要素和个性特质；能使考生在相对无意之中暴露自己各个方面的特点，因此预测其在真实团队中的行为有很高的效度；能使考生有平等的发挥机会从而很快地表现出个体上的差异；能节省时间；能对竞争同一岗位的考生的表现进行同时比较（横向对比）；应用范围广，能应用于非技术领域、技术领域、管理领域和其他专业领域等。但是无领导小组面试方法也存在以下缺点：对测试题目的要求较高；对考官的评分技术要求高，考官需要接受专门的培训；对考生的评价易受考官各个方面特别是主观意见的影响（如偏见和误解），从而导致考官对考生评价结果的不一致；考生有做戏、表演或者伪装的可能性；指定角色的随意性，可能导致考生之间地位的不平等；考生的经验会影响其能力的真正表现等。

（4）情景式面试。

情景式面试又叫情景模拟面试或情景性面试等，是面试的一种类型，也是目前最流行的面试方法之一。在情景式面试中，面试题目主要是一些情景性的问题，即给定一个情景，看应聘者在特定的情景中是如何反应的。在经验性面试中，主要是问一些与应聘者过去的工作经验有关的问题。情景式面试主要测试应试者的各种实际操作能力，它主要具有针对性、直接性、可信性、动态性、预测性等特点。而其特点也正指明了它的缺点所在，主要表现为测试的规范化程度不易平衡、效率较低。同时，其对考官素质的要求也较高。

（5）压力式面试。

压力式面试是指由招聘者有意识地对求职者施加压力，就某一问题或某一事件作一连串的发问，详细具体且追根问底，直至求职者无以对答，甚至面试者故意采用生硬的、不礼貌的、使求职者不舒服的发问方式，目的就是有意制造紧张气氛，以了解求职者将如何面对工作压力。此方式可帮助面试者观察求职者在特殊压力下的反应、思维敏捷程度、心理素质及应变能力。如果工作职位经常面临较大的压力，则压力式面试可以帮助招聘人员了解应聘者的抗压能力，是人员评测时必不可少的一环。但是也有人力资源管理专家认为，压力面试得到的结果不具有参考性，理由是在压力环境下获得的信息经常是扭曲的甚至被误解的，因此可靠性有待商榷。虽然对压力面试的有效性观点不一，但是有一点是确定的，对于大部分招聘基层人员来说压力面试是不适用的，但是该方式特别适用于对高级管理人员的测试。

案例分析

海尔集团的 OEC 管理

海尔的领路人张瑞敏，创造了中国企业管理的神话。他借鉴国外先进企业的管理方法，提出了具有海尔特色的 OEC 管理模式，即海尔模式。OEC 管理，是 overall、every、control and clear 的缩写，即：O——overall（全方位），E——everyone（每人）、everything（每件事）、everyday（每天）和 C——control（控制）、clear（清理）。OEC 管理也可表示为：每天的工作每天完成，每天工作要清理并要每天有所提高，即“日事日毕、日清日高”。

OEC 管理由三个基本框架构成，即目标体系、日清控制体系和有效激励机制。这三个体系形成了一个完整的管理过程：首先由目标体系确立目标，然后由日清体系来保证完成目标的基础工作，日清体系的结果与激励机制挂钩来激励全企业向目标努力。

目标体系将企业的目标层层分解，量化到每人、每天做的每件事，做到人人都管事、事事有人管。每个人都清楚每天要完成的每件工作，再小的事都有明确划分，甚至每一块玻璃、每一个地段都标有责任者的名字。

“日事日毕、日清日高”体系包括两个方面，即“日事日毕”和“日清日高”。

“日事日毕”，即对当天所发生的种种问题在当天解决，防止问题积累。员工使用的3E工作记录卡，用来记录每人每天对每件事的日清过程和结果。每个车间都设有“日清栏”，从中可以一清二楚地看到每天的质量、纪律、工艺、文明生产、设备物耗等情况。质量状况在日清单上每两小时公布一次。

“日清日高”，即对工作中的薄弱环节不断改善、不断提高，每天寻找差距，以求第二天干得更好。在海尔车间里，可以看到在每个班组的工序那里都挂有一块牌子，牌子上写着班组每个员工的名字，名字底下分别贴着一些绿色或黄色或红色的圆标签，这些颜色代表该工位是否处在正常状态下。

当日的工作必须当日完成，同时还要找出差距、问题，提出改进措施。每一个班组都有一块日清日高栏，每天每人的工作数量、问题、表现情况等一目了然，而且与个人的工资收入直接挂钩。工人持有3E工作记录卡，每日奖罚数据都能反映出来，工人可以自计日薪。管理人员则每人都建立“日清”台账。

激励机制是日清控制系统正常运转的保证条件。海尔的激励机制坚持两个原则：一是公开、公平、公正，通过3E卡可明确地计算出日收入状况，使员工心里有数；二是计算依据合理，如海尔实行的“点数工资”，就是从多方面对每个岗位进行半年多的测评，并且根据具体条件的变化而不断进行调整，又如“计点工资”，将一线职工工资100%地与奖金捆在一起，按点数分配，在此基础上对一、二、三线的每个岗位实行量化考核，从而使劳动与报酬直接挂钩。

在激励的方法上，海尔多采用即时激励的方式，这也体现了“日清”的精神。如在质量管理上利用质量责任价值券，员工人手一本质量价值券手册，手册针对每一个缺陷明确规定了自检、互检、专检三个环节应负的责任价值及每个缺陷应扣多少钱。发现缺陷后，当场撕价值券，由责任人签收。价值券分红、黄两种，红券用于奖励，黄券用于处罚。

实行“三工并存、动态转换”的激励政策，促进员工不断提高。三工即优秀员工、合格员工和试用员工（临时工），他们在收入和福利方面各有区别。“三工”之间可以动态转换，根据所做的贡献或所犯的错误给员工分类，可上可下，这样能时刻激励员工提高能力和素质。

实行合格班组、信得过班组、免检班组、自主管理班组和SBU班组的“班组升级”制度。另外，海尔还设立海尔奖、海尔希望杯奖、职工合理化建议奖等多项奖，还采用职工姓名命名的班组等形式，对职工进行精神激励，激发员工的工作热情。

思考：海尔的工作绩效评价方法有何特点？

本章小结

人力资源管理是企业管理体系中重要的组成部分，这是由人力资源的特殊性决定的。企业中的人员是从事各种经营活动的主体，具有主观能动性。如何合理、有效地调配人力资源，从一定程度上决定了企业在经营过程中的成败。本章节介绍了人力资源的内涵、构成要素及特点，人力资源管理与人事管理的区别，以及人力资源规划的含义、分类、内容及程序，说明了绩效管理的重要性，人员招聘的目的、程序及途径。通过本章的学习，我们可以了解企业人力资源管理的整体知识。

实训项目

某公司招聘方案

某公司为扩大市场，拟招聘 10 名销售人员。为保证市场开拓工作的顺利开展，希望招收具备一定销售岗位经验的人员充实到销售队伍中。公司生产的产品为机械零部件，主要客户为下游企业，为此要求销售人员对行业情况较为熟悉，同时具备和企业客户沟通的能力。企业人力资源部需拟定一份招聘方案，其中应包括以下主要内容：

（1）招聘的目的；

（2）招聘的原则；

（3）招聘人员的范围；

（4）具体岗位要求；

（5）操作实施步骤。

以小组为单位，讨论拟定一份公司招聘方案。

同步测试

一、单项选择

1. 下列哪项是现代人力资源管理的特点？（　　）

A. 管理目的是组织短期目标的实现　　B. 以事为中心的管理模式

C. 强调民主参与的管理方式　　D. 战术性、分散性的管理性质

2. 下列哪项是传统人事管理的特点？（　　）

A. 执行层的管理地位　　B. 视员工为第一资源的管理视角

C. 管理活动重视培训开发　　D. 组织和员工利益共同实现的管理目的

3. 人力资源需求的影响因素不包括（　　）。

A. 企业外部环境　　B. 企业内部环境

C. 管理者个人偏好　　D. 人力资源自身

4. 不属于人力资源规划目标的是（　　）。

A. 为员工的发展提供条件

B. 改进企业计划的全过程

C. 提高各级管理者对人力资源管理的重要性和必要性的认识水平

D. 对人员及其结构的优化和调整

5. (　　) 的建立是部门目标、期望和要求传递过程，同时也是牵引工作前进的关键。

A. 绩效计划　　B. 员工考核量表

C. 工作计划　　D. 实现目标流程

6. 对考评结果进行客观分析的内容，不包括（　　）。

A. 注意保持考评结果的效度和信度

B. 对影响考评的主要因素进行分析

C. 对实施考评体系本身的效果进行分析

D. 对考评的费用进行分析

7. 企业招聘大批的初级技术人员，最适合的招聘渠道是（　　）。

A. 校园招聘　　B. 猎头公司　　C. 熟人推荐　　D. 档案筛选

8. “应聘人员的年龄不超过 40 岁”这样的招聘用语违反了招聘原则中的（　　）。

A. 确保质量原则　　B. 公平公正原则

C. 双向选择原则　　D. 效率优先原则

二、多项选择

1. 人力资源的能动性体现在（　　）。

A. 人具有意识　　B. 人在生产活动中处于主导地位

C. 自我开发性　　D. 人在活动过程中可以被激励

2. 属于传统人事管理内容的是（　　）。

A. 发放薪酬　　B. 发布招聘通知

C. 管理人事档案　　D. 规划员工职业生涯

E. 人力战略规划

3. 下列属于员工绩效特征的是（　　）。

A. 多因性　　B. 特征性　　C. 多维性

D. 动态性　　E. 结果性

4. 内部举荐的优点有（　　）。

A. 低风险　　B. 高成功率

C. 稳定性　　D. 招聘成本几乎为零

参考文献

1. 陈荣秋，马士华．生产运作管理（第四版）[M]. 北京：机械工业出版社，2013.

2. 刘文丽．生产与运作管理（第四版）[M]. 北京：清华大学出版社，2011.

3. 潘家轺，等．现代生产管理学（第三版）[M]. 北京：清华大学出版社，2011.

4. 杨慧．市场营销学（第三版）[M]. 北京：中国社会科学出版社，2011.

5. 张建伟，盛振江．现代企业管理 [M]. 北京：人民邮电出版社，2011.

6. 李文舒，周玉鸿．人力资源管理 [M]. 天津：天津大学出版社，2010.

7. 程爱学，徐文锋．质量总监实践操典 [M]. 北京：北京大学出版社，2013.

8. 柴邦衡. ISO9001 质量管理体系（第二版）[M]. 北京：机械工业出版社，2010.

9. 熊伟，苏秦．设计开发质量管理 [M]. 北京：中国人民大学出版社，2013.

10. 丁春慧，易伦．财务管理 [M]. 南京：南京大学出版社，2015.

11. [美] 希尔．战略管理：概念与案例 [M]. 北京：机械工业出版社，2012.

12. [美] 罗斯．公司理财（第九版）[M]. 北京：机械工业出版社，2012.

13. [英] 布雷利，迈尔斯，马库斯．公司理财 [M]. 北京：中国人民大学出版社，2012.

14. [美] 杰克·R·梅雷迪思．项目管理：管理新视角（第七版）[M]. 北京：中国人民大学出版社，2011.

15. [美] 菲利普·科特勒．市场营销管理（第十三版）[M]. 北京：中国人民大学出版社，2010.

16. [英] 马科姆·麦当娜．市场营销学全方位指南（第三辑）[M]. 北京：经济管理出版社，2011.

17. [美] 德斯勒．人力资源管理（第十二版）[M]. 北京：中国人民大学出版社，2012.

图书在版编目(CIP)数据

现代企业管理/马莹，吴红翠主编. —北京：中国人民大学出版社，2018.1
21 世纪高职高专规划教材. 经贸类通用系列
ISBN 978-7-300-25519-4

Ⅰ. ①现… Ⅱ. ①马… ②吴… Ⅲ. ①企业管理-高等职业教育-教材 Ⅳ. ①F272

中国版本图书馆 CIP 数据核字（2018）第 026072 号

21 世纪高职高专规划教材·经贸类通用系列
现代企业管理
主　编　马　莹　吴红翠
副主编　林　龙　刘　琤　王新钢　程　昂　杨　帆　刘兰芳
参　编　俞伯阳　张彦玲　崔　进
Xiandai Qiye Guanli

出版发行	中国人民大学出版社		
社　　址	北京中关村大街 31 号	**邮政编码**	100080
电　　话	010－62511242（总编室）		010－62511770（质管部）
	010－82501766（邮购部）		010－62514148（门市部）
	010－62515195（发行公司）		010－62515275（盗版举报）
网　　址	http://www.crup.com.cn		
	http://www.ttrnet.com（人大教研网）		
经　　销	新华书店		
印　　刷	涿州市星河印刷有限公司		
规　　格	185 mm×260 mm　16 开本	**版　　次**	2018 年 1 月第 1 版
印　　张	13.5	**印　　次**	2018 年 1 月第 1 次印刷
字　　数	314 000	**定　　价**	35.00 元

版权所有　侵权必究　　印装差错　负责调换